S. FISCHER

KATJA DIEHL

RAUS AUS DER AUTOKRATIE

Rein in die Mobilität von morgen!

S. FISCHER

Die unzähligen Interviews, die ich für das Buch geführt habe, mussten stark gekürzt werden. Wer an Video- und Textmaterial in Originallänge interessiert ist: bitte QR-Code scannen und den Anweisungen folgen.

FSC
www.fsc.org
MIX
Papier | Fördert gute Waldnutzung
FSC® C083411

Originalausgabe
Erschienen bei S. FISCHER
Frankfurt am Main, Mai 2024

Alle Illustrationen: © Ellery Studio
Satz: Dörlemann Satz, Lemförde
Druck und Bindung: CPI books GmbH, Leck
ISBN 978-3-10-397577-2

INHALT

PROLOG
SCHNEE VON MORGEN

An einem Tag in – hoffentlich – nicht zu ferner Zukunft: Es war der erste Schnee meines Lebens –, und ich wusste nicht so recht, was ich von ihm halten sollte. Ein wenig wie winzige kalte Küsse auf meinen Wangen, zugleich ein etwas mulmiges Gefühl, ausgerechnet auf dem Fahrrad diese Premiere zu erleben. Und ich wusste jetzt schon, was mich zu Hause erwarten würde: Vorträge über »früher«. Jedes Weihnachten war es üblich, dass von »damals« erzählt wurde, wo es noch »weiße Festtage« gegeben hatte. Ein paar Fotos zeugten davon. Ich hatte das noch nie erlebt und wurde nun davon überrascht. Ich streckte die Zunge raus und fing einige der Flocken. Sie knisterten und verschwanden.

Dieses »Früher« ist für mich ein seltsamer Ort, den ich mir ohne all die Fotos und Videos auf den Geräten meiner Familie nicht vorstellen könnte. So absurd mutet manches an. Eingezäunte Plätze, zu denen die Kinder gebracht wurden, um unter der Aufsicht von Erwachsenen auf fest installierten Geräten »zu spielen«. Was für eine Kindheit sollte das sein? Kontrolliert von den sogenannten Vernünftigen, so dass nie zu hoch geklettert oder zu weit gesprungen wird, die eigenen Grenzen nicht gefühlt werden – was doch Teil des Lebens sein sollte. Dann diese kleinen Häuser, die neben den großen Häusern standen, in denen immer nur eine Familie wohnte. Häuschen so groß wie zwei Zimmer – um da ein Auto reinzustellen! Wenn meine Eltern von dieser Zeit erzählen, gebrauchen sie Wörter wie Parkdruck, ruhender Verkehr, Verkehrserziehung. Alles Begriffe, die nichts mehr mit meinem Leben zu tun haben, sich unwirklich anfühlen. Gedankenverloren radelte ich zwischen den Häusern in Richtung unserer Wohnung.

Und auch das hätte wohl in diesem »Früher« für aufgebrachte Erwachsene gesorgt. Denn es gab keinen freien oder sicheren Raum zwischen den Häusern. Dieser gehörte abgestellten, funktionslosen, auf Fotos riesig anmutenden Stahlschachteln. Maman hat sich auf einem der Bilder mit verschränkten Armen vor so ein Ding gestellt, die Motorhaube reichte ihr fast bis an die Schultern. So monströs sie waren, so wenig wurden diese Autos bewegt. Vor allem in Monaten, in denen z. B. die Linden ihren Blütensaft versprühten, wurde das deutlich – so erzählten es Maman und Mama, wenn wir mal wieder durch ihr »Früher« klickten. Die Windschutzscheiben waren dann komplett verschmiert und dadurch blickdicht. Windschutzscheibe – ein komisches Wort, wenn ich so drüber nachdenke, denn das Schönste am Radfahren ist für mich, den Wind auf dem Gesicht zu spüren.

»Früher« wurde das aber nicht hinterfragt, vor allem nicht von Menschen, die in diesem Autoraum groß geworden waren, sie empfanden Autos als Stadtmobiliar. Auch Maman und Mama erzählen, dass sie lange gar nicht wahrnahmen, was ihnen durch die Autos genommen wurde. Als sie es aber begriffen hatten, konnten sie nicht mehr wegsehen. Maman fing an, Papiersticker (Spuckis genannt) an Autos zu pappen, die – wie auch auf den Stickern zu lesen war – »scheiße geparkt« waren. Ihre Erzählungen von »früher« langweilen mich beizeiten. Ich glaube nicht, dass es so krass gewesen ist, wie sie es schildern. Aber ihre Begeisterung fürs Radfahren – die habe ich definitiv von ihnen geerbt.

Wenn ich mich an meine ersten Pedaltritte erinnere, muss ich unwillkürlich grinsen. Schon das Laufrad hatte mich so frei fühlen lassen. Klar, als kleines Kind kann man das noch nicht so beschreiben und begreifen, aber Maman erzählt heute noch davon, wie ich abends im Bett völlig übermüdet und mit dennoch strahlenden Augen erzählte, dass ich morgen wieder »Laufrad ballern« will. Klar, die Fahrten vorher im Lastenrad waren cool. Auch wenn ich Mama immer damit nervte, bei jedem Hund anzuhalten, weil ich selbst keinen haben durfte. Das war unser Deal, den sie wohl oft bereute. Denn es gibt viele Hunde in unserem Viertel. Aber Laufrad… DAS war Freiheit, das war ICH! Das erste Mal vielleicht einfach ICH. Mich spüren und erleben, was meine Muskeln und mein Körper zu bewirken in der Lage sind. So viel schneller als zu Fuß!

Und dann das erste Rennen. Mit Max auf seinem Dreirad. Ein wenig unfair, weil er den Status »Laufrad« einfach überspringen konnte. Meine Mama sagte mir immer, dass ich darüber nicht so nörgeln solle, Max habe Schwierigkeiten, allein zu laufen, und deswegen sei es fair, dass er schon so schnell auf seinem Dreirad war. Wir starteten stets nebeneinander – immer gewann er. Und es misslang ihm regelmäßig, dabei ein Pokerface zu bewahren. Das Strahlen fand immer einen Weg in sein erhitztes Gesicht. Er wohnte nebenan, mit ihm wuchs ich auf. Gemeinsam zur Kita, zur Grundschule. Mit vielen anderen. Es war schon cool, wie wir immer mehr werdend in einer bunten, plappernden Gruppe zur Kita gingen – die Kleinsten zogen wir in Bollerwagen hinter uns her.

Auch da muss dieses »Früher« ganz anders gewesen sein. Am schlimmsten fand ich bei den Videos von Maman und Mama den Lärm – und das Gefühl von Enge. Kein Wunder, dass sich da keine:r ohne Auto in die Straße traute. Anscheinend war es auch üblich, immer größere von diesen Pkw zu haben und trotzdem immer nur ein einzelnes Kind damit zum Ziel zu bringen. Wie gesagt: Ich glaube, meine Mütter übertreiben. Während ich so darüber nachdenke, weiß ich zudem auch gar nicht, wie sie ihr Leben organisiert hätten, bei der Zeit, die das gekostet hätte, mich zu fahren. Na ja, egal.

Das war es auch schon wieder mit dem Schnee. Dennoch fein, ihn mal gespürt zu haben. Auf der Haut.

Ich stellte mein Rad in eine der Boxen vor unserem Haus und checkte noch mal, was es im Tauschhaus gab. Leider diesmal keine spannenden Bücher dabei. Damit ziehen Maman und Mama mich immer auf, wenn ich von ihrem »Früher« gelangweilt bin. Aber mir sind Bücher lieber als das Lesen auf einem Bildschirm. Ich kann mir Passagen anstreichen, Eselsohren reinknicken und mit dem Papier arbeiten. Schade, dass es das heute für Autor:innen kaum noch gibt. Aber gerade deswegen liebe ich unser Tauschhaus so. Auch die Bank davor, wo vor allem die älteren Menschen des Viertels sich oft im Schatten der riesigen Bäume aufhalten. Es ist ein schönes Gefühl, die Gesichter und Geschichten derer zu kennen, die gegenüber und nebenan wohnen. Gruseliger Gedanke, dass Maman und Mama das nicht so kannten, als sie in meinem Alter waren. »Die Straße war wie Lava«, sagt Mama immer. Eigentlich sei sie immer, wenn sie aus dem Haus ging, auf der Straßenseite geblieben, weil davor zwei Reihen geparkte und zwei Spuren fahrende Autos waren. In einem WOHNgebiet. Absurd. Schon gut, dass ich im HEUTE und nicht im FRÜHER lebe.

Meine Smartwatch brummte, als ich die Tür der Box schloss. Es war Mama. Ich sollte noch beim Gemeinschaftsgarten vorbei und Grünkohl mitbringen. Sie hat eine Art inneren Kompass, der ihr sagt, wenn ich in der Nähe bin und noch was für sie erledigen kann. Aber nun gut, dann werde ich mal schauen, was die Natur uns heute noch zum Abendbrot geliefert hat.

Und damit endet meine Utopie. Was mir wichtig ist: Aus den Augen der Kinder von morgen wird unser Heute etwas sein, was überhaupt nicht mehr nachzuvollziehen ist. Das Schöne an Utopien ist, dass sie uns im Heute bewegen können, das Richtige zu tun, um diese Art von Zukunft zu schaffen. Dabei ist es nicht Ziel der Utopie, 1:1 umgesetzt zu werden, vielmehr stellt diese einen Sehnsuchtsort dar, der uns so magisch anzieht, dass wir bereit sind, den Status quo endlich als problematisch wahrzunehmen, und in Aktion gehen, Verbesserungen für alle zu erreichen. Ich möchte, dass alle Kinder so leben können wie das Kind in meiner Utopie: selbstbestimmt die eigene Mobilität entdeckend, unabhängig von Erwachsenen mit ihren Freund:innen die Welt für sich erobernd. Und das Beste daran: Wenn es allen gut geht, ist da auch kein Grund mehr für Hass. Wenn wir die Autos aus unseren Wohngebieten räumen, werden diese zu Lebensräumen mit vielen Freundschaften und sozialer Sicherheit. Doch vor dieser Utopie liegt – Sie ahnen es – noch etwas ganz Wichtiges: der erste Schritt. Der erste Schritt in die richtige Richtung. Der erste Schritt, das Offensichtliche, das Erkannte auch endlich anzuerkennen: Wir müssen weniger Wagen wagen. Nicht nur, um die Klimakatastrophe zu bekämpfen, sondern auch, weil eine Mobilitätswende so viel mehr Vorteile hat als die offensichtlichen in Sachen Umweltschutz. Da, wo des Deutschen liebstes Kind wieder das Kind und nicht das Auto ist, ist Raum für Begegnungen, für das Kennenlernen anderer Lebensentwürfe und für das Loslassen der Angst vor der/dem/den Fremden, die gerade zu viele von uns in die Arme rechter Parteien treibt. Es gibt keinen Grund mehr für diese Angst, wenn wir uns begegnen. Und diese bereichernden Begegnungen schafft, wer den Menschen in den Fokus nimmt. All das sind die Gründe, warum ich entgegen meinen Plänen so schnell ein zweites Buch schreiben musste. Alle Lösungen sind schon da. Aber Deutschland empfiehlt sich gerade als Worst Case der Verkehrswende. Ich habe mich aufgemacht, mit jenen zu sprechen, die uns Vorbild sein können. Aber beginnen möchte ich mit Expert:innen, die mit mir einen Blick darauf werfen, warum es uns so schwerfällt, die Welt mit deutlich weniger Autos und deutlich mehr Lebensqualität zu denken.

TEIL 1
PROBLEMZONEN

Warum dieses Buch?

Gerechtigkeit – was ist das heute eigentlich? Eines kann ich jetzt schon verraten: Gerechtigkeit ist es nicht, die mich jeden Morgen manchmal leichtfüßig und frohen Herzens, manchmal eher schwerfällig und mit hängendem Kopf in den Tag starten lässt. Vielmehr *Un*gerechtigkeit. Wenn dieses Buch erscheint, ist mein erstes etwas über zwei Jahre alt. In Sachen Gerechtigkeit im Verkehrssystem hat sich kaum etwas getan, die Ungerechtigkeit ist es, die mich weiterhin keinen Feierabend spüren lässt. Mit dem ersten Buch habe ich eine Empathie-Einladung ausgesprochen, vor allem an all jene, die gern Auto fahren. Eine Einladung, Menschen kennenzulernen, die ohne Führerschein in Deutschland leben. Menschen, die durch eine Behinderung besondere Bedürfnisse an Mobilität haben. Wobei das »besonders« nur dadurch gekennzeichnet ist, dass unsere Norm einen sogenannten gesunden Menschen voraussetzt.

Mein zweites Buch ist getrieben von der Frage, warum wir nach wie vor im Stillstand verharren, was die Mobilitätswende angeht, obwohl doch sichtbar ist, dass die Bedürfnisse nach einer inklusiven, klimagerechten, zukunftsfähigen Mobilität vorhanden sind.

Mit der Frage, was Gerechtigkeit heute bedeutet, habe ich mich nach dem Erscheinen meines ersten Buches sehr viel auseinandergesetzt. Oft freiwillig, aber nicht selten auch gezwungenermaßen, denn plötzlich war ich eine öffentliche Person. Eine Person, die an allen möglichen und unmöglichen Orten beobachtet und bewertet wird. Eine Person, die an einem Tag als Teil der Autolobby gilt, dann aber wieder als Autohasserin bezeichnet wird. Du kannst noch so gefestigte Ansichten haben und vertreten – wenn anscheinend alles, was du äußerst, die Meinung von Menschen über dich prägt, wird es irgendwann anstrengend. Die anstrengendste Zeit in meinem Leben (ich hoffe einfach mal, dass sie damit auch hinter mir liegt) hatte ich im Februar 2023. In dieser Phase spielte Anna-Lena von Hodenberg, Geschäftsführerin von HateAid, eine wichtige Rolle für mich. Während ich diese Zeilen schreibe, stehen wieder Gespräche zu konkreten Bedrohungen gegen mich, zum Schutz meiner Person und Strategien gegen Hatespeech im Kalender. Und ja, auch während ich diese Zeilen schreibe, frage ich mich: Was ist Gerechtigkeit heute?

Ich kann keinen Gerechtigkeitsbegriff formulieren, der nicht globale Geltung hat. Und das ist schwer genug, weiß ich doch darum, dass ich – in ein liebevolles Elternhaus mit Zugang zu Bildung geboren, einen deutschen Pass besitzend – mit meinen Privilegien stets eher Teil des Problems denn der Lösung sein werde. Mein Lebenswandel als weiße Frau im Globalen Norden beruht auf Abhängigkeiten, die diesen Globus umspannen. Nahezu jedes von mir konsumierte »Ding« wirft einen Schatten der Ausbeutung, Ungerechtigkeit, Zerstörung hinter sich, den ich nur minimieren, aber nie eliminieren kann. Zumindest aber kann ich mir diesen bewusst machen, kann demütig und dankbar dafür sein, in diesem privilegierten Land leben zu können, weil ich bei der Geburtslotterie Glück hatte.

Was hat das mit Mobilität zu tun? Eine Menge!

Denn wenn ich eines jeden Tag aufs Neue und tiefergehend lerne, dann ist es der Fakt, dass Mobilität eben nicht »von A nach B kommen« bedeutet, sondern vielschichtig, verästelt und vor allem mit vielen Privilegien und Routinen verbunden ist, die eine sachliche Debatte zunehmend unmöglich machen. Wir alle wollen gute Menschen sein, verstärken aber dennoch in Deutschland den Trend, dass immer größere Pkw mit immer weniger Menschen an Bord immer weniger bewegt werden. Aufbauend auf Ressourcen, die aus dem Globalen Süden kommen. Gerechtigkeit sollte heute unter anderem bedeuten, Autos für Deutschland nur noch zu bauen, wenn sie effizient genutzt werden. Davon sind wir weit entfernt. Wir reißen weiter brachial wertvolle Rohstoffe aus der Erde anderer, schiffen diese um die gesamte Welt, damit vor unserer Haustür – und vor allem vor den Villentüren Wohlhabender – immer neue Autos platziert werden können.

Es lässt mich fassungslos staunen, dass ein Land wie Deutschland steigende Emissionen im Verkehrssektor genauso lethargisch akzeptiert wie immer mehr Ressourcenbedarf. Deutschland hat kaum eigene Ressourcen. Schauen Sie sich vor Ihrem inneren Auge mal ein deutsches Auto an und überlegen Sie, wie das aussähe, wären ausschließlich deutsche Materialien verwendet worden. Da bleibt nicht viel, oder?

Ich weiß, es klingt pathetisch, aber ich beginne jeden meiner Tage mit »danke« und »Demut«. Laut ausgesprochen. Weil ich um das Geschenk weiß, das mir gemacht wurde. Und deswegen ist der Kampf gegen Ungerechtigkeit auch der größte Antreiber meiner Arbeit. Gerechtigkeit in einer klimagerechten Welt bedeutet vor allem: Wie wollen wir in Zukunft leben – auch im Hinblick auf jene, die am schwersten unter den Folgen unseres hypermobilen Lebensstils leiden?

Mit diesem Buch möchte ich im ersten Teil wieder Expert:innen versammeln, die mit mir in die Problemanalyse gehen. Warum geschieht trotz aller Erkenntnis, aller wissenschaftlicher Fakten um planetare Grenzen, Kipppunkte und CO_2-Restbudgets ausgerechnet im Verkehrssektor nichts, was Gerechtigkeit gewährleistet, vor allem zukünftigen Generationen und dem Globalen Süden gegenüber? Im Gegenteil: Wir fahren rückwärts! Steigende Emissionen und Autozulassungszahlen sind der Beweis der verfehlten Verkehrspolitik.

Fast schon reflexhaft werden »die Armen«, die »Arbeiter:innen, die ohne Auto nicht zur Arbeit kommen könnten«, »ältere Menschen im ländlichen Raum« und »Behinderte« vorgeschoben, wenn es um den notwendigen Umbau unseres autozentrierten Systems geht. Nie sonst interessieren sich Bürger:innen und Politik für diese Gruppen, es sei denn, sie können als Ausrede dienen, warum auch weiterhin kaum Geschwindigkeit bei der mobilen Transformation aufgenommen werden kann. »Wir müssen alle mitnehmen« ist ein vergiftetes Versprechen, weil es nicht ehrlich ist. Denn das »alle« bezieht sich ausschließlich auf jene, die heute noch im Auto sitzen. Es bezieht sich nicht auf die 26 Millionen Erwachsenen und Kinder ohne Führerschein. Es bezieht sich nicht auf die Radfahrer:innen und den Fußverkehr. Es fokussiert sich ausschließlich auf die Gruppe der Autofahrenden, von denen sicher nicht wenige aktuell noch vom Auto abhängig sind, um ihr Leben zu bestreiten.

Die Frage ist: Was sagt es über ein hoch entwickeltes Land wie Deutschland aus, dass in vielen Regionen nur leben kann, wer Führerschein UND Auto bezahlen kann? Wobei bezahlen ja so auch nicht stimmt, »die dicksten Karren sind eh geleast«, wie ein Banker in meinem ersten Buch sagte. Und auch diese als Automenschen gelesenen Personen gehen meist zu Fuß zum Auto oder fahren auch mal Rad. Sie haben Kinder und Enkel, denen es in der aktuellen Gesellschaft unmöglich gemacht wird, selbstbestimmt Mobilität zu erleben, weil es da draußen zu gefährlich ist – wegen der Autos.

Was für ein absurder Kreislauf!? Der erste Schritt des Kindes wird noch bejubelt, alle familiären Chatgruppen mit diesem überschwemmt. Danach lernt das Kind aber, diese Selbstbestimmung im Draußen wieder aufzugeben. Draußen geht nur in Begleitung Erwachsener, denn für Kinder wurde diese Welt nicht geschaffen. Sondern für Autos. Weil mich das schmerzt, gehe ich in diesem Buch auch auf das Phänomen des »Adultismus« ein, der Altersdiskriminierung von Kindern.

Zu meinem ersten Buch wurde mir häufig gespiegelt, dass es den Blick auf die Welt massiv verändert und belastet hat. »Da sind ja wirklich überall Autos!«, hieß es nicht selten als Feedback.

Ich fürchte, das wird auch nach diesem Buch nicht anders sein. Gehe ich doch mit »meinen« Expert:innen in eine schonungslos ehrliche Analyse des Status quo: Wie konnte es so weit kommen, dass der Deutschen liebstes Kind in allen Facetten des Lebens das Auto wurde – und nicht, was naheliegen würde, das Kind? Stellen Sie sich mal vor, die Welt würde den Bedürfnissen von Kindern folgend umgebaut. Ich glaube, da hätten wir Erwachsenen jede Menge Platz – im Gegensatz zu der Einschränkung, die die erwachsene Welt für die Kinder bedeutet.

Aber nicht nur durch meine Gespräche mit Expert:innen werden Sie zuweilen neue Erkenntnisse und Blickwinkel sowie Zusammenhänge kennenlernen. Denn natürlich möchte ich Sie nicht demotivieren, sondern entflammen für die Idee einer menschengerechten Mobilität, die allen zum Vorteil gereicht. Und deswegen habe ich die Macher:innen (auf)gesucht und mit ihnen, die sie die Welt bereits seit Jahrzehnten zum Besseren verändern, über ihre Antriebe, Ideen, Erfolge gesprochen.

Dieses Buch soll Hoffnung schenken und zeigen, dass alles möglich ist, wenn wir nur wollen und als Team zusammenwirken. Vielleicht braucht es dafür gar keine Bundespolitik; Mobilität und ein gutes Leben sind regional und lokal zu gestalten. Es gibt unfassbar viele Vorbilder, denen nachgeeifert werden kann. Ideen dürfen geklaut und Ideengeber:innen auch mal kontaktiert werden. Wie hast du das gemacht? Ich will das auch! Das kann ein guter Aufschlag sein, um selbst eine kleine Revolution zu starten. Denn weniger scheint es nicht zu sein, wenn wir weniger Wagen wagen.

Ich möchte Sie mit diesem Buch versetzen in den Status

eines weißen Blatt Papiers: Was würden Sie sich wünschen, wenn Sie Ihren Alltag ideal gestalten sollten? Wenn wir JETZT beginnen würden, unsere Lebensräume zu gestalten: Ist das, was Sie vor der eigenen Haustür in der Stadt sehen, wirklich so erhaltenswert? Sind die Stunden, die Sie wöchentlich im Auto sitzen, weil Sie ländlich wohnen und kein Bus mehr fährt, wirklich so viel wert, dass Sie sie nicht gegen Familienzeit eintauschen wollen würden? Denken Sie mal nach: Was ist wirklich erhaltenswert, was ist einfach nur Routine oder vielleicht auch eine Bequemlichkeit, die sich allmählich gar nicht mehr so gut anfühlt, weil Sie sich der Konsequenzen Ihrer Automobilität für andere immer bewusster werden?

Ich lerne täglich etwas dazu in Sachen Gerechtigkeit und Bedürfnisse anderer Menschen. Dafür muss ich gar nichts anderes tun, als Bahn und Bus zu fahren, Lesungen und Vorträge zu halten, schlicht mit den Menschen in die Begegnung zu gehen, die nicht wenige mit dem Auto so gern vermeiden wollen. Auch in den toxischen Kommentaren zu meinen Äußerungen in Medien und auf Social Media finden sich Aussagen wie »Ich will aber nicht mit stinkenden Menschen im Bus sitzen« oder »Ich habe keine Lust auf Menschenmassen«. Alles valide Punkte für Menschen, die zukünftig reale Kosten für das Auto zahlen werden (müssen). Denn solche Aussagen zeigen, dass diese Menschen anscheinend auch anders und damit klimagerechter unterwegs sein könnten, sich aber weigern, ihren Teil beizutragen zur Verbesserung für alle. Es ist ungerecht, die Freiheit anderer für die eigene Freiheit bewusst einzuschränken. Auch wenn uns die FDP immer wieder anderes weismachen will.

Neben jenen, denen der Auto-Status-quo vielleicht sogar viel Freude bereitet, gibt es die Gruppe jener, die nicht Auto fahren kann. Und auch hinter dem Lenkrad sitzen viele, die gern anders mobil wären, die aber keine Wahl haben, als Auto zu fahren. In meinem ersten Buch habe ich verschiedene

Stimmen gesammelt, Menschen »wie du und ich« haben mir von ihrer Mobilität erzählt, nicht wenige von ihnen fahren Auto. Aber tun sie das wirklich auch selbstbestimmt? Das wird ja immer behauptet, wenn die Zulassungszahlen jährlich steigen… Aktuell kommen auf jeden Menschen zwischen 0 und 120 Jahren in Deutschland 0,6 Autos. Nur maximal zehn Prozent der Pkw bewegen sich gleichzeitig, es stehen immer mindestens 90 Prozent irgendwo rum (nicht selten im Weg oder im öffentlichen Raum oder beides zugleich).

Würden alle Deutschen in alle Autos steigen, blieben alle Rückbänke leer. Im beruflichen Pendelverkehr liegen wir aktuell bei einem Besetzt-Grad von 1,057 Personen. Schon diese wenigen Zahlen beweisen, wie irrational Auto(im)mobilität ist. Das ist nicht gesund. Weder für die Insass:innen der Fahrgastzelle noch für jene, die ohne Auto mobil sein wollen. Dennoch wird das Auto nicht als Problem von Abhängigkeit erkannt, sondern als Lösung missdeutet. Jahrzehntelangem Konsum von Kinowerbung, Verfolgungsjagden in Krimis und FDP-Parteitagen sei Dank. Es gibt das Genre Roadmovie (maximale Ausnahme ein paar Motorradfilme) und Romane über Roadtrips. Geradezu untrennbar wird der Führerschein mit dem Erwachsenwerden verbunden, wobei ich manche Diskussion mit Autofans beizeiten eher als pubertär empfinde.

Um hier einen Perspektivwechsel hinzubekommen, hatte ich mit den Menschen, die aktuell Auto fahren, den immer gleichen Einstieg gewählt. Zwei Fragen: »Willst du oder musst du Auto fahren?« und danach »Kann ein Mensch ohne Führerschein dein Leben leben?«.

Die erste Frage hatte sich kaum eine autofahrende Person je zuvor gestellt, was zeigt, wie tief in uns steckt, dass Autofahren die »Werkseinstellung« von Mobilität in Deutschland ist. Ich erlebe bei manchen Lesungen, dass vor allem Herren, aber auch Damen, mich geradezu triumphierend fragen, welche Lösungen ich denn bitte schön für ihr Dorf oder ihre Stadt hätte. Natürlich denken sie, es gäbe keine. Bevor ich auf meine Ideen zu sprechen komme, frage ich gern: »Ich kenne mich hier vor Ort nicht gut aus, bin das erste Mal in XY. Und ich würde mich daher freuen, wenn Sie zunächst Ihre Ideen mit mir teilen, damit ich von Ihnen lernen kann.« Meist war die Person dann wütend auf mich, dass ich diese Frage einfach zurückgab. Weil sie keine Antworten hatte, ideenlos war – und es am liebsten auch bleiben wollte, weil der Status quo ihr nun mal echt gut passt – zumindest auf den ersten Blick.

Manch einer Person musste ich darüber hinaus noch den Unterschied erklären zwischen müssen und wollen. Ich versuchte es mit dem Bild einer Person, die kaum noch schlafen kann vor Vorfreude, bis es endlich wieder ins Auto geht, und einer, die am Frühstückstisch leicht genervt noch einen zweiten Kaffee trinkt, um das tägliche Stehen im Stau noch etwas hinauszuzögern.

Ergebnis: 80 Prozent der Autofahrten waren eher Müssen als Wollen. Und damit Zwang. Wie dieser Zwang entsteht, dazu komme ich noch. Die Menschen konnten durchaus Autofahrten benennen, die sie genießen. Meist an den Wochenenden (also an den Tagen mit mehr Zeit und weniger Verkehr), auf dem Weg zu einem Ziel, was Vorfreude erzeugt (und das ist meist nicht der tägliche Arbeitsweg), und unter idealen Bedingungen – bei Sonne, ohne Stau an einem freien Tag ein wenig cruisen. Diese Fahrten betreffen also nicht wirklich eine Mobilität, die den Alltag widerspiegelt, sondern die Ausnahme ist. Und in der Ausnahme dann eben auch Spaß macht. Na klar, es gibt Menschen, die jede Fahrt in ihrem Auto genießen, nicht umsonst habe ich es gerade mit Auto-Posern zu tun, die mich lächerlich machen oder behaupten, ich würde ihnen was wegnehmen wollen. Bei diesen Menschen kratzt das Auto aber schon an einem sehr kostenintensiven Hobby, was ich nicht auf die gleiche Hierarchieebene mit »meine Ziele erreichen«, also etwas Pragmatischem, setzen möchte.

Also: Was bringt die Menschen ins Auto bzw. was hält sie davon ab, es zu verlassen und auf andere Verkehrsmittel zu setzen? Ich identifiziere vier wesentliche Aspekte:

Verfügbarkeit

Um Menschen den Ausstieg aus dem privaten Pkw zu ermöglichen, braucht es verfügbare Alternativen. Es ist das eine, an einen Ort zu ziehen, wo es sich nur mit dem eigenen Auto gut leben lässt. Diese freiwillige Abhängigkeit kann ich nur verstehen, wenn ab dem ersten Tag im neuen Heim lautstark Alternativen eingefordert werden. Schon eine Erkrankung, die Einnahme eines Medikaments oder der Jobverlust – und damit weniger Geld – können dazu führen, nicht mehr Auto fahren zu können. Dann den Alltag zu organisieren, wird schwer. Auch hier haben viele Länder es besser gemacht als Deutschland. Entweder haben sie neben der Autozentrierung auch die klare Radzentrierung zugelassen (Niederlande, Dänemark), oder sie haben die phantastischen Nah- und Fernverkehrssysteme gepflegt und aufgebaut (Schweiz, Österreich), statt – wie in Deutschland – nur eine und dann auch noch private, hoch subventionierte und Dritte belastende Mobilitätsform zu pushen: das Auto.

Die Zerstörung nach dem Zweiten Weltkrieg, die in der Infrastruktur unseres Landes dafür vorgenommen wurde, übertraf jene der Kriegsjahre. Kirchen, Fachwerkhäuser, kleine Schlösser wurden abgerissen, um Autobahnen durch zuvor gesunde Viertel zu trümmern. Damit ist aber auch eines klar: Unsere Städte in Europa haben im Vergleich zu anderen Städten einen echten Vorteil: Es war der Mensch, der bestehende

Struktur dem Auto untertan machte. In den USA und Asien entstanden Städte MIT dem Auto. Hier wird es wesentlich schwieriger werden, menschen- und klimagerechte Strukturen aufzubauen. Bei uns in Deutschland ist es eher ein »back to the roots«, eine Rückbesinnung auf die Stadt und das Dorf der kurzen Wege, die wir aufgaben, weil wir der Verlockung des Autos in völlig irrationalem Ausmaß erlagen.

Sicherheit

Politik und Autolobby wollen nicht, dass Sie an die Wahrscheinlichkeit denken, auf der Straße zu sterben oder jemanden mit dem eigenen Auto zu töten. Im Durchschnitt wurde 2022 alle 20 Minuten ein Kind bei einem Unfall verletzt oder getötet. 25 755 Kinder wurden (schwer) verletzt, 51 verloren ihr Leben.

Das muss sich dringend ändern. Vision Zero muss das Ziel sein, also null Verkehrstote. Wer das Ziel ernst nimmt, das sich versteckt auch im aktuellen Koalitionsvertrag findet, muss radikal anders denken und handeln. Die Schwächsten im Verkehr zu priorisieren, bedeutet, Autos ihre Privilegien zu nehmen. Denn Kinder, Ältere und Behinderte können sich nur dort sicher bewegen, wo für ihre Bedürfnisse gute und sichere Wege existieren. Also baulich getrennte Radwege, die verzeihen, wenn Kinder noch recht impulsiv Rad und Roller fahren. Autofreie Bereiche ohne Ampeln, damit altersbedingt langsame Menschen in ihrem Tempo die Stadt erkunden können. Und breite Gehwege mit guter Infrastruktur für Menschen mit Rollstuhl oder anderen heute noch unbefriedigten Bedürfnissen an selbstbestimmte Mobilität. Sicherheit ist immer auch Paradoxon, Dilemma und individuell. Fakten und Statistiken helfen eben nicht, Sicherheit zu fühlen, nur die Befriedigung der persönlichen Ansprüche an Sicherheit kann das.

»Erwartungsgemäß gibt es bei diesem Thema große Wahrnehmungsunterschiede zwischen Männern und Frauen. Kritik kam deshalb auch aus Kreisen der feministischen Stadtplanung, die Frauenparkplätze und Heimwegtelefone als reine Symptombekämpfung bemängelte. Frauen seien durch derartige öffentliche Hilfestellungen zwar nicht mehr vom Schutz ihrer Männer abhängig, stattdessen aber beispielsweise vom Nachtfahrangebot der städtischen Verkehrsbetriebe.«[1] In anderen Ländern gibt es ab Anbruch der Dunkelheit z. B. Busse, die auch zwischen Haltestellen stoppen, damit Fußwege verkürzt werden können. E-Scooter ersetzen in manchen Ländern weibliche Taxiwege und sparen somit Kosten für die Personen, weil sie sich auf dem Scooter stehend sicherer fühlen, als wenn sie zu Fuß gehen.

Barrierefreiheit

Bei Barrierefreiheit denken viel zu viele nur an Menschen im Rollstuhl. Und ja: Diese sind stark betroffen von unserem behindertenfeindlichen Mobilitätssystem vor allem im Fernverkehr der Bahn. Ich habe dazu Interviews geführt mit Menschen im Rollstuhl, die das nicht hinnehmen, Missstände aufdecken, aber auch kooperativ dieses phantastische Verkehrsmittel Richtung barrierefreie Zukunft entwickeln wollen.

Barrierefreiheit heißt aber auch, das »Zwei-Sinne-System« zu beachten. Also alle Angebote der Mobilität durch Ansprache von mindestens zwei Sinnen zugänglich zu machen. Behinderte wollen sich selbstbestimmt bewegen, und das müssen die Gesunden ihnen ermöglichen, die spätestens im Alter auch begeistert sein werden, wenn weniger Barrieren ihr Leben erschweren.

In meiner Podcast-Episode mit Viktoria Brandenburg vom

Designstudio Die Informationsdesigner habe ich vertieft reingeschaut, wie normiert Informationen zur Automobilität sind. Autobahnschilder sind überall in derselben Farbe, derselben Schrift – ein durchgehend stringentes System in allen Ecken unseres Landes. Und wenn wir dann in den Nahverkehr gehen, in Busse und Straßenbahnen einsteigen wollen, ist das im Vergleich unfassbar verwirrend, weil jeder Verkehrsanbieter sich eigene Systeme ausgedacht hat. Und so kann es sein, dass Menschen deshalb nicht einsteigen bzw. aus dem Auto aussteigen, weil sie schlicht das System der Alternativen nicht verstehen. Kommunikation ist Basis jedweder Veränderung, wenn diese nicht stimmt, verändert sich nichts, weil der Status quo so viel vertrauter ist als das Neue.

Barrierefreiheit ist kein »nice to have«, es ist sogar im ÖPNV seit Jahren europaweit gesetzlich vorgeschrieben. Was manche Verkehrsanbieter:in nicht kümmert, weil dieses Recht ein zahnloser Tiger ohne Möglichkeit der Klage ist. So war 2023 nur ein Prozent der Autoladesäulen barrierearm – und wieder einmal haben die Betroffenen selbst angestoßen, hier die Standards neu festzuschreiben. Es ist unglaublich! Da wird eine völlig neue Infrastruktur in den zwanziger Jahren dieses Jahrhunderts so gebaut, dass Menschen im Rollstuhl sie nicht nutzen können.

Daher bestehen zu Recht auch große Ängste bei Menschen mit Einschränkungen, in der Mobilitäts-Transition erneut nicht mitgedacht zu werden, so wie es seit Jahrzehnten nicht geschieht. Diese Ängste werden geschürt durch Politiker:innen, die keine Mobilitätswende, sondern paternalistisch das Auto im Leben der Menschen mit Einschränkungen manifestieren wollen. Wer mit diesen Menschen spricht, weiß, dass diese oft finanziell nicht gut aufgestellt sind und ein Auto eine echte Belastung sein kann. Damit kommen wir zum vierten und letzten Punkt, der Menschen im Auto verharren lässt.

Bezahlbarkeit

Am Beispiel des Neun-Euro-Tickets wurde 2023 deutlich, was geschieht, wenn Menschen mobil gemacht werden. Das Ticket, das drei Monate parallel zum Tankrabatt lief, brachte Menschen in die Züge, die sonst keine Mobilität haben. Ich unterhielt mich mit älteren Damen, die mit ihren Freund:innen Ausflüge in die Region machten. Mit Jugendlichen aus kinderreichen Familien, die sich das Schülerferienticket nicht leisten können, für die nun aber vier Wochen Abenteuer in den Sommerferien erschwinglich waren. Von Norden bis Süden, von Osten bis Westen. Ich habe viele Gespräche zum Ticket geführt, weil dies in die Hochphase einer Lesetour fiel – so viele zauberhafte Begegnungen, Erzählungen und selbstbestimmte Mobilität! An manchen Stellen ist das System, wie nicht anders zu erwarten, an seine Grenzen geraten. Menschen mit Einschränkungen mieden den Nahverkehr, da sie in dieser Zeit noch schwächer im System gemacht wurden, als es eh schon geschieht. Dennoch: Dieser »Versuch« zeigte, dass es für viele Menschen auch das Geld ist, das klimagerechtes Reisen unmöglich macht.

Die Ursachen

Warum fällt es uns so schwer, weniger Wagen zu wagen, obwohl Pkw nachweislich nicht nur die deutlich größte CO_2-Quelle im Verkehrssektor sind (noch vor Fliegen und Schwerlastverkehr zu Lande und auf der See!), sondern auch so viele weitere Probleme verursachen?

Es scheint fast so, als sei es das Unmöglichste, die Deutschen und viele andere aus dem Auto aussteigen zu lassen. Über nichts habe ich in den letzten Wochen mehr nachgedacht: Welchen Anteil hat unsere Autoabhängigkeit – das Podest, auf das wir das Auto heben, und das Leben, das wir um das Auto herum gestaltet haben – an der gesellschaftlichen Spaltung? Und wenn ich das auf Bühnen äußere, geht immer ein Raunen durch die Menge. Das möchte niemand zusammenbringen. Leider sehe ich durchaus einen Zusammenhang. Weil wir aneinander vorbeifahren, weil wir da einsteigen, wo wir alle kennen, und da aussteigen, wo wir alle kennen, begegnen wir einander nicht mehr zufällig. Selbst bei meinen Eltern im verstädterten ländlichen Raum beobachte ich kaum noch »Zaungespräche« oder »Gehweg-Begegnungen«, weil so viele für jeden Weg in ihr Auto steigen. So sind rollierend organisierte Geburtstagsabende zwar fester Teil der Nachbar:innenschaft, aber diese Begegnungen sind dann gerade im Alter auch das Einzige. Sich zufällig zu begegnen an sozialen Orten ist unmöglich, weil es diese hier nicht mehr gibt. Der kleine Supermarkt ist weg, der Kiosk, andere kleine Läden. Den nächsten Kaffee, den gäbe es an der Kuchentheke einer Bäckerei im Discounter auf der grünen Wiese.

In meinem ersten Buch habe ich den Status quo der Mobilitätswende historisch, in Bezug zu Raum und anderen Parametern gemeinsam mit meinen Interviewpartner:innen erörtert. Diese Gliederung möchte ich auch in diesem Buch nutzen, um die verschiedenen Facetten zu beleuchten, die Ursache des Stillstands sind. Denn seien wir ehrlich: Der Markt für das Auto ist längst übersättigt. Das zeigen Staus von einer Länge mehrfach um den Äquator, verlorene Lebenszeit und Gesundheit beim Pendeln und Parksuchverkehr mit einem Anteil von bis zu 40 Prozent am Stadtverkehr.

Die Dystopie, wie es bei höherer und paralleler Nutzung auf unseren Autostraßen aussähe, kann nur abschrecken. Eigentlich müssten alle Autofahrenden jeden Tag mit einem Dankesgruß an jene beginnen, die durch Nutzung anderer Mobilität klimagerechter unterwegs sind – und ihnen damit Platz machen. Es muss – auch ohne Klimakatastrophe –

Schluss sein mit Autostraßenbau. Es müssen alle Ressourcen von Geld bis Personal investiert werden in alles von Fuß bis Bahn. Mobilitätswende ist kein Umwelt-, sondern ein Gerechtigkeitsprojekt. Aber noch nicht mal die Klimakatastrophe und das jetzt schon um uns herum kollabierende Ökosystem sind in der Lage, uns von der Auto-Nadel wegzubringen. Wie eine abhängige Person reden wir uns ein, dass das Toxische, das wir anderen – aber auch uns! – aktuell mit dem Auto antun, eine Art Naturzustand ist.

Geradezu prophetisch muten hier auch die Worte an, die der Ökolandwirt Ulf Allhoff-Cramer in unserem Austausch nutzte, lange vor den so genannten Bauernprotesten: »Wie soll man mit der traumatischen Erfahrung klarkommen, dass dieser Wald, den mein Vater vor 70 Jahren gepflanzt hat, innerhalb von drei Jahren abstirbt? Es gibt keine Chance mehr, den Wald in einen naturnahen Mischwald umzubauen, was mein Plan war. Früher gab es zwei Grundsätze, die eine unheimliche Bedeutung haben in der Landwirtschaft. Einmal: Die Natur gleicht alles aus. Und der andere war, dass alle Bauern versuchen, den Hof besser an ihre Kinder zu übergeben, als sie ihn übernommen haben. Beides ist in der Krise. Fundamentale Gewissheiten gelten nicht mehr. Aber die sind doch unser gemeinsames Erbe, ein intaktes Klima ist doch unser aller Menschenrecht. Das darf nicht in Frage gestellt werden durch eine Politik, die es offenbar wichtiger findet, fossile Konzerne wie die Auto-, die Flug- und die Kohleindustrie zu schützen. Irgendwie müssen wir schaffen, diese Ungerechtigkeit und dieses Fehlverhalten aufzuzeigen, so dass eine positive Stimmung für den notwendigen radikal wirksamen Klimaschutz entsteht im Land. Dieser Klimaschutz muss radikal sozialverträglich sein, damit er akzeptiert wird.

Es gibt keine Alternative dazu, jetzt das Ruder herumzureißen und die notwendigen Dinge zu tun. Diese Klimakrise ist schon bald nicht mehr heilbar.«

Über Macht und Politik

Was zieht Menschen in die Politik, in kommunale Ämter, in Positionen mit Gestaltungsmacht? Und wie unterscheiden sich diejenigen, die diese Macht der Allgemeinheit und nicht dem eigenen Machterhalt widmen, von anderen, die die notwendigen Transformationsprozesse auch in der Mobilität so stocken, bisweilen sogar rückwärts laufen lassen? Ich nehme nicht wahr, dass die Bevölkerung einer strukturierten und am Gemeinwohl orientierten Veränderung verschlossen ist. Studien zeigen hier eine Offenheit, die sich aber nur in die Veränderung von Routinen und Lebenswandel drehen kann, wenn Politik neue Regeln aufstellt. Wobei ich von Beginn an deutlich machen möchte, dass Politik nicht nur im Bundes-, Landtag oder in Landkreisen sitzt. Politik sind wir in der Demokratie alle. Wir alle sollten daher auch mitformen und -gestalten, was für uns die lebenswerte Zukunft ist. So auch Planer:innen von Stadt- und Landräumen, Wissenschaftler:innen mit ihren Erkenntnissen rund um Themengebiete, die die Mobilität mitprägen, Architekt:innen mit einem neuen, weil klima- und sozial gerechten Berufsverständnis.

Mobilitätsforscher Till Koglin berichtet aus seiner Wahlheimat, dass in Schweden Forscher:innen an Universitäten die Aufgabe hätten, Forschungsergebnisse an die Allgemeinheit zu bringen. Er schreibe daher viele Berichte auf Schwedisch, da wissenschaftliche Publikationen sonst nur auf Englisch erschienen, was eine sprachliche Barriere darstellen kann. Genutzt werde zudem eine einfache Sprache, oftmals mit Empfehlungen, was zu tun ist auf Basis der Ergebnisse. Auch die Energieökonomin Prof. Dr. Claudia Kemfert erklärt, dass

Wissenschaftskommunikation ganz klar Auftrag ihrer Forschungsarbeit ist.

Maria Vassilakou ist ehemalige Bürgermeisterin von Wien. Sie sagt, Macht bleibe ohne Wirkung, wenn der Zwang zum Machterhalt überbordend wird. Macht sei ein Paradoxon. »Wenn du nicht weißt, was du tun willst und wenn es auch nichts gibt, was dich bewegt, für was du brennst, dann hast du de facto keine Macht. Du hast sie nominell, aber du weißt sie nicht zu nutzen. Und wenn du etwas tun willst, kommst du drauf, dass du nie genug Macht hast. Eigentlich ist Macht etwas, das man so gut wie nie hat, wenn und wofür man es braucht. Es gibt zwei Sorten von Politiker:innen. Die einen sind auf Machterhalt aus, da geht es eher um Verteilung von Ressourcen und Posten an diejenigen, die einem nahestehen. Und die anderen nehmen ihre Wahl als einen Auftrag zum Handeln, seitens derjenigen, die sie für bestimmte Ziele gewählt haben. Die stellen bald fest, dass die Macht nicht automatisch mit dem Amt kommt, sondern jeden Tag neu ausverhandelt werden muss.«

Eine ähnliche Sicht auf Macht hat Kirsten Pfaue, Amtsleiterin Mobilitätswende Straßen in Hamburg: Macht zu haben empfindet sie als etwas Positives. »Macht beschreibt die persönlichen Gestaltungsmöglichkeiten und den Wirkungskreis. Macht hilft, Entscheidungen herbeizuführen, Lösungen zu finden, Konflikte zu lösen, die Umsetzung von Maßnahmen voranzutreiben. Was häufig an ein Schachspiel erinnert.«

Alle von mir interviewten Menschen verkörpern das, was ich sehen möchte, ob in politischen Ämtern oder Machtfunktionen an anderer Stelle: Die Gestaltung der Zukunft in einer Gegenwart, die nicht mehr zeitgemäß ist, die Lenkung des Blickes zurück auf die Menschen und damit weg vom Auto. Keine:r von ihnen will (so wie auch ich) Autos komplett abschaffen, diese aber um ihre Privilegien erleichtern, sie zurückführen auf das, was sie sein sollten: eine Mobilitäts-Form von vielen, gerade auch in der Stadt, mit Ausstrahlung in ländliche Räume hinein. Denn sind erst mal richtig lebenswerte Räume und ein gutes Miteinander in der Stadt entstanden, dann bemerken vielleicht auch die Menschen auf dem Land, wie groß die Vorteile eines Alltags ohne Autodominanz sein können.

Anja Sylvester von LandLogistik kennt das von ihren Projekten im ländlichen Raum. Sie erlebe Macher:innen vor Ort, die ein Potenzial erkennen und entscheiden: »Wir packen das jetzt an!« Diese Menschen haben den Mut, eine Entscheidung zu treffen, und stehen dafür ein. Es brauche diese starken Multiplikator:innen, die über ihren Schatten springen und trotz bestehender Richtlinien und Hemmnisse neue Wege zum Wohl ihrer Region beschreiten, da sie selbst von der Chance des möglichen Ergebnisses überzeugt sind.

Und das möchte ich mit meinem Buch erreichen: Jenen, die in Macht sind, zurufen, dass sie viele hinter sich haben, die die Veränderung wollen, aber auch jene wachrütteln, die die Transformation herbeisehnen, diesen Wunsch aber kaum wahrnehmbar platzieren. Wir machen überall den Fehler, auf jene zu hören, die laut brüllen, Hauptsätze verwenden und Komplexität unlauter vereinfachen. Die uns vorlügen, es könne alles so bleiben, wie es ist. Die Klimakatastrophe leugnet kaum noch ein Mensch öffentlich, aber die Ableitungen, was gegen sie unternommen werden muss, werden in Zweifel gezogen. Die Transformation wird so mutwillig aufgehalten, nicht zum Besseren für alle, sondern vor allem für eine bestimmte Industrie und hochmobile, fossile Lebensstile.

Beim Verein Lobbycontrol beschäftigt sich Christina Deckwirth mit den Rahmenbedingungen, die eine Autopolitik erst möglich machen. Und im Umkehrschluss natürlich auch damit, wer eben nicht an der Verkehrspolitik beteiligt wird. Bei der Autolobby ist es laut Christina immer noch selbstverständlich, dass sie in die Politik einbezogen wird. Das Verkehrsministerium könnte sich eigentlich Straßenbau- und Autoministerium nennen. Den Autoverkehr in den Mittelpunkt zu stellen, sei DNA dieses Ministeriums, wo es immer noch eine Selbstverständlichkeit sei, dass die Hauptgesprächspartner die Autokonzerne und der VDA, der Verband der Automobilindustrie, seien.

Die Bundesregierung trete in Brüssel als Lobbyistin oder verlängerter Arm der Autoindustrie auf. Präsident des VDA war lange der ehemalige Verkehrsminister Wissmann. Der habe praktisch Gesetze geschrieben und an die Ministerien herangetragen. Schon bevor andere ins Spiel kamen, war also alles ausgedealt. Das sei immer noch so möglich. Laut Christina müsse die Politik adressieren, dass Verkehrspolitik mehr ist als Autopolitik.

Der Verkehrswissenschaftler Heiner Monheim beobachtet dieses Phänomen seit Jahrzehnten: »Der Bund ist bei der Verkehrswende eher der Bremser und keinesfalls der Antreiber. Die Fixierung auf die Antriebswende ist ein ›Placebo‹ anstelle der dringend erforderlichen ›Totaloperation‹. Dass über 1000 Kommunen ein Netzwerk für Temporeduzierung gegen den Bund bilden müssen, belegt die tiefe Verfassungskrise.«

Noch deutlicher formuliert es Jürgen Resch von der Deutschen Umwelthilfe: »Die wirklichen Extremisten und Gewalttäter sind diejenigen, die internationale Vereinbarungen wie das Pariser Klimaabkommen missachten und dann aus Angst vor unseren Klagen das Klimaschutzgesetz entkernen. Recht und Gesetz gilt für alle. Wer bei Rot über die Ampel fährt, kassiert einen Monat Fahrverbot. Wie können dann die Automobilindustrie und der Staat Schutzvorschriften für in unseren Städten giftige Autoabgase einatmende Menschen einfach ignorieren?«

Tatsächlich merke ich, dass das Entsetzen zunimmt, dass Bundespolitiker:innen Völkerrecht und Bundesrecht brechen.

Aber nicht selten kippt es auch (gewünscht?) in Erschöpfung und Resignation. Was bedeutet das für unsere Zukunft? Was bedeutet das für die Vorbildfunktion unserer gewählten Vertreter:innen? Wo bleibt der Aufschrei?

Durchaus in Teilen amüsant, wenn auch in der Konsequenz des Besprochenen so gar nicht witzig war in dieser Sache mein Austausch mit Jacob Spanke, er ist Volkswirt und arbeitet in der Bahnforschung. Wir unterhielten uns über Best Cases, warum Deutschland in Sachen Mobilitätswende keinen aufweisen kann und was die Ursache ist. So etwas wie eine Abwrackprämie oder die E-Fuel-Diskussion kommt laut Jacob nur in Deutschland so stark auf, weil wir am Verbrenner hängen. Sich stumpf für Autos einzusetzen, das gebe es nur in Deutschland. Hier existieren keine Best-Case-Modelle, sondern nur ein Worst-Case-Modell. Doch Autos seien schlecht für uns Menschen und unsere Gesellschaft.

Zugegeben, Jacob ist ein junger weißer Mann. Das »beunfähigt« ihn in manchen Kreisen schon, so eine Analyse platzieren zu können. Schwenken wir daher doch mal zu einem mittelalten weißen Mann: dem Sozialwissenschaftler Andreas Knie. Der sieht die Sache allerdings ähnlich. Es seien die alten grauen Männer, die Politik machen. Und was die alle gemein hätten, sei das Lobbying im Kopf. Es gebe Ministerpräsidenten, die müssen gar nicht direkt »besät« werden, sondern »die denken selber schon, was mache ich mit den Arbeitsplätzen in der Autoindustrie, die gehen ja verloren«. Dass die eh jedes Jahr weniger werden, würden die gar nicht mitkriegen. Und wenn Männer etwas erfinden, dann fragen sie laut Andreas nicht mögliche Nutzer:innen, sondern sie fragen andere Männer, wie die das denn fänden. Sagt der andere dann »super«, dann sei das Ding »schwuppdiwupp« quasi schon fertig. Es könne nur keine:r nutzen, weil es keine:r verstehe.

Ein Phänomen, das übrigens nicht nur für Autopolitik und Autoindustrie gilt. Auch die Faszination an Flugtaxis und

Hyperloop für den Einsatz in Deutschland kommt aus dieser Ecke. Die Rad- und die ÖPNV-Industrie wurden ebenfalls sehr lange sehr homogen von diesen Männern geführt – gerade in Sachen Nahverkehr und Bahn sogar von Männern, die noch nicht mal diese Produkte selbst nutzten, die sie verantworteten.

Dr. Stefan Carsten ist Zukunftsforscher und hat es in seiner Arbeit nicht selten mit Menschen zu tun, die vielleicht sogar überfordert sind von der Geschwindigkeit, die die Transformation nun aufnehmen muss, die sich dies aber nicht eingestehen, sondern das Bestehende bewahren wollen. »Vertraut ist immer nur dieser ganz kurze Moment von ›jetzt‹ und die Vergangenheit. Schon das Morgen zu denken, fällt daher vielen schwer, da das Morgen viele Varianten enthalten kann, absurderweise gerade dann, wenn verweigert wird, es aktiv zu gestalten. Politik und Industrie glauben zu wissen, wie die Zukunft aussieht. Aber das Gegenteil ist der Fall. Viele Unternehmen sind vielmehr durch ein massives Managementversagen und eine gescheiterte Industriepolitik zu Übernahmekandidaten geworden. Die politischen Akteure in Berlin und vor Ort bewirken, dass massiv Arbeitsplätze vernichtet werden.«

Viele Expert:innen sehen das Thema ähnlich. Mike Köppe etwa: Er kann das durch seine Insights aus der Autoindustrie, etwa bei Škoda, nur bestätigen – leider. Auch er sieht es als unabdingbar an, eine gestaltende und weitsichtige Verkehrspolitik zu installieren, die sich vom Dogma des Autos zu lösen in der Lage wähnt. Die Möglichkeit zu einem sanften Wandel sei über Jahrzehnte verschlafen worden, doch für den jetzt notwendigen schnellen Wandel werde eine Regierung benötigt, die zusammensteht.

Wasilis von Rauch vom Verband Zukunft Fahrrad sieht hier ganz klar Vorbilder im europäischen Umland, die schon zeigen, dass umgedacht wird und neue Wege mit starken Industrien beschritten werden. Anderswo werde das Fahrrad als Wirtschaftsfaktor politisch erkannt und gefördert: In Frankreich etwa gebe es einen Plan der Regierung, die heimische Fahrradbranche zu stärken. Die Produktion von Fahrrädern soll bis 2030 auf zwei Millionen mehr als verdoppelt werden. Länder wie Portugal siedeln erfolgreich Fahrradproduktion von großen Marken an. »Damit bestätigen Frankreich, Portugal, aber auch die EU einen Trend. Ausgehend von den Chancen und nicht den Bedenken ist viel möglich, was schlicht pragmatisch in die richtige Richtung führt. Wenn die Gestaltung dieser Zukunft dann auch noch Spaß macht – worauf warten wir eigentlich noch? Und auch die Erklärung der EU zur Bedeutung des Radverkehrs ist zwar nicht bindend wie ein Gesetz, jedoch eine Basis dafür, dass das Fahrrad dem Auto vor allem in wirtschaftlicher Betrachtung und Entwicklung gleichgesetzt werden könnte. Denn im Vergleich zu Infrastrukturkosten für Autos sind jene für das Rad fast zu vernachlässigen, erst recht, wenn schlicht Flächengerechtigkeit hergestellt werden würde.«

Die EU-Erklärung besteht aus 36 Forderungen, die im Gegensatz zu vorherigen Papieren einen echten Fortschritt bedeuten. So z. B. mit Schwerpunkt auf Sicherheit als eine der Grundvoraussetzungen, vor allem für Gruppen, die noch zögern, aufs Rad zu steigen – darunter viele Frauen, Kinder und ältere Menschen. »Zusätzlich … müssen alle Elemente des Konzepts des sicheren Systems sowohl auf den Radverkehr als auch auf motorisierte Fahrzeuge und Autofahrer angewandt werden, die Fahrer, die die Straße mit Radfahrern teilen. Dazu gehören sichere Geschwindigkeiten, sichere Straßennutzung und sichere Fahrzeuge, die durch die konsequente Durchsetzung der Straßenverkehrsordnung gestützt werden«, heißt es in der Erklärung. Plus: »Die europäische Fahrradindustrie ist weltweit innovativ und führend sowie ein wichtiger und wachsender Wirtschaftszweig. Sie umfasst derzeit über 1000 mittelständische Unternehmen und eine

Million Arbeitsplätze, mit einem Potenzial für viele weitere.«[2]

Zumal tolle Räume für Radfahrende auch stets Aufenthaltsqualität für alle anderen ohne Auto nach sich ziehen. Denn hier geht es nicht um »Verkehrspolitik«, sondern um die Erzählung lebenswerter Räume. Mehr Fahrrad bedeutet mehr Lebensqualität, als es das Auto je schaffen kann. Das denkt auch Prof. Dr. Dirk Messner, Leiter des Umweltbundesamtes: »Studien belegen empirisch, dass lebenswerte Städte – in denen Raum ist für Begegnung, für Öffentlichkeit und für Gemeinsamkeit – intensiv genutzt und ›belebt‹ werden von ihren Bürgerinnen und Bürgern. In Städten, durch die sich Autokolonnen schieben, fahren die Menschen nach der Arbeit direkt wieder nach Hause.«

Aber fossilen Status-quo-Wahrer:innen stehen – das ist das Schöne! – inzwischen sehr pragmatisch an der Realität orientierte, aber von Menschenliebe angetriebene Personen gegenüber. Wie dem belgischen Politiker Filip Watteeuw: »Ich bin in der Politik, um etwas zu verändern. Das Wunderbare daran, stellvertretender Bürgermeister für Mobilität und öffentliche Arbeiten zu sein, besteht darin, viel verändern zu können. Ich sehe die Plätze, die neu sind. Ich sehe die Orte, an denen es vor vielen Jahren noch Staus gab und die unsicher waren. In der Zeit, in der ich als stellvertretender Bürgermeister begann, hat es auf bestimmten Fahrradrouten jeden Tag etwa 3000 Radfahrende gegeben. Jetzt sind es 8000–9000. Ein Fluss von Radfahrenden. Wenn ich das sehe, bin ich glücklich.«

Für Winfried Hermann als Landesminister in Baden-Württemberg arbeite ich im ehrenamtlichen Beirat »Mobilitätsdaten«. Er findet gute Bilder, um zu verdeutlichen, wie er seine politische Gestaltungskraft einschätzt: »Schon bald lernte ich: für Veränderungen braucht es die Ungeduld als Triebkraft und die Geduld als Durchhaltekraft. Wer Politik als

Sprint begreift, wird kaum erfolgreich sein. Es braucht das Durchhaltevermögen eines Marathonläufers, um etwas zu erreichen. Es braucht einen klaren Kompass und pragmatisches Geschick, die Fähigkeit zum Kompromiss und zu Zwischenschritten, ohne das Ziel aus den Augen zu verlieren. Passender sind aber Bilder aus dem Mannschaftssport, denn erfolgreich ist man in einem Team mit verschiedenen Rollen. Manche sind sichtbarerer, andere fast unsichtbar, aber auf das Zusammenwirken kommt es an. Wenn ich über das Erreichte spreche, so steht jedes ›Ich‹ für ein großes ›Wir‹. Was ich als Minister vorweisen kann, ist auch das Ergebnis der Arbeit von vielen sehr engagierten und fachkundigen Mitarbeiterinnen und Mitarbeitern im Ministerium sowie der politischen Mitstreiter:innen in Parlament und Partei.«

Mit diesen letzten Worten im Zitat zeigt er auf, was ebenfalls alle eint, die ich interviewen konnte und die täglich etwas bewegen: Teamwork. Klar, bestimmte Aufgaben, die zu übernehmen einen Gestaltungsrahmen beinhalten, werden bzw. müssen mit einer gewissen Eitelkeit angetreten werden. Natürlich macht es Freude, nach jahrelanger zumeist zäher Arbeit festzustellen, dass Dinge bewegt worden sind, Pläne aufgingen. Ich denke, das geben alle zu, die in Machtpositionen sind. Wenn dann noch Politik mit Visionen vorangeht, haben es auch die Menschen, die mit ihnen zusammen die Mobilität gestalten, sehr viel leichter, in die notwendige Transformation zu gehen.

Carlos Moreno führt Forschungen zu intelligenten und nachhaltigen Städten durch und gerät ins Schwärmen, als ich mit ihm über den Umbau von Paris zu einer menschenzentrierten Stadt spreche. »Seine« Bürgermeisterin, Anne Hidalgo, ist mit diesem Wahlversprechen angetreten, hat an diesem mit zum Teil sehr umfassenden temporären Verkehrsmaßnahmen gearbeitet – und wurde wiedergewählt. So dass es in ihrer zweiten Amtszeit jetzt um Verstetigung und Ausweitung gehen kann. Ja! Sie wurde wiedergewählt. Und ich kann mir sogar vorstellen, dass einige, die zuvor nicht mehr zu Wahlen gingen, weil sie sich nicht vertreten sahen, durch die klare Vision und das wahrnehmbare Gestalten von Anne Hidalgo diese Politikerin wählten. Weil sie nicht austauschbar agierte, sondern sogar Machtverlust riskierte, um Paris den Menschen zurückzugeben.

»Wir haben in Paris das Glück, eine Frau wie Anne Hidalgo zu haben«, sagt Carlos Moreno. »Das Schwierigste ist, einen Bürgermeister zu finden, der oder die für eine große Stadt verantwortlich ist und sagt: ›Ich möchte die Stadt auf diese Weise verändern. Ich bin bereit, mich der Autolobby, der Lobby der fossilen Energien und der Lobby der Immobilienwirtschaft entgegenzustellen, die weiterhin sehr alte Infrastrukturen bauen.‹ Anne Hidalgo setzt sich voll und ganz für das Gemeinwohl, für die Umgestaltung ihrer Stadt ein, um den Weg für das nächste Jahrzehnt, für die Zukunft zu öffnen.«

Ergänzen möchte ich hier zwei Aspekte aus den Gesprächen mit Katja Dörner und Katharina Schlüter. Katja Dörner machte sich bei Amtsantritt als Oberbürgermeisterin von Bonn viele Gedanken um die Räume, in denen Macht agiert und Entscheidungen fällt. Denn natürlich drängt sich so eine Analyse auf, erst recht, wenn wir zuvor erfahren haben, wie eng die Abstimmung zwischen Politik und Autolobby bis hin zu Gesetzestexten ist. Mit Blick auf Gerechtigkeit, sei ihr in den letzten Jahren eines sehr deutlich geworden: »Die Frage von Zugängen ist hochrelevant. Wer hat Zugang zu Politik? Wer lenkt den Blick von Entscheiderinnen und Entscheidern?«

Katharina Schlüter von Changing Cities wiederum stützt diese These nicht nur, sie sieht auch große Potenziale, wenn Politik, Verwaltung und Zivilgesellschaft zusammenarbeiten. Sie wünscht sich, dass Verwaltungen künftig viel mehr nach der Devise arbeiten: »›Das haben wir schon immer so gemacht, das machen wir jetzt mal anders.‹ Dabei sollten sich zukunftsfähige Verwaltungen beim Einsatz von Technologie an langfristigen Zielen orientieren und ökologische und soziale Ziele ins Gleichgewicht bringen. Erst dann kommen wir an einen Punkt, an dem sich Macht zu etwas ändert, das an vielen Tischen ausgehandelt wird, wo es Beteiligungsformate gibt, die alle Stimmen hören, die es in der Gesellschaft gibt, die zuvor marginalisierte Bevölkerungsgruppen bewusst einladen und nicht darauf warten, dass alle von selbst kommen.«

Allein in den zwei Jahren seit Erscheinen meines ersten Buches haben sich immer nachdrücklicher Dinge in unserem Rechtsstaat verschoben, die ich so nicht für möglich gehalten hätte. Sogar ich als privilegierte weiße Frau bekam dies zu spüren, als ich einen Bus sponserte, um Hamburger:innen zu einer Demonstration nach Lützerath zu bringen. Es dauerte keine zwei Minuten nach Abfahrt, da wurde unser Bus von einer Hundertschaft der Hamburger Polizei auf einen Abstellplatz geleitet und wir drei Stunden lang durchsucht, inklusive Aufnahme unserer Personalien. Wir verpassten den Spaziergang in Lützerath.

Eine rechtliche Grauzone, denn eigentlich ist schon der Weg zu einer Demo rechtlich geschützt. Und auch in Lützerath selbst, wo ich mehrere Tage vor Ort war, erlebte ich das, was für marginalisierte Gruppen in Deutschland bittere Normalität ist: Repressionen durch die Polizei. Ich habe mich darüber mit Ronen Steinke in meinem Podcast unterhalten. Er konnte für mich als Jurist einordnen, was ich als »ungerecht« empfand. Denn natürlich ist mir bewusst, dass Gerechtigkeit und Rechtsprechung nicht dasselbe sind.

Wir sprachen darüber, dass in Deutschland Klimaaktivist:innen und hier vor allem die »Letzte Generation« als verfassungsfeindlich sogar überwacht werden. Und das in Zeiten, in denen das Bundesverfassungsgericht die politischen Ziele, die diese Menschen vertreten, als nicht verhandelbar eingeordnet hat. Gerade die Länder Bayern, Hessen, Nordrhein-Westfalen und eben Hamburg tun sich hier mit einer besonderen Härte hervor. So genügte bei unserer Bustour allein der Verdacht, dass linksextreme Menschen an Bord seien, um unsere Teilnahme an der Demonstration zu verhindern. Auch bei uns kam recht dramatisch am Ende der Aktion der Verfassungsschutz in einem schwarzen großen Pkw vorgefahren: ein Mann und eine Frau mit schusssicheren Westen, die Dinge beschlagnahmten, zwei Tuben Sekundenkleber und ein Kletterseil mitnahmen. Absurd.

Ronen schreibt: »Den Agentinnen und Agenten des Verfassungsschutzes, dieses Politik-Beobachtungs-Geheimdienstes, geht es dabei nicht um die Wahl der Protestmethoden – das Blockieren von Autobahnen zum Beispiel oder das Festkleben auf Asphalt –, auch wenn diese Methoden mitunter Gesetze verletzen. Das wäre Sache der Polizei. Nein, es geht ihnen ausdrücklich um die Ideologie, die hinter diesen Aktionen stehe. Etwas überspitzt könnte man die Kritik der Verfassungsschützer so zusammenfassen: Wer an der gegenwärtigen Form der Marktwirtschaft rüttelt, der gefährdet die Demokratie.

Das ist allerdings eine zweifelhafte These, die sich auch auf das Grundgesetz kaum stützen lässt. Das Grundgesetz ist wirtschaftspolitisch ziemlich offen. ... Die Enteignung von wichtigen Industriebetrieben – oder ihre ›Vergesellschaftung‹, also Umwandlung zum Beispiel in Genossenschaftsmodelle –, wie sie die Klimaaktivist:innen beispielsweise von ›Ende Gelände‹ befürworten, sind im Grundgesetz sogar ausdrücklich als Option angeboten.«[3]

Wir sind in einer anstrengenden Zeit der multiplen Krisen und des Aushandelns einer Zukunft, die keine Verstetigung des Status quo sein darf. Denn dieser führte uns in die Katastrophe. Ob altbekannt auf der Metaebene des Grundgesetzes oder neu justiert durch das Urteil des Bundesverfassungsgerichtes, sind die Rahmenbedingungen, wie wir miteinander leben wollen, klar verankert. Das Recht auf körperliche Unversehrtheit, die Betonung, dass heutige Entscheidungen nicht zukünftigen Generationen die Freiheit nehmen dürfen, liegen vor. Und dennoch ist es damit nicht getan. Denn schon beim Freiheitsbegriff scheiden sich die Geister, er wird über die Maße missbraucht, um am Status quo festhalten zu können. Dabei sollte die Freiheit Einzelner immer da enden, wo sie die anderer Menschen einschränkt.

Artikel 2:

(1) Jeder hat das Recht auf die freie Entfaltung seiner Persönlichkeit, soweit er nicht die Rechte anderer verletzt und nicht gegen die verfassungsmäßige Ordnung oder das Sittengesetz verstößt.

(2) Jeder hat das Recht auf Leben und körperliche Unversehrtheit. Die Freiheit der Person ist unverletzlich. In diese Rechte darf nur aufgrund eines Gesetzes eingegriffen werden.

Wenn Sie diesen Auszug aus dem Grundgesetz lesen, finden Sie, dass sich diese Zeilen auf unseren Straßen spiegeln? Können sich Menschen ohne Führerschein oder Menschen mit Einschränkungen oder Kinder in ihrer Mobilität überall in Deutschland selbstbestimmt und frei entfalten? Gilt unsere Sorge im Land den Fußgänger:innen und Radfahrer:innen und ihrem Recht auf Leben und körperliche Unversehrtheit? Oder muss auf Basis dieser Gedanken der Freiheitsbegriff angepasst werden, den vor allem konservative Kräfte haben?

Gerne zitiere ich hier die Worte des Autors Boris von Heesen, der am Ende meines Interviews mit ihm folgenden Appell formulierte: »Abschließend würde ich gerne den weißen ›Dudes‹ in meinem Alter etwas zurufen: Ich bin selbst 54 Jahre alt und ich fühle mich nicht gekränkt, wenn ich meine Rolle als bis heute lebenslang privilegierte Person in dieser Gesellschaft reflektiere. Es passiert sogar das Gegenteil, wenn ich mich ehrlich damit auseinandersetze. Es entlastet mich und ich entwickle gleichzeitig eine viel stärkere Empathie für Menschen in unserer Gesellschaft, die wirklich Diskriminierung und kaum Privilegien erfahren. Den höchsten Preis zahlen wir dafür, dass das Patriarchat uns von unserer Gefühlswelt abgetrennt hat. Wir wissen meistens nicht, ob wir von Trauer, Scham, Unsicherheit oder Wut erfüllt sind, weil wir es nie wirklich lernen durften. Manchmal bringe ich Männer mit dieser Argumentation zum Nachdenken, obwohl sie sich vorher schon reflexartig abgewandt haben, als Begriffe wie Feminismus oder Patriarchat fielen. Es lohnt sich also, intensiver über die Abgründe des Patriarchats, die Nachteile der aus ihm entspringenden Kleinfamilie und die Auswirkungen von all dem auf unsere Mobilität zu reden.«

Über Freiheit

Ein Begriff, der rund um die notwendige Mobilitätswende immer wieder gestresst wird – und dann nicht selten schlicht zum Stillstand derselben führt –, ist absurderweise die Freiheit. Eine demokratische Gesellschaft kann nur funktionieren, wenn es sowohl die persönliche Entfaltung als auch die Rücksichtnahme gegenüber Dritten gibt. Hier weist das bestehende Mobilitätssystem krasse Dysfunktionen auf, die alle ohne Auto schwächen. Dem Auto wurden über Jahrzehnte immer mehr Privilegien eingeräumt, eine milliardenschwere Werbeindustrie emotionalisierte das Autofahren weit über seinen Mobilitätszweck hinaus, so dass wir heute in einer Welt leben, die wir dem Auto untertan machten.

Das alles hat sich so sehr selbst in Menschen ohne Auto verankert, dass das Denken und erst recht Handeln in Alternativen enorm schwer ist. Denn »Auto« ist die Werkseinstellung deutscher Mobilität. Kein Wunder, wurden doch alle Alternativen auf ein unerträgliches Qualitäts- und Quantitätsmaß heruntergeschrumpft und im Vergleich zur Autoinfrastruktur weder aufgebaut noch gepflegt. Ist es wirklich Freiheit, ein Auto fahren zu müssen in einer solchen Welt? Oder ist es eher ein Zwang mangels Wahlfreiheit? Wie frei ist ein Mensch, der keine andere Wahl hat? Und was heißt das dann erst für die Menschen, die nicht Auto fahren können oder wollen?

Wirtschaftswissenschaftlerin Claudia Kemfert nahm in unserem Gespräch diesen Gedanken auf. »Genau das hat das Bundesverfassungsgerichtsurteil verdeutlicht. Es geht nicht nur um das Nicht-Einhalten von Gesetzen, es geht auch und vor allem um die Freiheit der zukünftigen Generationen. Durch das heutige unzureichende Handeln beim Klimaschutz wird die Freiheit der künftigen Generation eingeschränkt. Die Jugend hat recht. Beim Klimagesetz ist das total fatal, dass man die Sektorziele aufhebt. Das ist eine neue Welt, in der Politik Ziele nicht einhält und dann einfach die Gesetze so ändert, damit es dann wieder passt. Das ist beispiellos.« Das fossil und automobil fokussierte politische, industrielle und auch gesellschaftliche Handeln ließ heftige Spuren in unserer Mitwelt zurück. Bis heute werden täglich zig Hektar Land für Wohnen und Mobilität versiegelt. Waren die Menschen vor zwei Generationen in vielen ländlichen Gebieten noch mit einem kleinen Supermarkt, einer Bäckerei, Begegnungs- und Kulturorten ausgestattet, so sind heute viele Orts- und Siedlungskerne verödet. Weil die Freiheit mit dem Auto bedeutete, auf grüne Wiesen zu fahren und beim Vollsortimenter einzukaufen.

Bereuen wir diese Entscheidungen heute heimlich, weil auch im ländlichen Raum keine menschengerechten Räume mehr existieren? Verkehrsplaner Hermann Knoflacher ist im Gespräch das Unverständnis anzumerken, wie es so weit hat kommen können: »Ein Mensch, der Menschen vertritt, würde die Kinder, würde die Interessen der Alten, die des lokalen Geschäfts vertreten. Aber er würde nicht ein Konzernprodukt Auto vertreten, das den Kindern den Lebensraum, die reine Luft, die Freiheit der Bewegung, die Schönheit der Umgebung wegnimmt.«

Ich sehe es auch so, dass vor allem die ganz Jungen und die, die sich allmählich von ihrer Kernfamilie abnabeln wollen, also die Pubertiere, nichts davon haben, dass wir dem Auto den Vorrang vor ihren Bedürfnissen nach selbstbestimmter Mobilität gaben. Auch die Eltern belastet das Autosystem, das sie zumeist dennoch verteidigen, weil sie im Status quo steckend keinen Ausweg sehen, die Mobilität ihrer

Kinder außerhalb des Pkw sicher zu gestalten. Anstatt diese Disbalance zu erkennen und laut gegen sie aufzubegehren, wird sie ertragen, zum Nachteil der eigenen und der Kindergesundheit. Unfrei in Stahlschachteln sitzend scheint der Alltag mobiler, als er eigentlich ist. Im *Manifest der freien Straße* heißt es: »Täglich müssen Eltern zwischen dem Wunsch, ihren Kindern draußen Bewegung und Freiheit zu ermöglichen, und der Notwendigkeit, sie vor Risiken im Straßenverkehr zu beschützen, abwägen. Für die Eltern bedeutet das Stress und Angst, und es verstärkt das Bedürfnis, die Kinder zur Schule zu fahren, sie beim Spielen im öffentlichen Raum zu begleiten oder sie schlicht nicht nach draußen zu lassen. Je sicherer das Wohnumfeld baulich und sozial durch die Eltern empfunden wird, desto mehr Bewegungsfreiheit wird den eigenen Kindern auch erlaubt.«[4]

Ach, schon wieder ein Begriff mit »Freiheit«. Bewegungsfreiheit. Diese assoziiere ich nicht mit Automobilität bei Kindern und Jugendlichen. Alle, die keinen Führerschein haben, können nicht selbstbestimmt auf dieses Transportmittel zugreifen. In einem Alltag, in dem aber alles nur mit dem Auto funktioniert, sind sie auf wohlwollende Dritte, zumeist die Eltern, angewiesen.

Anika Meenken vom ökologischen Verkehrsclub VCD nennt Zahlen, die aufzeigen, wie sehr wir Erwachsenen mit unserer Automobilität Kinder einschränken. 1976 liefen demnach noch 90 Prozent der Erstklässler:innen selbst zur Schule, 2018, gut 40 Jahre später, wurden 43 Prozent mit dem Auto gebracht. »Wir nehmen Kindern die Freiheit, aktiv und selbständig unterwegs zu sein, aus Angst, dass sie unter Autoräder kommen, weil es davon immer mehr gibt. Ein absurder Kreislauf.«

Der aber vielleicht auch darauf zurückzuführen ist, dass viele der handelnden Personen von Politiker:innen, Einzelhändler:innen, Arbeitgeber:innen selbst Auto fahren und wie viele von uns denken: Meine Mobilität ist die Mobilität der Mehrheit. Das ist aufgrund der Autohistorie von Deutschland ja auch nicht weiter verwunderlich. Wo sollen wir denn aufwachsen, um nicht autogeprägt zu werden? Aktuell kaum denkbar. Wichtig ist aber, von diesem Status quo Abstand nehmen zu können. Die eigene Sozialisation zu hinterfragen. Es geht nicht um das »Rechtbehalten«, sondern um das Gestalten der Zukunft. Und diese kann nicht darin bestehen, vom immer Gleichen noch mehr zuzulassen. Denn es scheint aktuell keine Definition von »genug Auto« zu geben, wohingegen das »zu wenig Bus, Bahn, Radweg, Barrierefreiheit« sehr viele auf ihren Wegen deutlich zu spüren bekommen.

Burkhard Jung gelangte 2023 immer mal wieder in die Schlagzeilen, weil er als Oberbürgermeister von Leipzig in seiner letzten Amtszeit die Mobilitätswende als den Kern seiner Arbeit versteht. »Für mich war das Auto das Freiheitsversprechen. Geboren auf einem Dorf, mit 19 hatte ich die erste Karre und dann raus aus dem Dorf.« Auch später als Politiker habe er die Frage des Autoverkehrs lange nicht auf der Agenda gehabt. »Bei mir ist der Kick vor sechs Jahren passiert. Da gab es eine Änderung, dass Leipzig so stark wächst, dass wir innerhalb von zehn Jahren 110 000 Menschen dazubekamen und es dichter, enger, hektischer wurde.«

Und damit wird deutlich, dass die hoch individuelle Freiheit, die einige über das Auto erreichen, immer auch eine Kehrseite hat für andere. Das ist keine neue Erkenntnis, aber es ist unangenehm, sich das eingestehen zu müssen. Ich habe kein Gefühl dafür, wie viele Menschen so gern Auto fahren, dass es ihnen fast schon als Hobby erscheint. Wenn ich mit meinem Rad am morgendlichen Autostau am Dammtorbahnhof in Hamburg vorbeifahre, sehen die Gesichter der einzelnen in ihren Pkw sitzenden Menschen nicht sonderlich glücklich aus. Viele sind gezwungen, sich ein Auto leisten zu müssen, das Geld und die Zeit, die dieses in Anspruch nimmt, fehlen an anderer Stelle. Aber weil das um uns herum alle so machen, zahlen wir den Autozoll. »Das Auto hat immerhin jede Menge junge Menschen aus dem Jahrtausende tradierten und gepflegten Elend der Bauerndörfer befreit«, so Tim Wolff. »Leider nur für einen menschheitshistorisch winzigen Zeitraum: 50 Jahre oder so. Dann war leider alles voll mit Autos. Zu Ungunsten jeglicher Freiheit.«[5]

Mike Köppe wird in unserem Austausch sehr deutlich, ungewöhnlich für einen Menschen, der mal in der Autoindustrie gearbeitet hat und auch sehr viel Auto gefahren ist: »Was dem Amerikaner seine Schusswaffe, ist dem Deutschen das Auto. Wir können es nicht verstehen, dass trotz Hunderten von Toten durch Massenschießereien in den USA dort immer noch keine schärferen Waffengesetze verabschiedet wurden. Dabei haben wir das gleiche Problem in Deutschland: Bei uns heißt es Auto. Es geht mir aber weniger um Unfalltote, sondern um den sozial-kulturellen Fetisch, den Dinge für uns Menschen haben. Interessanterweise fiel mir selbst gleichzeitig eine Last von den Schultern, als ich den Schlüssel abgab. Ich fühlte mich frei von einer Sache, die eigentlich Freiheit repräsentieren soll. Also ist das Auto doch keine Freiheit?«

Das ist auch eine Frage, die ich mir oft stelle. Was genau ist diese Freiheit, die fast jede:r mit dem Auto zu verbinden scheint? Ist diese Freiheit real oder eher so etwas wie das Gefühl, immer eine Option zu haben? Schon 2016 wurde auf deutschen Autobahnen eine Staulänge von 1,4 Millionen Kilometern gemessen. 2018 verbrachten Autofahrer:innen 120 Stunden im Stau.[6] Ich weiß nicht, ob das Teil dieser Freiheit ist. Auch das Gerangel und die Abwehr um Geschwindigkeitsbeschränkungen, die in den Ländern um uns herum normal und nach einer gewissen Anfangszeit akzeptiert sind, lässt mich mit einem Fragezeichen zurück. An die 1000 Städte und Kommunen wollen in Deutschland Tempo 30 einführen.

Doch bei der Novelle des Straßenverkehrsrechtes ist es im Herbst 2023 dem Bundesverkehrsminister als Erstes wichtig, zu verkünden: »Tempo 50 bleibt.« »Der vom Bund vorgelegte Entwurf für die StVO-Anpassung schöpft die durch das neue StVG eröffneten Spielräume bei weitem nicht aus. Im Gegenteil: Das Beharren auf dem aufwendigen Nachweis einer besonderen Gefahrenlage als Regelfall bzw. vorliegender Ausnahmetatbestände hindert die Kommunen weiterhin daran, aus ihrer Ortskenntnis und politischen Verantwortung heraus sachgerecht und flexibel bei der Schaffung von öffentlichen Räumen mit hoher Lebensqualität zu agieren.«[7] Also schon der Entwurf, der es immerhin bis in den Bundesrat schaffte, blieb unter allen Erwartungen. Umso größer der Affront, der vom Bundesrat ausging, wo vor allem uniongeführte Bundesländer diese Novelle durchfallen ließen. Mit dem Hinweis, dass Sicherheit zu wenig beachtet worden sei. Bei Drucklegung dieses Buches war immer noch kein weiteres Vorgehen in dieser Sache beschlossen.

Was ist eigentlich unsere durchschnittliche Reisegeschwindigkeit im Auto? Die Realität ist ziemlich bitter: Seit 1920, als Henry Ford mit seinen Autos zur Welteroberung ansetzte, fahren Pkw weltweit mit einer Durchschnittsgeschwindigkeit von 30 bis 40 km/h. Wenn Sie so über die Wege mit Ihrem Pkw nachdenken, was denken Sie da? Hat Ihre Automobilität, seitdem Sie Ihren Führerschein erworben haben, an Durchschnittsgeschwindigkeit gewonnen oder verloren?

Die Statistik zeigt, dass viele Zahlen im Automobilitätssystem sehr konstant sind, obwohl wir das Gefühl haben, eine Zivilisation zu sein, die sich kontinuierlich weiterentwickelt. In Sachen Mobilität ist das nicht der Fall. Das Tagesbudget von »Mobilität« oder auch »Reisezeit« ist schon seit eh und je etwa eine Stunde am Tag. Das bedeutet umgerechnet auf die durchschnittliche Geschwindigkeit, dass die tägliche Mobilität in Kalifornien oder Europa kaum mehr als 35 Kilometer pro Tag beträgt. Woran liegt das? Heute gibt es in den entwickelten Ländern ein Kraftfahrzeug für fast jede:n Führerscheinbesitzer:in. Der Markt ist gesättigt.[8]

Katja Dörner bezieht den Begriff der Freiheit vor allem auch auf ihre Stadt Bonn. »Ich staune immer noch, mit welcher Selbstverständlichkeit öffentlicher Raum mit Autos, ich sage gerne Stehzeuge, zugestellt wird, ohne dass das hinterfragt wird. Das führe ich auch immer in Diskussionen an. Im Kern könnte ich mir eine Tischtennisplatte kaufen und stelle die vor euer Haus. Da wäre jeder irritiert und würde das nicht akzeptieren. Aber mit einem Auto ist es normal. Da habe ich sehr viele Lernprozesse durchlaufen, sowohl was meinen eigenen Blick angeht, als auch wie emotional dieses Thema aufgegriffen wird. Wie verknüpft das ist mit einer Vorstellung von persönlichen Freiheiten, die man sehr stark hinterfragen kann und muss. Das übrigens ist ein wichtiger Aspekt in den Diskussionen um die Mobilitätswende und die Kommunikation über Mobilität und Mobilitätswende. Wir müssen diesen eigentümlichen Freiheitsbegriff hinterfragen. Es geht darum, den begrenzten Raum und die begrenzten Ressourcen gerecht zu verteilen und Mobilität für alle zu ermöglichen.

Für Kinder oder Senioren, aber auch alle anderen Menschen, die nicht Autofahren können oder wollen, ist der Umweltverbund die Voraussetzung für eigenständige und unabhängige Mobilität. Ziel der Mobilitätswende ist daher auch eine Auflösung der Abhängigkeit vom Auto und den damit verbundenen Einschränkungen und Nachteilen.

Die Mobilitätswende ist langfristig ein Motor sozialer Teilhabe für alle Bonner:innen.«

Ich frage mich: Haben wir vielleicht einfach aufgegeben, einen Freiheitsbegriff zu finden, der ohne Besitztümer funktioniert? Einen Freiheitsbegriff, der auch ohne Mobilität funktioniert? Eine Freiheit, die andere sich genauso frei fühlen lässt? Und hoffen wir insgeheim, dass Politiker:innen sich für uns auf den Weg machen, diese neuen Rahmenbedingungen zu definieren, weil wir nicht die Ersten sein wollen, die sich »nur« für andere etwas zurücknehmen? Walter Ötsch und Nina Horaczek sagen zum Freiheitsbegriff der Zukunft: »Zukunftsweisende ökologische Politik muss insbesondere eine Politik der Freiheit sein. Und dabei ganz anders als heute. Nicht als Freiheit, tun und lassen zu können, was man möchte – wobei dieses Tun und Lassen können eng mit dem Einkommen zusammenhängt: Flugreisen, SUV, Haus und Garten auf dem Land. Freiheit wird in Zukunft heißen, ein sinnerfülltes, sicheres und auskömmliches Leben zu führen, aber nicht auf Kosten anderer und der Natur.«[9]

Hat sich der Freiheitsbegriff einem in Sachen Mobilität viel zu engen Korsett unterworfen, weil er die Freiheit mit einer Fahrgastzelle verbindet? Und was macht die nach diesem Freiheitsbegriff gestaltete Welt mit Menschen, die ohne Auto selbstbestimmt mobil sein wollen?

Karin Cordes-Zabel sitzt im Elektrorollstuhl und ist damit noch mehr auf Barrierefreiheit angewiesen, als es die als »gesund« bezeichneten Menschen sind. Sie und ihr Mann Frank Cordes lieben es, mit der Bahn irgendwo hinzufahren und Veranstaltungen oder eine Stadt zu besuchen. Doch schon die erste Reise im Fernverkehr nach Berlin im Jahr 2019 ging schief. Während der Nahverkehr meist keine Probleme mit sich bringt, stellten beide im Fernverkehr fest, dass man sich anmelden muss. Und dass die benötigten Hublifte von den Uhrzeiten abhängig sind, zu denen jemand am Bahnhof ist, der den Hublift bedienen kann.

Reisen auf Basis von Servicezeiten also. Man stelle sich vor: Servicezeiten auf Autobahnen und Landstraßen – unvorstellbar, oder? Karin und Frank haben eine einfache Forderung: Dass alle Hublifte überhaupt funktionieren. Danach kann man dann über Forderungen nachdenken wie die, dass alle Züge dann niveaugleich und mit ausreichend Behindertenplätzen und -klos ausgestattet sind. Was auch wieder ein deutsches Problem ist. »In Österreich haben sie den eingebauten Hublift und brauchen zwei Minuten«, erklärt Karin. Deutschland sei fixiert auf Hochgeschwindigkeit. In anderen Ländern fahren die Züge etwas langsamer, und dann geht das technisch einfacher mit der Barrierefreiheit. »Ein Bahnsprecher hat gesagt, unsere Vorgaben sind 300 Stundenkilometer, möglichst viel Platz und die Barrierefreiheit. Aber die beiden ersten Punkte schließen den dritten ja schon aus.«

Was macht das mit Ihrem Freiheitsbegriff, wenn Sie von diesen Einschränkungen lesen? Waren Ihnen diese überhaupt bewusst? Oder lesen Sie das erste Mal davon, auf welch unerträglich niedrigem Niveau wir bei der Barrierefreiheit bei der Bahn sind? Nehmen wir vielleicht doch nicht alle mit, so wie es immer betont wird bei der Veränderung?

Schon wenn ich mit meinem Faltrad und einem großen Rucksack auf Lesereise bin, werde ich in meiner Mobilität vergessen. Steile lange Treppen, kaputte oder nicht vorhandene Aufzüge, enge Einstiege in Züge mit mehreren Stufen. Und ich bin noch nicht mal auf Hilfsmittel angewiesen. Bahnmobilität und Infrastruktur macht schon jene unfrei, die mit viel Gepäck und Kindern unterwegs sind. Weil auch diese Infrastruktur für eine sehr kleine Zielgruppe entwickelt wurde.

Deswegen ist Evi Gerhard Influencerin geworden. Sie »influenct« über Barrierefreiheit und erläutert, dass es eben nicht nur um Menschen im Rollstuhl geht. Hier allen mehr Freiheit und Selbstbestimmung einzuräumen, die nicht Auto fahren wollen, ist ihr ein persönliches Anliegen, ebenso wie anzuerkennen, dass Menschen mit Einschränkungen als gleichwertige Kund:innen mit einem Anspruch an Servicelevels angesehen werden sollten.

»Ich denke, es wäre ein guter Schritt, wenn Verkehrsunternehmen mal in ihre Reihen Menschen mit Behinderung reinsetzen würden, die würden bei der Planung schon ganz anders mitdenken. Und nicht einfach so planen, wie halt so geplant wird.« Es bringe nichts, nur einen Rollifahrer in den Reihen des Teams zu haben, sondern eben auch viele andere Menschen mit Einschränkungen. Denn: »Barrierefreiheit schadet keinem.«

Ich würde uns als Gesellschaft gerne einen neuen Freiheitsbegriff gönnen. Eine Freiheit, die das Visier der Ich-Bezogenheit öffnet und Freiheit für »uns« definiert. Eine Freiheit, die nicht darauf beruht, dass andere ihre Freiheit beschränken müssen, damit die Stärkeren sich frei fühlen können. Wir alle wollen frei sein. Nicht umsonst begegnet uns dieses Framing in der Werbung von Lebensmitteln, Kleidung und Autos. Unsere Freiheit ist aber enorm selbstbezogen, obwohl wir soziale Wesen sind und das Miteinander zum Überleben brauchen.

Dass eine selbstbestimmte Lebensweise sich aber gerade durch die Freiheit, nicht auf ein eigenes Auto angewiesen zu sein, ausdrücken kann, erlebt Mike Köppe täglich in Prag: »Hier in Prag haben praktisch alle eine Monats- oder Jahreskarte, die lediglich 120 Euro pro Jahr kostet, was durch Subventionen ermöglicht wird und die Menschen motiviert, öffentliche Verkehrsmittel zu nutzen. Der Nahverkehr ist sauber, sicher und gut frequentiert. Das Verkehrsnetz ist dicht: Mit höchstens zwei Umstiegen kann man in Prag innerhalb einer Stunde überallhin gelangen.«

Die Pandemie hat uns auf das Private zurückgeworfen, zum Schutz von allen blieben wir, die wir es konnten, daheim. Um das Infektionsrisiko zu minimieren. Sobald die Regeln gelockert wurden, war die Solidarität vergessen. Wie zuvor galt alles jenseits der egoistischen Freiheit auf Kosten anderer als Zwang, Unterdrückung und Unfreiheit. Das Bundesverfassungsgericht hat diesen neoliberalen Freiheitsbegriff deutlich gestutzt, als es 2021 klarstellte, dass Freiheit auch bedeutet, den Handlungsrahmen künftiger Generationen nicht zu schädigen.[10]

Dass Freiheit auch anders gedacht werden kann, sehen wir u. a. in skandinavischen Ländern oder den Niederlanden. Hier gibt es nicht unbedingt weniger Autos, aber sehr viel mehr Sicherheit für Menschen auf dem Rad. In den Niederlanden wurde diese Entwicklung übrigens nicht völlig friedvoll und leise von der Bevölkerung eingefordert, sondern auch mit brennenden Barrikaden und friedlichen »Die-Ins«. Hier legten sich von den Kindern bis zu den Großeltern alle symbolisch als Verkehrstote auf die Straßen und machten darauf aufmerksam, dass unzählige Kinder den Straßentod starben. »Stop de kindermoord« war ähnlich wie die Blockade einer Autobahn 2023 in den Niederlanden ein breites Bündnis von Menschen, die den Status quo nicht akzeptierten. Und zwar schon vor über 50 Jahren! Daraus entwickelte sich eine lässige Fahrradkultur, die bis heute dafür Sorge trägt, dass Radfahrer:innen ihre Urlaube gerne in diesen Ländern verbringen. Und diesen Vorsprung in Sachen Gleichberechtigung auf der Straße gibt es nicht, weil Dän:innen oder Niederländer:innen die überzeugteren Ökos sind, sondern weil es ihnen einfach gemacht wird, auf das Rad zu steigen, selbstbestimmt und schnell zu sein auf eigenen sicheren Wegen.

Die Idee der autogerechten Stadt war vielleicht gerade deswegen so erfolgreich, weil sie mehrere Aspekte nach den verlorenen Kriegen in Deutschland adressierte: wirtschaftlichen Aufschwung durch eine florierende deutsche Autoindustrie, die persönliche Freiheit des Einzelnen, sich autonom und abgegrenzt von anderen in einer Stahlschachtel zu bewegen, die es dann auch entsprechend liebevoll zu hegen und zu pflegen galt, und eine Formel des stadtplanerischen Wiederaufbaus, die nach Fortschritt und Technologie klang. »Wir« machten uns unsere Umgebung wieder untertan, indem wir die Menschen ohne Auto abstuften, zum Teil sogar zwangen, Tunnel zu nutzen, um Straßen kreuzen zu können.

War während der Kriege die Frau als arbeitender Teil der Gesellschaft sichtbar geworden, so drehte sich diese Entwicklung wieder ins Gegenteil. Der Traum der Deutschen ward geboren: heteronormative Kleinfamilie im Eigenheim mit Papas Auto. Denn wir in Deutschland hatten viel aufzuholen, vor allem gegenüber jenen Ländern, die der Petro-Maskulinität bereits huldigten. Waren es direkt in und nach dem Zweiten Weltkrieg vor allem die Fahrräder und motorisierten Zweiräder, die die Mobilität unseres Landes im individuellen Bereich gewährleisteten, weil diese leicht zu reparieren und erschwinglich waren, so brachten die ersten Automobilausstellungen den Traum vom eigenen Auto in das Leben der Menschen.

Ein Traum, der international und zeitlos wirkte, seitdem der erste Ford-Pkw vom Band rollte. Ein Traum, der zunächst für die Menschen zunehmend zum Albtraum wurde, die kein Lenkrad in den Händen hielten. Und schließlich dann sogar für jene mit Auto. Denn auch sie geben Lebensqualität an ihr Verkehrsmittel ab. Freiheit auf vier Rädern?

Umso wichtiger ist es, diesen Teufelskreis zu durchbrechen, wähnen sich doch Wissenschaftler:innen wie Claudia Kemfert mittlerweile im fünften Loop des »Wir sollten aus den fossilen Brennstoffen aussteigen«. Wir wissen um das Toxische im Automobil und die Rahmenbedingungen, die wir schufen, damit es überhaupt zu der Massenmotorisierung kommen konnte. Das Versprechen der individuellen Freiheit war über die Maße anziehend und wirksam. Und hatte in den ersten Phasen der Umsetzung auch seine Berechtigung. Wir haben dabei jedoch den Fehler gemacht, die Menschen und die Alternativen zu vernachlässigen, die es zum Auto allerorten gab. Tausende Schienenkilometer und intakte Nahverkehrssysteme in den Städten, aber auch im ländlichen Raum wurden abgebaut. So sehr glaubten wir an das Versprechen der individuellen Freiheit qua Auto. Dabei würde der Pkw als Produkt nie auf dem freien Markt bestehen, es ist vielleicht sogar das am weitesten vom FDP-Ideal entfernte Angebot. Denn wenn der Markt wirklich regeln würde, gäbe es weder Subventionen noch Steuervorteile noch eines der dichtesten Straßennetze sowie die Externalisierung aller Folgekosten.

Dabei lassen wir außer Acht, dass es keine Freiheit geben kann, wenn andere Menschen durch diese unfrei werden. Bezogen auf die Mobilität ist es Freiheit, selbst wählen zu können, mit welchem Verkehrsmittel die Wege einfach und sicher zurückgelegt werden können. Es wäre Freiheit, auf ressourcenintensive Automobilität weitgehend verzichten zu können. Es wäre Freiheit, wenn die geteilten öffentlichen Systeme vom Bahnverkehr bis zum breiten und intakten Radweg als miteinander verzahntes System sehr viel komfortabler und ressourcen- und geldschonender gestaltet würden. Dabei muss die Frage erlaubt sein, ob wir im Globalen Norden nicht eher abschreckendes Beispiel sind und Deutschland vielleicht sogar einer der Worst Cases von Mobilität ist und als solches auch gesehen werden sollte – um zu vermeiden, dass der Globale Süden unsere toxische Hypermobilität mit Auto und Flugzeug adaptiert.

Hier möchte ich das erläutern, was für mich zum Anlass wurde, ein zweites Buch zu schreiben. Denn ein Vergnügen ist es nicht, ein nischiges Sachbuch zu schreiben. Entgegen weitläufiger Meinung lässt sich damit weder viel Geld verdienen, noch ist für mich der Prozess des Buchschreibens echter Spaß. Ich habe mir gerade viele Gedanken über den Begriff der Freiheit gemacht, der in Sachen Mobilität durch Industrie und Politik, durch Werbung und Subventionen pervertiert, weil mit dem Auto verbunden, wurde. Indem ich seit Beginn meiner Selbständigkeit dafür einstehe, dass jede:r das Recht haben sollte, ein Leben ohne eigenes Auto führen zu können, bin ich in Wellen und in zunehmender Heftigkeit Ziel von Shitstorms. Diese Menschen wollen mir, zum Teil völlig selbstbewusst unter Verwendung ihres Klarnamens und eben nicht anonym, was oft vermutet wird, die Freiheit der Rede nehmen, wollen dafür Sorge tragen, dass meine Stimme verstummt. Was – und das zeigt nicht zuletzt auch dieses Buch – nie geschehen wird. Aber ich musste mit großer Trauer in diesen Jahren mit ansehen, dass die Hater bei anderen Menschen Erfolg hatten. Ihre Stimmen sind aus der Öffentlichkeit verschwunden. Was ich ihnen nicht vorwerfen kann, denn es belastet natürlich, so massiv angegriffen zu werden.

In einer Welt, in der Menschen durch Hass stumm werden, möchte ich nicht leben. Ich habe keine Lust, zu hassen, sogar jene, die mir den Tod wünschen, hasse ich nicht. Aber ich akzeptiere auch nicht, dass Hass unsere Demokratie gefährdet. Wir alle sind gefragt, hier gemeinsam aufzustehen und Opfer zu schützen. Nur wenn alle, die in unserem Land leben, die Möglichkeit haben, ohne Ängste sprechen zu können, kann eine gute Zukunft für alle entstehen. Darin liegt meine große Hoffnung, auch in der Wirkung, die ich mir für mein Buch wünsche.

In eigener Sache – ein Rückblick auf Hass und Hetze

Eines ist meinen Hatern nicht gelungen: mich trotz ihrer massiven Angriffe zur Aufgabe zu zwingen. Im Gegenteil: Der Hass, der mir im Februar 2023 täglich über diverse Wege entgegenschlug, hat mich erst auf die Idee gebracht, dieses Buch zu schreiben. Wir stehen als Gesellschaft an einem sehr wichtigen Punkt: Im Rückblick auf die aktuelle Zeit sagen zu können, ich war Teil der Lösung und nicht des Problems. Also sich täglich im Tun zu fragen: Wer will ich gewesen sein, wenn ich auf mein Leben zurückblicke? Sowohl im Umgang mit der Mitwelt als auch mit mir selbst.

Ich nehme es daher nicht hin, dass bagatellisiert wird, was mir nahezu täglich geschieht. Ich nehme nicht hin, dass leichtfertig gesagt wird: »So ist das nun mal – wer Dinge der Veränderung adressiert, bekommt eben auch Gegenwehr.« Ich nehme nicht hin, dass mir liebe Menschen, die einen Shitstorm und keine Solidarität erlebten, aus den öffentlichen Debattenräumen verschwinden, weil sie nicht die Kraft haben, sich alleine dieser Wucht an Hass entgegenzustellen.

Dieses Buch ist ein Appell an jene, die die Veränderung wollen, die Diversität und Heterogenität unserer »Bubble« nicht nur anzunehmen und auszuhalten, sondern auch zu nutzen. Nazis sind alle gleich und damit erfolgreich. Weil durch sie einfache Antworten und Feindbilder in einer komplexen Zeit gegeben werden. Wir aber sind vielfältig, unterschiedlich und nerven uns auch sicher manchmal mit unseren unterschiedlichen Schwerpunkten. Lasst uns aufhören, nach den Fehlern der anderen zu suchen, und die Bereicherung sehen, die ein gemeinsam gestalteter Weg bedeuten kann. Wie viele wären wir, wenn es nicht darauf ankäme, ob ein Mensch mal ein Wurstbrötchen isst oder Verwandte in den USA besucht? Sind diese Details wirklich entscheidend? Oder die Übermacht, die wir sein können, wenn wir sagen: Wir sind nicht in allem konform, aber wir stellen uns dem Diskurs und gehen in dieselbe Richtung.

Anna-Lena von Hodenberg hat 2018 mit Campact e. V. und Fearless Democracy e. V. die Organisation HateAid gGmbH gegründet. Sie liefert eine konkrete Analyse »meines« Februars auf Twitter im Jahr 2023: »Bei dir hat es relativ schnell nach ›dieser Anne Will-Geschichte‹ angefangen. Man hat gesehen, dass es in der rechtsextremen Blase klingelte. Alle, die dir bei Social Media folgen, sahen aber nur Kommentare und nicht, dass es was Organisiertes, Orchestriertes ist. Die Menschen dachten, es handle sich um eine Mehrheitsmeinung. Was ihnen signalisierte: Wenn ich solche Sachen sage, wie Katja Diehl, dann blüht mir das, was Katja passiert ist. Das heißt, ich sage das lieber nicht. Zusätzlich wurde dein Aktivismus dann noch verweiblicht und mit negativen weiblichen Zuschreibungen besetzt. Es ging darum, dich als Person fertig zu machen.«

Ich wurde gerade bei einem Briefing zu einem Vortrag gefragt, wie wir es denn schaffen, die Massen zu bewegen, endlich das zu leben, was alle fordern und wünschen: eine gute Zukunft für alle zu gestalten im Einklang mit planetaren Grenzen. Es sei ja so schwierig, überhaupt mal verschiedene Menschen an einen Tisch zu bekommen. Ich habe dazu ein paar Hinweise. Zum einen sollten wir uns nicht darüber streiten, welche Aktionsform in der Klimagerechtigkeitsbewegung die bessere, anerkanntere, beliebtere ist. Wir müssen statuieren, dass keine der bisherigen Protestformen es geschafft hat, dass – wie im Oktober in den Niederlanden geschehen – bewegungsübergreifend eine Autobahn blockiert wurde und die Politik sich durch den Druck der Massen entschließen musste, aus fossilen Energien auszusteigen. Zum anderen ist die Gegenwehr bezüglich klimafreundlicher Maßnahmen so massiv, dass alle, die etwas tun, wichtig für unsere Bewegung sind. Reichen Sie daher allen die Hand, die mitmachen wollen, aber vielleicht noch nicht wissen, wie. Seien Sie Teil meiner Hoffnung, dass eine gute Zukunft möglich ist, wenn wir uns als Team begreifen. Denn: Wir können wirksam sein, wenn wir wahrnehmbar werden! Das zeigte sich auch nach den niederländischen Autobahnblockaden. »Abgesehen von der Reaktion des Parlaments hat der Protestmonat von Den Haag bewirkt, dass das Thema fossiler Subventionen überhaupt konkret auf der politischen Agenda landete. Zuvor hatte man darüber zwar diskutiert, aber der Umfang der entsprechenden Vergünstigungen lag vollkommen im Dunkeln. Bemerkenswert bei der jüngsten Abstimmung war die Unterstützung der an der Regierung beteiligten Rechtsliberalen (VVD) und Christdemokrat*innen (CDA).«[11] In Island gingen im Oktober 2023 über 100000 Frauen und nicht binäre Personen auf die Straße, um für gleichwertige Bezahlung und ein Ende der Gewalt gegen marginalisierte Gruppen zu streiken. Das geschieht, während wir uns gesellschaftlich und bewegungsintern streiten, was der richtige Weg ist.

Im November 2018 startete ich mit meiner Reise, die Mobilität sozialer, inklusiver, klimagerechter und wahlfreier zu gestalten. Ich begann hinter die Kulissen der plakativen Lippenbekenntnisse zu schauen, die in der Politik, der Industrie und auch in Teilen der Gesellschaft immer wieder postuliert werden, ohne dass sie Auswirkung auf die Lebensrealität der Menschen hätten, die unter der Autozentrierung unseres Lebens leiden. Ich hätte nie gedacht, dass meine Arbeit an einer guten Zukunft für alle so viel Hass erzeugen kann.

Was ist da los? Denn machen wir uns doch nichts vor: Was könnte ich als Einzelperson schon tun in diesem Deutschland, das Autofahrende und -besitzende mehr schützt als aussterbende Tier- und Pflanzenarten? Zeit dafür aufzuwenden (und manche Herren schreiben mir werktäglich vier Mails, die ungelesen im Spamordner landen), Energie, um einer Person wie mir mitzuteilen, dass sie mich verachten – meine Güte! Die Zeit hätte ich gern. Aber zum einen kann und will ich nicht hassen, und zum anderen habe ich echt Besseres zu tun.

Dazu zählt auch eine Entscheidung, die ich (nicht nur) in Sachen Hass und Bedrohung (ich mache hier bewusst keinen Unterschied zwischen online und offline) immer wieder neu fällen musste: Wie sichtbar will ich mit dem sein, was mir geschieht? Gebe ich den Tätern (muss ich nicht gendern), wenn ich darüber berichte, das, was sie wollen? Ist es besser, jedes Mal stolz zu schweigen und auszuhalten? Alle, die schon in solchen Bedrohungslagen waren, werden erlebt haben, dass es viele unaufgeforderte Ratschläge gibt. Vor allem den, einfach mal drüberzustehen oder es als Anerkennung zu sehen. Nicht wenige behaupten zudem ja auch, dass sie der Hass völlig kaltlässt, sie diesen gar nicht beachten. Andere halten es mit ihren Kommentarspalten auf Social Media wie mit der sich selbst überlassenen Wiese und gärtnern selbst da nicht, wo Giftiges wuchert.

Ich bin stark genug und immer noch da. Es gab keine Sekunde, in der ich wegen dieser massiven Angriffe darüber nachdachte, aufzugeben. Natürlich auch, weil ich privilegiert bin. So privilegiert, dass ich gerade sogar ein Buch schreibe, das in dieser Zeit als Idee entstanden ist. Dennoch immer wieder die Frage: Soll ich all das ignorieren, so wie viele es mir raten? Aber wohin dann mit alldem? Macht Schweigen die Welt besser? Ich bekomme nächtens Pizza geschickt, die »Bones Smasher« heißt, Postkarten mit Bedrohungen (was für ein Aufwand!), Mails, Fotos vom Haus, in dem ich lebe, Sprachnachrichten auf dem Handy, Briefe – und ich verliere Aufträge, weil Interessierte aus all diesen seltsamen Quellen sich ein Bild von mir machen, das nicht der Realität entspricht. Ich möchte an dieser Stelle an Sie appellieren, Hass im Netz nicht zu bagatellisieren und vor allem auch nicht als ein Internetphänomen abzutun. Online- und die Offlinewelt sind längst verschmolzen. Wenn Sie wahrnehmen, dass eine Person bedroht wird, stehen Sie auf gegen Hass. Werden Sie wahrnehmbar. Unsere Gesellschaft und unser Justizsystem darf die Bedrohten nicht alleine lassen. Und daher ist es wichtig, nicht zu schweigen. Weder als Betroffene noch als Gesellschaft. Und ich bin mir sicher: Nach diesem Buch werden sehr viel mehr Stimmen gegen Hass im Netz und an allen anderen Orten aufstehen. Denn nur so schaffen wir uns eine Demokratie der Vielfalt.

TEIL 2
DER (STILL)STAND DER DINGE

Status quo Raum

Wir haben sehenden Auges menschliche Lebensräume zu Transitorten gemacht. Die gesunden Viertel in Städten voneinander getrennt, den ländlichen Raum mit immer mehr zu überwindender Strecke und immer weniger Nahversorgung und Alternativen zum Auto ausgestattet. Die Folge? Im ländlichen Raum fühlt sich das Auto wie eine Lösung an, dabei ist es Symptom eines Problems. Denn kein Raum, in dem ein selbstbestimmtes Leben nur mit einem Führerschein und einem eigenen Auto möglich ist, entspricht dem im Grundgesetz verankerten Recht auf freie Entfaltung.

Es müsste eigentlich einen Massenaufstand gegen diese Abhängigkeit geben, die bewusst und politisch gesteuert geschaffen wurde. Stattdessen haben es die Autoindustrie und die autozentrierte Verkehrspolitik geschafft, dass die Menschen im ländlichen Raum den Status quo verteidigen. Chapeau! an dieser Stelle. Die Alternativlosigkeit eines Produktes bewusst herzustellen, indem alle Alternativen geschwächt oder gar abgeschafft werden – und dann das Auto noch weiter zu verbreiten, weil es in so vielen Regionen alternativlos ist, das ist schon eine fossil-kapitalistische Meisterleistung. Die ohne die Kompliz:innenschaft von Politik und Gesellschaft nicht möglich gewesen wäre. Wir können dankbar sein, dass bei uns in Europa die meisten Städte vor dem Auto entstanden sind.

In menschenzentrierten, entschleunigten Städten geschah das, was den Fortschritt brachte: der Austausch und die zufällige Begegnung von Menschen, die zusammen Großes bewegten. Die ersten Städte gab es in Mesopotamien, 4000 v. Chr. Seitdem ging von diesen Orten nahezu alles aus, was unser

Leben bestimmen sollte. Denn wir Menschen sind soziale Wesen, unsere Ideen brauchen die Begegnung mit anderen, die vielleicht sogar ganz anders denken als wir. Wo finden wir diese ungeplanten Begegnungen in autogerechten Räumen? Wo werden wir, ohne es zu wollen, temporär aus unserer Komfortzone in andere Lebensrealitäten geholt? Wo lernen wir kennen, was das/die/der Fremde ist, lebt oder denkt?

Zufällige Begegnungen haben die Macht, die Angst und die Abwertung »der anderen« zu minimieren. Wen wir kennenlernen, finden wir meist entweder sympathisch oder weniger sympathisch, Angst haben wir nach Begegnungen der zufälligen Art meist nicht (mehr). Ich will nicht kleinreden, was ich zuvor betonte: Subjektiv empfundene Angst nehme ich ernst. Statistiken helfen nicht gegen ein Unwohlsein, das im Bauch beginnt. Aber Angst vor anderen Menschen entsteht oft aus Unsicherheit, die schnell ausgeräumt werden kann im persönlichen Gespräch oder mit einem erwiderten Lächeln bei einer zufälligen Begegnung auf der Straße. Die Kommunikationswissenschaftlerin und Soziologin Dr. Ute Symanski sagt dazu: »Wir müssen noch aufmerksamer werden, was in der Nachbarschaft passiert und bewusst versuchen, die Menschen zusammenzubringen. Das hat viel mit der Gestaltung des öffentlichen Raums zu tun. Eine Bank oder einen Begegnungsort zu schaffen und nicht mehr zu akzeptieren, dass es diesen Raum nicht gibt. Demokratie und Stadtplanung brauchen diesen Begegnungsraum. Wenn wir den nicht haben, dann führt das zu Entfremdung und zur Polarisierung.« Räume, die von Menschen besiedelt wurden, und das gilt für Stadt und Land gleichermaßen, wurden vor dem Auto nach der menschlichen Geschwindigkeit im Alltag ausgerichtet. Fußläufig waren die täglich notwendigen Dinge wie Arbeit, Wohnen, Kultur, Bildung zu erreichen. Das klingt ziemlich gesund und demokratisch, oder?

»Wir haben für Kärnten und ein Unternehmen geschaut,

was der aktuelle Busfahrplan zwischen Bahnhof und dem Unternehmen hergibt«, erzählt mir die Mobilitätsexpertin Christina Presinger, die sich bei einem Stadtbau-Umbau-Kollektiv engagiert. »Das war über eine halbe Stunde Fahrt, die man auf unter zehn Minuten bringen könnte, wenn man ein Shuttle anbietet, in Kombination mit dem Klimaticket plus Park and Ride gratis. Und Care-Arbeit berücksichtigen wir dabei auch immer: Wo sind Schulen, Kindergärten, können wir vielleicht diese Routen mit berücksichtigen oder ein Shuttle anbieten auf dieser Strecke? Es geht darum, welche Ziele man auf einer Route mit einbinden könnte, damit das Ganze attraktiver wird.«

Der Raum- und Verkehrsplaner Thomas Hug überlegt: »Eigentlich müssten wir 70 Jahre Siedlungsentwicklung rückgängig machen. Das ist der Kern des Problems, dass wir unsere Lebensräume zu weit in die Fläche entwickelt haben und immer weiter weg von unseren Zielen wohnen. Alte Dörfer sind dicht bebaut und klassische 15-Minuten-Dörfer. Früher war das im ländlichen Raum möglich, aber mit dem Aufkommen des Autos wurden die Distanzen länger. Die Leute haben sich an den Stadt- oder Ortsrand bewegt, weil sie da in größere Wohnungen ziehen konnten. So starb der Siedlungskern langsam aus, die Läden verschwanden, weil die Einkaufszentren kamen. Und diese Entwicklung verstärkt sich umso mehr, wenn Straßen und Autobahnen ausgebaut werden. Stau und Automenge finden normalerweise irgendwo ein Gleichgewicht. Aber wenn ständig ausgebaut wird, dann kommt mehr Autoverkehr und das Gleichgewicht verschiebt sich – zuungunsten von den Räumen, wo wir eigentlich leben wollen.«

Richard Sennett beschreibt die Entwicklung: »Je schneller man sich bewegt, desto weniger nimmt man die Besonderheiten der Umgebung wahr. […] In den verwinkelten Straßen alter Städte wurden Verkehrsstaus als Tatsachen des Lebens akzeptiert. Jetzt signalisierten Staus, dass etwas schieflief – die

Stadt funktionierte nicht richtig. […] das Gefühl, aufgehalten zu werden, steigerte sich von Angst in Zorn.«[1]

Ich möchte als Einstieg in das Segment Raum aufzeigen, was es bedeutet, von einer Welt zu träumen oder sie zu imaginieren, bevor es sie gibt, denn nichts anderes geschah auch mit der autozentrierten Welt. Sie wurde erdacht, erträumt, am Reißbrett konkretisiert – bevor diese Träumereien, die mir im Nachhinein wie dystopische Albträume erscheinen, Realität wurden. Aber diese real existierenden Dystopien, die in den Köpfen Einzelner als Utopie begannen, zeigen auch ganz klar auf, was möglich ist, wenn wir wieder zu träumen wagen und uns menschenzentrierte Lebensräume (zurück)wünschen.

Gehen wir an dieser Stelle zurück in das Jahr 1939: Damals war »Futurama 1960«, die Modellstadt der Zukunft, ein Themenschwerpunkt der Weltausstellung in New York: Hier schwebten Zigtausende Besucher:innen pro Tag in Sesselliften über die riesige Modellstadt, die mehrere hunderttausend Gebäude, vierzehnspurige Highways, Flughäfen und Zigtausende fahrende Modellautos umfasste. Es lief ein Begleitfilm, *To New Horizons*, der die kulturelle Entwicklung der Menschheit in ihrer Freiheit untrennbar mit dem Automobil verband.

Die erste urbane Utopie für das Automobilzeitalter ward geboren: In der Zukunft würden die meisten Amerikaner:innen ein Auto besitzen; die traditionelle Stadt und ihre Straßen und Viertel hatten ausgedient. Robert Moses, der in den 1930er Jahren bis Ende der 1960er Jahre großen Einfluss auf die Entwicklung New Yorks und seiner »Sprawls« hatte, gilt bis heute als einer der einflussreichsten Stadtplaner. Er leitete den Bau von 670 Kilometern Schnellstraße, 13 Stadtautobahnen und 13 neuen Brücken. Tausende Menschen wurden umgesiedelt und ihre Viertel von massiven neuen Straßen zerstückelt und abgeschnitten. Moses beseitigte Slums und verpflanzte 200 000 New Yorker:innen in Hochhaussiedlungen, zumeist weit entfernt von ihren ursprünglichen Vierteln. Er verglich die Umgestaltung einer Stadt für die Moderne mit dem Einsatz eines Fleischerbeils, das Schneisen in deren Struktur schlägt.

Ben Wilson beschreibt es eindrücklich: »Mit 110 Hochhäusern aus rotem Backstein und 11 250 Apartments sollte das Stuyvesant Town-Peter Cooper Village den New Yorkern ›im Herzen der Stadt ein Leben im Grünen‹ ermöglichen und zeigen, wie das Stadtleben der Zukunft aussehen konnte und sollte. Tatsächlich mussten 11 000 Angehörige der Arbeiterklasse ihre Koffer packen und ausziehen. Die *New York Times* sprach in diesem Zusammenhang von der ›größten und bedeutsamsten Massenwanderung von Familien in der Geschichte New Yorks‹. Die neue Hochhaus-Gartensiedlung im Herzen der Stadt, eine geschlossene Wohnanlage, sollte ›Familien mit moderaten Einkommen ein gesundes, komfortables und würdiges Leben in parkähnlicher Umgebung‹ ermöglichen. Mit ›Familien mit moderaten Einkommen‹ waren weiße Menschen aus der Mittelschicht gemeint. Die Arbeiterklasse würde auf ihre ›Hochhäuser im Park‹ noch warten müssen. Als sie irgendwann standen, hatten sie weitaus weniger Geld gekostet als die 50 Millionen, die für Stuyvesant Town ausgegeben worden waren. Sie wurden außerdem an den Stadtrand gedrängt. Projekte wie die Queensbridge Houses waren nur der Beginn des Betondramas im sozialen Wohnungsbau.«[2] Dies wurde nach Deutschland exportiert.

Um dieses Futurama in den USA, von denen wir unsere Einfamilienhausträume und Sehnsucht nach Vorortidylle geklaut haben, in die Realität umzusetzen, waren brachiale Eingriffe in vorherige Systeme von Wohnen und Mobilität vonnöten. Wie könnten wir es hinbekommen, dass genau dieser Sog und diese Sehnsucht die Menschen in die richtige Richtung, nämlich in die Zukunft mit weniger Wagen und mehr Lebensfreude zieht?

Nicht nur, weil meine mir liebste Nachbarin eine Architektin ist und wir manchmal diskutieren, interessiere ich mich für diese Disziplin, die Mobilität unmittelbar beeinflusst. War ich doch im Sommer 2023 in einem ländlich gelegenen AirBnB (auch das finde ich schon problematisch, warum gibt es auf dem Land AirBnBs, also Wohnraum, der dem Markt entzogen wird?) untergebracht, das mitten in einem sehr amerikanisch geprägten »Car-Suburbia-Neubaugebiet« lag, in dem zu leben ich bis heute nicht verdaut habe. Alle Erdgeschosse der kleinen Reihenhäuser, die vor fünf Jahren entstanden sind, waren entweder ein Carport oder eine Garage. Ich lebte also im 1. Stock, weil unter mir ein Auto oder mehrere »lebten«. Wie viel Raum da nicht Lebensraum, sondern Autoabstellraum war! Jedem Haus gegenüber befand sich zudem ein Besucher:innen-Autoparkplatz, die »Gärten« waren mit hohen grauen Plastikwellzäunen blickdicht abgegrenzt, keine Gehwege, aber zur Senkung der Fahrgeschwindigkeit künstliche Hügel eingelassen. Kaum Fotovoltaik, kaum Grün, keine Kinder auf der Straße oder Erwachsene, die einen Schwatz hielten. All das wären Details, die ich bräuchte, um »aufs Land« zu ziehen. Stattdessen: verstädterter ländlicher Raum mit allen Nachteilen.

Durch das individuelle Versprechen des Autos, in derselben Zeit weit mehr Strecke in einem privaten Raum zurücklegen zu können, als das mit allen anderen Verkehrsformen der Fall ist, hinterfragten Generationen vor uns nicht mehr, ob Zersiedelung und immer größere Abstände zwischen den Orten eine gute Idee ist. Es gab einen regelrechten Boom, ausgelöst von einem Traum, der aus den USA zu uns kam: Einfamilienhausidylle der Vorstadt.

»Einfamilienhaussiedlungen sind eine Idee, die wir aus den USA importiert haben«, sagt Architektin Dilek Ruf. »Diese Art des Wohnens ist keine historisch gewachsene Struktur. Und ein Narrativ für Glück, Nachbarschaft, Geborgenheit,

Sicherheit. Der Wunsch ist legitim, der Weg fragwürdig. Würde man eine Inventur durchführen, wäre man sicherlich erschrocken, wie viele Einfamilienhäuser von einer, maximal zwei älteren Personen bewohnt werden.«

Auf der grünen Wiese zu bauen, sei deutlich einfacher: »All die Risiken beim Bauen im städtischen Kontext, seien es der Kriegsschutt oder Verunreinigungen im Boden, Nachbarn oder das Baurecht, es ist prozess- und somit kostensicherer. Dennoch sei die Frage erlaubt: Ist eine Einfamilienhaussiedlung im Passivhaus-Standard und mit PV-Anlage auf dem Dach der richtige Weg? Müssen wir nicht den Innenbereich unserer Städte weiterentwickeln, in denen Infrastruktur und der Zugang zu ÖPNV-Netzen existiert?«

Das Konzept der Einfamilienhaussiedlungen hat neben den Problemen, die sie für Ressourcenverbrauch, Versiegelung und Zersiedlung schaffen, auch sozial problematische Aspekte. »Lagen Wohnungen zuvor direkt neben Geschäften und Dienstleistern, zentral im Ortskern, wurden Siedlungen immer weiter außerhalb erschlossen – das Auto als Nonplusultra machte den Traum vom Wohnen im Grünen möglich. Damals begann die Zersiedelung. Die Folge: Noch heute sind viele vom Auto abhängig, und Ortskerne sterben aus. Wir haben keinen gemeinsamen Platz und nur sehr wenig Kontakt. Das ist kein Dorf, es kennt nicht jeder jeden. Aber jeder wohnt in seinem Bereich, möglichst allein und mit klaren Grenzen. Es ist kein sehr kommunikationsfreundliches Siedlungskonstrukt.« Viele hätten sich bereits daran gewöhnt, mit dem Auto zu ihren Bekannten zu fahren und nicht in der Nachbarschaft soziale Kontakte zu knüpfen.

Das Interessante an der Diskussion um ländliche Räume ist, dass Statistiken nicht helfen. Denn »das Land« ist oftmals eher ein Gefühl. Ein Gefühl, das beherrscht wird von fehlender Nahversorgung, fehlenden Alternativen zum Auto, schlechter Internet- oder auch Handynetzqualität. Wenn es um die Autoabhängigkeit dieser Räume geht, die sich aus den fehlenden Alternativen ergibt, so wird diese irritierenderweise als ähnlicher Naturzustand betrachtet wie unfruchtbarer Boden oder zu trockene Sommer – die allerdings auch auf menschengemachte Umstände zurückzuführen sind.

Wenn Menschen dann mit der Statistik kommen, dass gar nicht so viele Menschen im »echten ländlichen Raum qua Statistik« wohnen, wie immer behauptet wird, wenn es um die Mobilitätswende geht, dann kommt das große Aufbegehren, die Einladung: Komm mal bei mir vorbei, hier fährt kein Bus. Und ja: Es kann irritieren, zu lesen, dass heute schon weit über die Hälfte aller Menschen (2023: 57 Prozent)[3] in Städten lebt. Das liegt aber bezogen auf Deutschland nicht daran, dass Statistiken nicht stimmen, sondern wir eine falsche Vorstellung von Städten und dem ländlichen Raum sowie den Facetten dazwischen haben. Witzigerweise reagieren jene, die sich im ländlichen Raum wähnen, auf den von mir verwendeten Begriff »strukturschwach« sehr empört. Für mich ist eine Region aber strukturschwach, wenn sie nur Führerschein- und Autobesitzenden gute Lebensverhältnisse bietet.

Ben Wilson macht in seinem Buch *Metropolen* klar: »Ein Großteil der modernen Städter pflegt keinen urbanen Lebensstil – wenn man darunter versteht, dass sie in fußgängerfreundlichen Vierteln leben, leichten Zugang haben zu Kultur, Unterhaltung, Zerstreuung, Arbeit, öffentlichen Plätzen und Märkten. Viele der über 50 Prozent leben suburban. […] Das Problem für das 21. Jahrhundert besteht nicht darin, dass wir zu schnell urban werden, sondern dass wir nicht urban genug werden. […] Sobald die Menschen reicher werden, verlangen sie nach mehr Wohnraum. Sollten chinesische und indische Stadtbewohner sich dazu entschließen, ihren Lebensraum ebenso großzügig einzufordern wie die Amerikaner, werden ihre Automobilnutzung und ihr Energieverbrauch den weltweiten CO_2-Ausstoß um 139 Prozent erhöhen.«[4]

So sieht es auch Dilek Ruf: »Was etwa die Landeshauptstadt Hannover und Städte generell betrifft: Wir werden dem Ziel nicht näherkommen, die Innenstadt weiterzuentwickeln, dem öffentlichen Raum Qualität zu geben, wenn wir nicht auch die 185 000 Einpendler betrachten, die täglich nach Hannover kommen, um hier zu arbeiten, zu konsumieren, die Kulturinstitutionen zu besuchen. Wir müssen uns mit zwei Verkehrsströmen beschäftigen: Denen der Stadt-Bewohner:innen und denen der Regions-Bewohner:innen.«

Die Stadt Hannover verfügt laut Dilek Ruf über ein extrem komfortables System im ÖPNV. Die Einpendler:innen hingegen stehen teils vor anderen Herausforderungen, vor langen Fahrtzeiten und einem wenig dichten Streckennetz. Das habe die Regionsverwaltung und -politik erkannt: Die Region Hannover testet als Modellstadt aktuell flexible On-Demand-Buslösungen als Zubringer zu den vorhandenen ÖPNV-Linien, ob Bus oder Bahn.

»Interessant sind auch flexible Mobilitätskonzepte für ältere Menschen im Sinne von Mitfahrgelegenheiten, die älteren Menschen mehr soziale Teilhabe durch mehr Mobilität ermöglichen«, heißt es im *Manifest der freien Straße.* »Die größten Vorteile des stationären Einzelhandels gegenüber dem Onlinehandel liegen darin, dass er Menschen soziale Interaktionen ermöglicht und angesichts der lokalen Verortung Kooperationen mit regionalen Produzenten leichter zu realisieren sind.«[5]

Die Verstädterungsprozesse haben längst auch unsere Dörfer erfasst – es gibt auch hier mehr Straßen, manchmal sogar eine große Durchgangsstraße, die den Ort dominiert. So wurde auch auf dem Land der Bewegungsradius der Kinder immer kleiner, der Zugang zu kulturellen und sozialen Ressourcen für Kinder erschwert. Es müssen Freiräume für sie geschaffen werden ebenso wie geschützte Begegnungsorte, an denen sie auch auf andere Bevölkerungsgruppen treffen. Und es darf nicht vom Geldbeutel ihrer Eltern abhängen, »ob sie Geigenunterricht bekommen oder zum Fußballtraining gehen können«.[6]

In der *taz* kommentiert Ute Scheub: »Heute sind in den rund 11 000 deutschen Gemeinden und Städten Rathaus- und Marktplätze oft verödet, kommerzialisiert, zugeparkt. Es scheint, als ob Autos die Kommunen regierten, als sprichwörtliche Autokratie. Schmerzlich mangelt es überall an einladenden, schönen, begrünten Treffpunkten – und an Bürgerengagement. Fehlendes demokratisches Engagement ist oft Folge fehlender einladender Räume.«[7]

Es ist schlicht so, dass das Zurückgeben der öffentlichen Räume an die Menschen unabdingbar für unsere Demokratie ist. Es muss enden, dass wir den schlechten, bewegungs- und aufenthaltsfeindlichen Zustand der Räume vor unseren Haustüren als gegeben hinnehmen und nur hier und da die gröbsten Löcher stopfen. Es ist undemokratisch, Räume inmitten von Lebensräumen zu schaffen, die Menschen ausschließen. Sei es, weil sie einen Rollstuhl oder Rollator benötigen, sei es, weil sie sicher mit Kindern spazieren gehen wollen, ohne die Kleinen ständig in ihrer Bewegungslust einschränken zu müssen. So steht es auch im *Manifest der freien Straße*: »Der gesellschaftliche Zusammenhalt leidet darunter, wenn wir uns in abgeschotteten (Teil-)Öffentlichkeiten bewegen und andere Lebensweisen kaum erleben. Ambivalenz-Toleranz, also die Fähigkeit, ganz andere Lebensformen und Identitäten nicht nur zu erleben, sondern auch als gleichberechtigt anzuerkennen, ist nicht selbstverständlich. Sie muss erlernt werden. Die Chance dazu hängt auch mit der Gestaltung der Straße zusammen.«[8]

Werden Sie beim Lesen dieser Zeilen nachdenklich? Ich auch. Ich glaube fest daran, dass es uns leichtfällt, eine gewisse gesunde Wut zu entwickeln und den Wunsch nach Veränderung gemeinsam zu adressieren, wenn wir die Problematik unserer Autozentrierung und -abhängigkeit als etwas verstehen, das Dritte uns oktroyierten. Die Lösungen sind schon alle da, es fehlt allein am politischen Willen. Sie lernen im dritten Teil des Buches Menschen kennen, die hier Vorbild sind und Sie inspirieren werden. Es geht um einen neuen gesellschaftlichen Vertrag auf Basis der Frage, wie wir in Zukunft leben wollen.

Aktuell entstehen in so vielen europäischen Metropolen Orte der Lebensqualität, Begegnung und Resilienz, die große Freude machen. Hier brauchen die Menschen weniger Urlaub an fremden Orten, weil der Urlaub vor der eigenen Haustür beginnt. Sie müssen weniger Zeit im Autostau verbringen, weil die Dinge des täglichen Bedarfs wieder an sie herangeführt und per Fuß und Rad erreichbar werden. Bei dieser Transformation wird an alle gedacht: Auf das Auto angewiesene Menschen wie Behinderte und gewerbliche Nutzer:innen haben weiterhin die Möglichkeit, den Pkw zu nutzen. Sogar viel besser als vorher, weil alle, die ihnen zuvor die Wege verstopften, nun auf dem Rad, im Bus, in der Bahn sitzen oder zu Fuß gehen. Ich freue mich darauf!

Nachdenken und vor allem das Hinterfragen von Routinen braucht Zeit, die wir aktuell nicht haben. Auch weil viele von uns sehr viel Zeit damit verbringen, ein Lenkrad festzuhalten. Das Auto okkupiert die Zeit, die wir für das Hinterfragen der Abhängigkeit vom Auto benötigen würden. Für die Autoindustrie entstand da ein sicher hilfreicher Teufelskreis.

Wie aber begann das, was uns diese Abhängigkeit heute beschert, die zu viele von uns noch nicht problematisieren, sondern ertragen? Worin lag unsere Schwäche, der Versuchung, die das Auto versprach, gesunde öffentliche Räume, gesunde Muskelmobilität und Zeit in deutlich ungesundem Ausmaß zu opfern? Warum haben wir uns dem Auto so untertan gemacht? Wie konnte eine Mobilität, die vielleicht noch für Einzelne Freiheit gewährleistet, aber andere unfrei und sehr viele mehr vom Auto abhängig macht, so lebensbestimmend werden, dass wir noch nicht mal im Klimanotfall in der Lage sind, sie auf ein Maß zurückzuführen, das Mobilität und Lebensqualität verspricht? Aktuell nehmen die Pendler:innen-Wege in ihren Distanzen zu. Ein Arbeitsmarkt, der von Arbeitnehmer:innen höchstmögliche Mobilität verlangen kann, ist Spiegel eines Verständnisses einer Hypermobilität im Sinne der Verfügbarkeit der Einzelnen für das fossil-kapitalistische System.

So hart es klingt: Die Zerstörung von Infrastruktur und Gebäuden durch die Weltkriege war das eine. Ebenso radikal wurden aber auch für den autogerechten Wiederaufbau beider deutscher Länder radikal Gebäude ab- und gesunde Viertel vor allem ihrer Fußläufigkeit entrissen.

Verantwortlich dafür waren vor allem Stadtplaner:innen und Architekt:innen, die ab den zwanziger Jahren um das Auto herum ihre Vision vor allem der modernen Stadt gestalten wollten. Das, was wir heute »Altstadt« nennen und mit hoher Aufenthaltsqualität verbinden, da hier enge Bebauung bequeme Fußläufigkeit ermöglicht und schmale Gassen vielleicht sogar Durchgangs-Autoverkehr unmöglich machen, galt den Gestalter:innen von damals als das, was überkommen werden musste.

Zentrale Gestalt dieses neuen Ansatzes war der Schweizer Le Corbusier. »Wohin eilen die Automobile? Ins Stadtzentrum! Es gibt keine befahrbare Fläche im Zentrum. Man muß sie schaffen.«[9]

Da mir ja stets vorgeworfen wird, ich würde Männer-Bashing betreiben, nur weil ich das Ende des Patriarchats herbeisehne, fange ich in Sachen Analyse und Ideen doch einfach mal mit einem weisen alten Mann an. Hermann Knoflacher, geboren 1940 in Villach, einem autofreien Dorf in Kärnten, widmete sich sehr früh der Hinterfragung autogerechter Räume und der Rückbesinnung auf Mobilität im menschlichen Maß. Seit über 50 Jahren ist er forschend und lehrend tätig, um Lebensqualität als Maxime zu etablieren – und nicht die schnelle Durchfahrbarkeit von Städten und Dörfern mit dem Auto.

Ich habe ihn in meinem Podcast *She Drives Mobility* interviewen dürfen. Hermann Knoflacher ist ein durch Wien geprägter, charmanter Herr, der immer mit einem Lächeln und einem gewissen Augenzwinkern spricht. So gab er u.a. im Gespräch zu, dass seine Berufung auf eine Professur wenige Jahre später undenkbar gewesen wäre, da auch die Lehre dem Auto in bestimmten Disziplinen untertan wurde.

Das Verkehrswesen ist laut Hermann Knoflacher im Vergleich mit Ingenieurwissenschaften, Naturwissenschaften oder der Mathematik eine zusammengezimmerte Disziplin, ohne solide Grundlagen. Er habe schrittweise versucht, diese Grundlagen zu finden. Und die erste Spur habe ihn tief in die evolutionäre Geschichte geführt. »Ich konnte nachweisen, dass wir Fahrbahnen bauen, die die Menschen zu hohen Geschwindigkeiten verleiten, die unser Gehirn überfordern. Da diese Geschwindigkeiten unmenschlich sind. Und viel Platz bedürfen, um Risiken für alle zu minimieren. Wer langsam unterwegs ist, braucht viel weniger Raum.«

Sicher nicht leicht zu verdauen, dass die Mobilität, die unseren Alltag am meisten prägt – egal, ob wir Auto fahren oder nicht –, von Hermann Knoflacher als »unmenschlich« bezeichnet wird. Zuvor war ja auch schon von Entfremdung die Rede, die entsteht, wenn wir alle voneinander getrennt mobil sind und Begegnungen nur noch organisiert erfolgen können. Ist das menschlich? Wir beschleunigen unsere Körper auf ein Vielfaches der Geschwindigkeit, die sie von Natur aus zu leisten in der Lage sind. Ja, das passiert auch in der Bahn, dort teilen wir uns aber den Raum, der sich bewegt, mit Unbekannten, während wir im Auto meist alleine bewegt werden.

Die Fußgängerzone in Wien war nicht Hermann Knoflachers Erfindung. Die gab es schon in alten Plänen. Sehr wichtig sei dann später aber der Umstand gewesen, dass der Bürgermeister die Pläne, Autobahnen durch die Stadt zu führen, aufgrund von Bürgerprotesten und auch zum Teil seiner fachlichen Unterstützung gestrichen hat. »Wien wäre heute eine Stadt unter vielen, wenn sie damals diese aufgeständerte Autobahn gebaut hätte. Das heißt auch, dass man immer Partner braucht. Als Fachmann und Wissenschaftler und Praktiker ist man angewiesen auf eine qualifizierte Verwaltung. Und es braucht entsprechend mutige und weitblickende Politiker.«

Wenn wir ein wenig Abstand zur Automobilität nehmen, sehen wir diese Anzeichen auch. Wir fahren als Beifahrer:innen neben uns bekannten Menschen und erleben sie zuweilen ganz ungewohnt: fluchend, schimpfend, hupend – im Kampfmodus. Denn das, was wir mit dem Auto machen, ist vor allem eins: Unmenschlich.

Hermann Knoflacher fasst zusammen: »Wir haben 10 000 Jahre Geschichte im Städtebau hinter uns, es gibt phantastische Städte in Deutschland. Es ist eine Schande, was der Städtebau zustande bringt, seitdem das Auto dominiert. Kinder leben in der Wohnungsbox, dann kommen sie in die Autobox, dann kommen sie in den Kindergarten, der auch eine Box ist, und dann kommen sie in die Schulbox und das geht so weiter, bis sie dann im Großraum oder sonst im Büro in einer Box sind, bis sie dann im Endeffekt im Pflegeheim wieder in einer Box sind. Das ist doch kein Leben. Ein Weg ist ein von Menschen beschrittener Pfad, aber nicht eine Fahrbahn.«

Diese Denke und vor allem aber auch das gestalterische Handeln, das von dieser geprägt wurde, machte öffentliche Räume zu einem Spiegel des Kapitalismus. Manche sprechen daher auch von »carpitalism«. Die Straße wurde endgültig zum individualisierten Raum für Autofahrende, sie verband die nun getrennten Funktionsbereiche ähnlich den Fließbändern einer Fabrik. Paradigma der Gestaltung: der fließende Verkehr, also die ungehinderte Fahrt mit dem Auto. Denn der Pkw okkupierte bald nicht nur die umfassend für ihn gebauten Fahrspuren, auch der öffentliche Raum wurde brutal für ihn neu gestaltet und ihm zur Verfügung gestellt. Das Abstellen von Autos im öffentlichen Raum ist in Deutschland überall erlaubt, es sei denn, es ist ausdrücklich verboten. Schon ein Mensch, der ein Lastenrad kaufen möchte, macht sich weit mehr Gedanken um Abstellung und Sicherung, als Autobesitzende das je tun werden. Der Erfolg des Autos basiert zu großen Teilen auf dem Gefühl und der Tatsache der Autonomie und Selbstbestimmtheit, die es seinen Besitzenden verschafft. Dieses Versprechen wurde jedoch nur einlösbar, weil Politik und damit auch Gesetzgebende alles dafür taten und Menschen ohne Auto dementsprechend physisch, rechtlich und monetär an die Ränder von Straßen und Gesellschaft drängten.

So viel Wissen und so wenig Handlung. Wir waren in der Lage, ein völlig zerstörtes Deutschland in den Nachkriegsjahren dem Auto zu übergeben, und scheinen nun komplett unwillig und handlungsunfähig, mit weit weniger Anstrengung und Zerstörung lebenswerte Räume für alle und eine Wahlfreiheit in der Mobilität zu schaffen. Denn Ersteres erhält, wer Zweiteres mit entschiedenem politischen Willen verfolgt. Das zeigen die wenigen Beispiele, die ich aus Deutschland hier im Buch zusammengeführt habe – vor allem aber die mittlerweile fast unzählig wirkenden Vorbilder aus dem umliegenden Ausland. Wer blockiert hier? Welche Rollen spielen Industrie, Politik, aber auch wir, die Gesellschaft?

Flächenbedarf
für die Mobilität von
15 Pers.
je Verkehrsmittel*

*Basierend auf: Agora Verkehrswende und Ellery Studio (2019): Abgefahren! Eine Infografische Novelle zur Verkehrswende.

Welche Stellschrauben sind rostig?

Im Gegensatz zu dem, was ich in meiner kleinen Utopie zu Beginn des Buches erzähle, hat sich die Welt seit Erscheinen meines ersten Buches leider nicht wirklich weitergedreht. Dabei wissen wir schon so lange, wie falsch es war, unser Leben auf dem Verbrennen fossiler Stoffe aufzubauen. Alles, was sich in der Vergangenheit wie Fortschritt anfühlte, ging einher mit noch mehr Zerstörung und noch mehr Belastung vor allem für die Menschen im Globalen Süden. Wären diese auch in unseren fossilen Lebensstil eingestiegen, es gäbe keine Hoffnung mehr für eine lebenswerte Welt.

Doch noch haben wir Glück: Sie sind uns im besten Sinne bislang nicht nachgefolgt. Umso größer ist meiner Meinung nach auch die Verantwortung, eben nicht anzustreben, alle Menschen im Globalen Süden und in anderen Ländern, wo das Verbrenner-Auto noch nicht das prägende Verkehrsmittel ist, mit dem fraglichen Glück der hoch individuellen Automobilität zu segnen, sondern aus unserer fossilen Schuld heraus ihnen Wege zu eröffnen, die fossile Verbrennermobilität schlichtweg zu überspringen. Ich sehe hier tatsächlich auch ganz klassische kapitalistische Gründe, neue Geschäftsmodelle dieser Art zu entwickeln. Vollelektrische, modulare Mobilitätssysteme, die verschiedene Zwecke tagsüber erfüllen können und nachts dann an Stromtankstellen aufgeladen werden.

»Nichts hat der Vitalität der geselligen Straße mehr geschadet als die Ankunft des Automobils«, schreibt der Autor Ben Wilson.[10] Das sieht Uta Bauer vom Deutschen Institut für Urbanistik ähnlich: »Je mehr Leute in einem Auto sitzen, desto besser. Aber unsere Gesellschaft driftet auseinander, versteckt sich hinter oder im Auto, und das meist einzeln. Sich auf der Straße zufällig treffen, miteinander in Kontakt treten, wissen, wer auf der gegenüberliegenden Straßenseite wohnt, aufeinander Rücksicht nehmen – das findet kaum noch statt. Man bewegt sich von einem Raum zum anderen, ohne miteinander in Kontakt zu treten. So kann keine Empathie füreinander entstehen. Im Gegenteil: Dieses Getrenntsein fördert Angst voreinander. Und auch die Angst vor Veränderung.«

Womit wir bei der Betonung der Hierarchiestufen von Mobilitätswende wären, die in ihrer Abarbeitung einfach immer wieder von den Füßen auf den Kopf gestellt werden, weil wir Autoverkehr nicht eindämmen wollen. Denn die Mobilitätswende beginnt mit dem Vermeiden von Wegen, das ist der größte Hebel, genauso wie jedes Auto, das nicht gebaut wird, der größte Hebel von Ressourcenschonung und Emissionsminderung ist. Ein kleiner Supermarkt um die Ecke reduziert Autoverkehr enorm – im Vergleich zum Einkaufscenter am Stadtrand. Verkehrsvermeidung befriedigt die gleichen Bedürfnisse mit weniger Verkehr. »Möglich wird dies u.a. durch eine kompakte Raum- und Siedlungsentwicklung, die quartiersorientierte Verdichtung von Versorgungsinfrastrukturen, eine deutliche Reduzierung beim Neu- und Ausbau von Straßen sowie die Förderung von Home-Office und Telekonferenzen. Zusammengenommen kann der Verkehrsaufwand so um bis zu 20 Prozent reduziert werden.«[11] Wenn wir ehrlich sind, brauchen wir vielleicht auch keine Regale mit 834 verschiedenen Marmeladensorten. Wäre es wirklich Verzicht, hier weniger Auswahl zu haben, oder Erleichterung, dass die Auswahl nicht so groß ist? Gehen Sie beim nächsten Mal bewusst in Ihrem Supermarkt durch die Gänge und schätzen Sie an der Kasse, wie viel Prozent der angebotenen Waren komplett zu viel sind (und auch weggeworfen werden, aber das ist ein anderer Punkt).

Dilek Ruf erläutert: »Mit Blick insbesondere auf die Klimakrise, aber auch auf das Thema bezahlbares Wohnen, ist es unabdingbar, dass wir in der Stadtentwicklung und in der Architektur nicht die gewohnten Wege weitergehen; die ökologischen, gesellschaftspolitischen und ökonomischen Wechselwirkungen sind gewaltig, wir befinden uns bei vielen Themen in Sackgassen.«

Auch Till Koglin von der schwedischen Lund University kommt in seiner Analyse zu einem ähnlichen Ergebnis. Die Planer:innen seien nicht das Problem, die wüssten alles. »Aber die Politiker nehmen ihre Vorschläge nicht an, oder es gibt private Interessen, die dagegensprechen. Große Unternehmen bauen die Eigentumswohnungen und Häuser. Und wenn die Kommune gerne autofrei bauen lassen möchte, dann setzen die das nicht um, weil sie es angeblich nicht verkaufen können.«

Dilek Ruf bringt auf den Punkt, dass die Veränderung im Kopf der planenden und ausführenden Menschen beginnen, aber von einer Politik flankiert werden muss, die es goutiert, dass das Richtige getan wird. »Mobilität und soziale Teilhabe sind eng miteinander verknüpft. Wir verhandeln um Zukunft, um die Frage ›Wie wollen wir leben?‹ und nicht zuletzt: Sind die in Stein und Holz manifestierten Realitäten, die wir schaffen, enkeltauglich im Sinne einer generationenübergreifenden Gültigkeit? Dienen sie dem Gemeinwohl?«

Die Folgen davon sind grausam für alle Beteiligten. In Amerika, also dem Land, dessen Autolifestyle wir nach Europa exportiert und bis heute nachgeahmt haben, eskalierte aufgrund der früheren Parallelität von Siedlungsneubau und Autoabhängigkeit die Lage noch weit mehr als bei uns – ohne dass wir uns komplett hinter unserem Vorbild verstecken müssten. In Amerika entstanden Metropolregionen, die zwischen den sechziger Jahren bis zum Ende des 20. Jahrhunderts einen Flächenfraß bedeuteten, der heute in anderen Regionen der Welt erneut vonstattengeht – weil wir nicht aus Fehlern lernen, sondern diese lieber nachahmen. Und wir wissen es: Die Zeit, die wir für Mobilität aufwenden, hat sich durch die scheinbar schnelleren Autos nicht gesenkt, sondern erhöht, da wir größere Distanzen hinter uns bringen, wenn Wohn- und Arbeitsort immer weiter auseinanderdriften.

Pendelzeiten haben sich in den letzten Jahrzehnten teilweise verdreifacht, immer mehr Anteil am Haushaltsnettoeinkommen floss in das Auto. Extreme Suburbanisierung und ungebremste Zersiedelung sorgte dafür, dass Eltern große Anteile der Zeit mit ihren Kindern im Auto verbringen – und damit eher getrennt als gemeinsam. Auch die Zeit, in der ein Lenkrad gehalten wird, hat im Leben vieler Eltern mehr Zeit okkupiert als die eigentliche Care-Arbeit von Wickeln bis Vorlesen.

Dilek Ruf analysiert die Entwicklung in Deutschland: »Schlafstädte gehören weitestgehend der Vergangenheit an – zu Recht. Wir fördern die Idee der nutzungsdurchmischten Quartiere – das ist der einzig richtige Weg. Alltägliche Wege müssen kurz sein; sie per Rad oder zu Fuß zurücklegen zu können, entlastet nicht nur das Klima, es steigert die Lebensqualität. Städte haben verstanden: Eine Mobilitätswende wird nur realisierbar, wenn wir nutzungsdurchmischte Quartiere schaffen und uns der historischen Struktur der europäischen Stadt annähern. In den Erdgeschossen waren oftmals Handel oder Handwerksbetriebe angesiedelt, in den oberen Etagen wurde gewohnt. Es mangelt nicht an Ideen oder Investoren. Aber da sind diese 20 000 baubegleitenden Vorschriften, mit denen wir herumhantieren müssen.

Mit Blick auf obsolete Nutzungen und veränderte Bedarfe stellt sich die Frage: Wenn in unseren Städten Büro- und Handelsimmobilien leer fallen, sollten wir nicht unsere Städte mit hohem Tempo darauf vorbereiten, dass die Transformation dieser Bestände planungs- wie baurechtlich ermöglicht wird, und zwar bezahlbar.«

Ich finde die Parallelitäten zwischen der Mobilitäts- und der Bauwende ziemlich frappierend, vielleicht auch, weil die notwendigen Maßnahmen systemisch sein müssen und dennoch zugleich hoch private Eingriffe bedeuten. Denn natürlich ist der große Traum vieler in Deutschland noch der vom Eigenheim, vor dem ein oder mehrere eigene Pkw stehen. Zwar liegt die Eigentumsquote in Deutschland nur bei 42 Prozent,[12] gefühlt hat diese Art zu wohnen aber eine weitaus größere Lobby als jene, die durchschnittlich knapp ein Drittel ihres Haushaltseinkommens für Miete aufwenden. Und auch die Zahl »55 Quadratmeter pro Person« im Durchschnitt kommt durch Eigentumsverhältnisse zustande. »Wer im Eigentum lebt, hatte 2022 im Durchschnitt 65,1 Quadratmeter zur Verfügung, in einer Mietwohnung waren es mit 48,5 Quadratmetern deutlich weniger.« Das Interessante ist, dass der Wohnungsmangel in den Städten und die immer steigenden Preise auch auf der endlichen Ressource Raum beruhen. Was wäre möglich, wenn auf mehrspurigen Autostraßen Häuser gebaut werden könnten? Wie würden wir leben wollen, wenn wir ganz frei gestalten könnten, was vor unserer Haustür ist?

Status quo Lebensqualität und Gesundheit

Sie merken es sicher schon jetzt: Eine menschenzentrierte Mobilitätswende macht auch ohne die Klimakatastrophe Sinn. So viele Facetten der Autozentrierung, die schlichtweg Belastung Dritter bedeuten, beginnend vor der eigenen Haustür bis hin zum Globalen Süden, wo der Abbau der Ressourcen für unsere Autos Menschen unterjocht oder auf die Flucht treibt. Apropos Haustür: Die wohl dreckigsten Momente bei der Autofahrt mit Verbrennungsmotoren hat der Schweizer Panayotis Dimopoulos Eggenschwiler vom Forschungsinstitut EMPA in eine griffige Formel gepackt: »Fünf Minuten Autofahrt direkt nach einem Kaltstart können schädlicher sein als 1300 Kilometer mit warmem Motor. Was in der Tiefgarage oder vor der Haustür bei kaltem Motor aus dem Auspuff quillt, ist auch bei den modernsten Verbrennern noch immer eine toxische Mischung. […] Mehr als 80 Prozent der Emissionen gelangen in den ersten 30 Sekunden einer Stadtfahrt an die Luft.«[13]

Vielleicht fragen Sie sich jetzt: Wie kann das sein? Wir haben doch so tolle Ingenieur:innen, deren Arbeitsplätze in der Autoindustrie als schützenswertes Gut gelten – was entwickeln die denn, wenn nicht den Schutz auch derer, die außerhalb des Autos gut leben wollen? Ich kann Ihnen diese Frage nicht beantworten – im Gegenteil: Ich stelle sie mir fast täglich selbst. Warum ist es okay, dass weiterhin mit dem fossil betriebenen Auto so viele Giftstoffe in unsere Atemluft gelangen? Es kommen mittlerweile Kinder mit Asthma auf die Welt, bevor sie ihren ersten Atemzug machen, sind sie schon krank. Weil sie im Mutterleib genau diesen Giften ausgesetzt wurden. Atemwege werden gereizt, Lungenerkrankungen häufen sich.

Nach EU-Angaben sterben jährlich 49 000 Menschen vorzeitig wegen erhöhter Belastung in der Luft mit Stickstoffdioxid, 238 000 durch Feinstaubbelastung. Hinter diesem fast harmlos anmutenden Wort, an das wir uns vielleicht auch schon zu sehr gewöhnt haben, stecken kleinste Teilchen, die jedwede körperliche Barriere zu überwinden in der Lage sind. Autos machen krank, aber die Menschen, die an den Belastungen durch Autos in der Atemluft erkranken oder sogar vorzeitig sterben, sind uns nicht mehr wert als die Industrie, die hinter diesen Produkten steckt. Wir setzen den Wert des Autos über die Lebensqualität von Kindern, Vulnerablen, die am meisten unter den Folgen von Pkw-Verkehr leiden.

Die beiden am häufigsten zitierten Studien der durch Luftverschmutzung verursachten Todesfälle stammen von der Weltgesundheitsorganisation (WHO) und der Global-Burden-of-Disease-Studie der IHME (Institute for Health Metrics and Evaluation). Ihre jüngsten Schätzungen liegen sehr nahe beieinander – sie gehen von 7 Millionen bzw. 6,7 Millionen Todesfällen pro Jahr aus. Diese Todesfälle werden sowohl der Innenraum- als auch der Außenluftverschmutzung zugeschrieben und sind auf vom Menschen verursachte und natürliche Quellen der Luftverschmutzung zurückzuführen.[14] Huch! Jetzt ist Ihr Auge vielleicht kurz hängen geblieben: Kinder sind vor alldem auch im Innenraum des Autos gar nicht geschützt?

Die Luftverschmutzung ist in Innenräumen, wie die US-Behörde EPA (Environmental Protection Agency) ermittelt hat, oft bis zu fünfmal so hoch wie in Außenbereichen. Das liegt daran, dass in der Außenluft Schadgase (wie z. B. Ozon oder Stickoxide) und Schadstoffe (etwa Feinstaub oder Mikroorganismen) verteilt werden. In Innenräumen hingegen steigt die Konzentration dieser Schadstoffe. Bei langen Autofahrten macht sich das besonders bemerkbar. Kinder, die auf dem Rücksitz von Autos sitzen, sind gefährlichen Werten der Luftverschmutzung ausgesetzt, so der britische Chemiker Professor David King. Eltern fahren seiner Forschung nach vielleicht ein sauberes Fahrzeug, aber ihre Kinder sitzen in einer Box, die die giftigen Gase aller Fahrzeuge um sie herum aufnimmt.[15]

Auch in Lissabon ist für die Aktivist:innen rund um Ksenia Ashrafullina die Sorge um Kinder und Gesundheit einer der Antreiber für das Engagement. »Eines unserer zentralen Argumente sind Kinder. Die Erwachsenen sagen, sie bräuchten ihre Autos. Wir sagen: Denkt mal an all den Platz, den eure Kinder nutzen könnten. Einer von uns ist Notfallarzt. Er kann erklären, was im Körper passiert, wenn wir all die Giftstoffe einatmen, die aus dem Auspuff kommen. Zum Beispiel, dass Frauen, die während der Schwangerschaft einer hohen Schadstoffbelastung ausgesetzt sind, Kinder mit Asthma zur Welt bringen können. All das müssen wir den Leuten so erklären, dass sie es verstehen können.«

Eine Lady, die all die Nachteile für Kinder nicht akzeptieren will, ist Jemima Hartshorn, Mutter von zwei Kindern aus London. Sie hat Mums for Lungs gegründet, sieht Luftverschmutzung als eine Krise der öffentlichen Gesundheit an, auch weil gewählte Politiker:innen hier nicht das Notwendige tun, um sie zu bekämpfen. Sie und viele weitere »Mums« setzen sich weltweit dafür ein, so bald wie möglich saubere Luft vor allem für Kinder und Babys zu schaffen. Und ja: Unter diesen Müttern sind auch welche, die Auto fahren müssen, sich aber bewusst sind, was sie damit der Gesundheit ihrer Kinder antun (müssen).

Eine aktuelle Aktion von ihnen nennt sich »Ditch Diesel«. Einer von zehn Fällen von Lungenkrebs ist auf Luftverschmutzung zurückzuführen. Diesel ist die größte Quelle von Stickoxiden (NO_x) und Stickstoffdioxid (NO_2) – 2019 machten Dieselfahrzeuge 40 Prozent der gesamten NO_x-Emissionen in London aus. NO_x und NO_2 schädigen Lungen und sind eng mit Asthma und Keuchhusten im Kindesalter verbunden. Kinder, die in London leben, sind besonders gefährdet, lebenslange chronische Erkrankungen zu entwickeln, einschließlich unterentwickelter Lungen, Asthma, Bluthochdruck, Unkonzentriertheit und Hyperaktivität sowie psychische Erkrankungen. 2021/2022 wurden mehr als 2800 Kinder und Jugendliche mit Asthma in London ins Krankenhaus gebracht, das ist ein Anstieg von 64 Prozent gegenüber dem Vorjahr.

Wie wichtig die Arbeit von NGOs wie Mums for Lungs ist, zeigt die Ultra Low Emission Zone (ULEZ) in London. Mums for Lungs hat ab 2018 für die Einrichtung dieser Zone geworben. Im April 2019 führte der Bürgermeister Londons die weltweit erste Zone dieser Art im Stadtzentrum ein. Am 25. Oktober 2021 wurde diese auf das gesamte Innere Londons ausgeweitet. Die ULEZ umfasst vier Millionen Menschen – 44 Prozent der Londoner Bevölkerung. Sie hat zu massiven Reduzierungen der NO_2-Belastung geführt,[16] 56 Prozent weniger im Zentrum von London, 47 Prozent in der Innenstadt und 37 Prozent im äußeren London im Vergleich zum Vorjahr! Die ULEZ hat zudem dazu geführt, dass Menschen ihr Auto abgeschafft haben und zu nachhaltigeren Transportmöglichkeiten gewechselt sind, weil ihnen die Problematik ihres Autokonsums bewusst gemacht wurde. Schon jetzt täglich 74 000 Autos weniger. »Es ist der größte Einfluss auf die Luftqualität durch ein Verkehrsmanagement, das ich je gesehen habe«, fasst Dr. Ian Mudway, Dozent an der School of Public Health, Imperial College London, zusammen.

Was sind die Erkenntnisse der Ultra Low Emission Zone ULEZ?

Die ULEZ trägt dazu bei, die Ungerechtigkeit in der Belastung durch Schadstoffe zu minimieren, da vor allem BIPoC und Menschen in Armut an hoch belasteten Straßen leben und/oder arbeiten (müssen), selbst aber den geringsten Autobesitz haben.

Die Einnahmen aus der ULEZ, die durch ein Mautsystem erzielt werden, kommen den Verbesserungen der Radwege, Busse und U-Bahnen zugute.

2022 sank der Anteil der in London von Dieselfahrzeugen gefahrenen Kilometer um 32 Prozent auf 25 Prozent in der Londoner Innenstadt.

Aber auch ein anderer wesentlicher Aspekt treibt Jemima Hartshorn um. Babys sind in den ersten zwei Lebensjahren sehr abhängig von ihren Eltern. Hier finden große Gehirnentwicklungen, Wachstum und Neuronenentwicklung statt. Die Gehirnentwicklung von Säuglingen (sowie ihre soziale, emotionale und kognitive Entwicklung) hängt von einer liebevollen Bindungsbeziehung mit ihnen zugewandten Erwachsenen, meist den Eltern, ab. Es gibt immer mehr Studien aus der Entwicklungspsychologie und Neurobiologie, die besagen, dass hier ein Mangel zu reduzierter kognitiver Entwicklung und mangelndem Selbstwertgefühl führen kann. Und nun versetzen wir uns mal in ein Kind, das die ersten Lebensjahre nicht selten ohne direkten Blick- und Hautkontakt zur Bezugsperson angeschnallt im Fond eines Autos sitzt. Und vergleichen seine Interaktion mit Erwachsenen mit der von Kindern, die an der Hand der Eltern zur KiTa gehen, mit den Erwachsenen über das sprechen, was sie sehen, hören, riechen. In der Kindheit wird die Basis für das zukünftige Leben gelegt, auch die Umwelteinflüsse auf Kinderkörper haben bis in das Erwachsenenalter Auswirkungen, die nicht mehr umkehrbar sind.

Wiens ehemalige Vizebürgermeisterin Maria Vassilakou spricht sogar davon, dass wir die Welt so bauen sollten, dass es Kindern in ihr gut geht, weil das allen guttut. Seit ich mich selbständig gemacht habe, ist es mir immer bewusster geworden, wie sehr wir Erwachsenen, die wir doch die »Schlaueren qua Lebenserfahrung« sein sollten, die Lebenswelt von Kindern eingeschränkt und domestiziert haben. Verstehen Sie mich nicht falsch. Das hier wird kein Angriff auf Eltern, die ihre Kinder mit dem Auto zur Schule bringen, weil es keine sicheren Rad- und Fußwege gibt. Dennoch richte ich mich deutlich an Sie alle, diesen Status quo nicht zu manifestieren, sondern laut und wahrnehmbar gegen diesen tätig zu werden. Aktuell kommt nämlich bei der Politik an, dass Eltern es okay finden, viel Geld und Zeit darauf zu verwenden, ihre Kinder zu Zielorten von Bildung und Sport zu bringen.

Insgeheim wissen wir es auch alle: Eine autogerechte Stadt kann nicht kindgerecht sein, denn die kindliche Mobilität ist nahezu unkalkulierbar. Wer schon einmal ein breit grinsendes Kind auf einem Laufrad auf dem Gehweg auf sich hat zukommen sehen, der weiß, das Beste ist es, einfach stehen zu bleiben und das Passieren abzuwarten. Denn entweder ist das Kind noch nicht sicher genug, da es noch übt und mit jedem Schulterblick zur Begleitperson die Richtung wechselt, oder aber es ist schon so geübt und wieselflink, dass die behäbigen Reaktionen eines Erwachsenen der Grund für eine Kollision sein können. Auch Andreas Røhl von den Gehl Architects hat dazu Erfahrungswerte: »Ich glaube, wir haben sehr gute Arbeit über Kinder in Städten geleistet, indem wir einfach eine GoPro-Kamera auf den Kopf eines Vierjährigen gesetzt und seinen Spaziergang durch die Stadt gefilmt haben. Man muss schon ein Herz aus Stein haben, um nicht zu sehen, dass es da etwas gibt, was wir anders machen sollten.«

Ich habe durch Kinder in der KiTa meiner Straße die Schildkröte und die Ameise kennengelernt. Die Schildkröte bezieht sich auf das Überqueren unserer Wohnviertelstraßen, die für Kinder – aber auch für mich mit meinen 1,68 Metern – überhaupt nicht mehr einsehbar sind. Immer mehr Pkw ragen bis zu meinem Kopf, Wohnmobile, Bullis und Vans rauben mir nicht nur jedes Raumgefühl, sondern auch die Übersicht über den Stadtraum. An manchen Kreuzungen schiebe ich mein Rad sogar, weil ich diese schlicht nicht mehr einsehen kann. Wie eingeengt muss sich da erst ein Kind vorkommen? Deswegen braucht es eben auch die Schildkröte, das langsame Herantasten an den Straßenraum zwischen zwei geparkten Autos, die den Panzer der Schildkröte bilden. Dort ist das Kind noch sicher, jede Menge Stahl, daher streckt die Schildkröte ganz vorsichtig erst mal nur den Kopf aus dem Panzer. Schaut links, schaut rechts, schaut noch mal links, und erst wenn wirklich kein Auto kommt, flitzt die Schildkröte schnell auf die andere Seite.

Die Ameise hingegen ist eine Gruppenübung, die von den Erzieher:innen per Zuruf angeordnet wird, wenn der Gehweg zu eng für die in Zweierreihen laufenden Kinder wird. Manchmal rufen sie sogar selbst: Jetzt alle Ameise! Dann fädeln sich die Zweierreihen immer noch an den Händen haltend zu einer Perlenkette, passieren den Engpass, der immer dort entsteht, wo die zu großen Autos sich auf den Gehweg schieben, und lösen die Ameise nach der Engstelle wieder in Zweierreihen auf. Ich sage ja: domestizierte Kindheit.

Manfred Liebel und Philip Meade ergänzen: »Als Ersatz für verlorengegangene Lebensräume werden Kindern zwar Spielplätze und andere Freizeiteinrichtungen zur Verfügung gestellt, aber diese unterliegen selbst einer von Erwachsenen festgelegten Funktionsbestimmung und sind als Inseln im Stadtraum verstreut. Zudem erschwert die auf die motorisierten Verkehrsteilnehmer*innen zugeschnittene Verkehrsinfrastruktur in hohem Maße die eigenständige Mobilität von Kindern und macht die ihnen zugestandenen (Spiel-)Orte schwer oder nur mithilfe von Erwachsenen erreichbar.«[17]

Das Phänomen, um das es hier u. a. geht, nennt sich Adultismus.[18] Ich habe mich durch ein umfassendes Werk zu diesem in der Forschung noch recht jungen Thema gearbeitet, das mit vielen weiteren Quellen und Studien belegt, wie groß das Problem ist. Gesellschaftlich, aber vor allem auch im Hinblick auf kindgerechte Räume und Mobilität.

Kinder müssen sich unserer erwachsenen Welt stets anpassen, nur in für sie geschaffenen Räumen entspricht diese z. B. ihren Reich- und Greifweiten. Damit ist unsere Welt für Kinder voller Barrieren, die sie daran hindern, selbst auf Entdeckungsreise zu gehen. Zum Teil ist unsere Welt sogar so feindlich für sie gestaltet, dass nur in Begleitung von Erwachsenen durch sie gegangen werden kann. »Dies verstärkt die Abhängigkeit der Kleineren von den Größeren. Aber die Erwachsenennorm schlägt nicht nur in der Architektur zu Buche. Beispielsweise muss [...] der Messeinlass von Schadstoff-Messstationen ›grundsätzlich in einer Höhe zwischen 1,5 Metern (Atemzone) und 4 Metern über dem Boden‹ befinden, obwohl kleinere Kinder in einer körperlichen Entwicklungsphase deutlich mehr unter Abgasen leiden als Erwachsene.«[19]

Was denken Sie, während Sie das lesen? Atmen Sie gerade so tief ein, wie ich das immer mache, wenn ich auf solche Tatsachen stoße? Nicht nur, dass Kinder eine der vulnerabelsten Gruppen in einem Verkehrssystem sind, das sich dem Auto unterworfen hat, nicht nur, dass sie fast nur noch eine Kindheit in Erwachsenenbegleitung erleben, sogar ihre physische Gesundheit wird durch erwachsene »Spielregeln« billigend aufs Spiel gesetzt. Wer Kinder kennt, weiß dass sie sehr viel schneller atmen als Erwachsene. Luftverschmutzung betrifft sie also nicht nur deswegen mehr, weil sie schlicht dort atmen, wo der Auspuff wirkt, sondern auch, weil sie öfter atmen, als wir das als Erwachsene tun. Dort, wo die Abgase und die größte Mikroplastikquelle der Welt wirken, nämlich Autoreifen, dort entnehmen Kinder ihre Luft zum Leben.

Im *Manifest der freien Straße* heißt es: »So inhalieren Babys und Kleinkinder in ihren Kinderwägen bis zu 44 Prozent mehr Schadstoffe als die sie begleitenden Erwachsenen. Da die Körper von Kindern zudem anfälliger für Entzündungen und andere durch Luftschadstoffe verursachte Erkrankungen sind, können die Folgen eine lebenslange Belastung bedeuten. Studien belegen auch, dass Feinstaubbelastungen das Lungenwachstum von Kindern, die an Hauptverkehrsstraßen leben, im Vergleich zu dem von Kindern, die 1,5 Kilometer und mehr entfernt von ihnen leben, vermindern.«[20]

Auch die Stille nach dem Lärm, die Welt im verordneten Lockdown der ersten Phase nach Ausbruch der Pandemie, ist mir in Erinnerung geblieben. Als es wieder Richtung ersehnter neuer Normalität ging, waren viele in meiner Umgebung sehr lärmempfindlich geworden. Sie mussten sich erst wieder daran gewöhnen, wie laut so ein Leben neben Autos ist, dabei hatten sie zuvor die belastenden Geräusche kaum noch wahrgenommen.

»Kinder reagieren besonders empfindlich auf Dauerlärm, weil sie chronischen Stress schlechter kompensieren können als Erwachsene. Konzentrationsprobleme bei lärmexponierten Kindern sind in der wissenschaftlichen Literatur daher besonders häufig beschrieben«, erklärt Mazda Adli. »Pro fünf Dezibel Anstieg des Flugzeuglärms am Schul- und Wohnort dauerte es zwei Monate länger, bis die Kinder lesen konnten.«[21]

Natürlich wissen wir selbst am besten, wie sehr Lärm stresst, er entzieht uns Kraft, wenn wir ihm ausgesetzt sind, versetzt auch unsere erwachsenen Körper in eine unangenehme Form von Alarmbereitschaft. Niemand schmeißt einen

Schlagbohrer an, um sich mal so richtig zu entspannen, aber nur wenige Erwachsene denken darüber nach, wie wir vor allem die urbane Lebensumgebung von Kindern so gestalten können, dass sie allen und damit auch uns Älteren gefällt.

Ich möchte an dieser Stelle noch einmal zurückkommen auf Maria Vassilakou. Ihre Vision ist eine Stadt, »in der wir leben, weil wir dort leben wollen, nicht weil wir müssen. Einer der Gründe, warum junge Paare die Stadt verlassen, wenn das erste Kind sich ankündigt, ist, dass sie sagen: Na, jetzt müssen wir uns ein Häuschen im Grünen nehmen, damit das Kind eine glückliche Kindheit haben kann. Und dann verbringen sie den Rest ihres Lebens im Auto. Und ich sage deswegen: Bevor unsere Städte wie Teppiche aus Einfamilienhäusern sich in die Prärie endlos erstrecken, müssen wir diese Qualitäten im Inneren der Stadt anbieten. Und wenn du das tun willst, dann kommst du sehr bald drauf, dass der Raum dafür fehlt. In der Stadt ist Platz eine Limited Edition.« Also müsse der Raum neu verteilt und neu gestaltet werden. Etwa indem wir Parkplätze im öffentlichen Raum drastisch reduzieren und die Autos möglichst anderweitig unterbringen: etwa in Sammelgaragen; wo immer es geht außerhalb, am Rande der Nachbarschaften. »Du wirst den öffentlichen Verkehr beschleunigen müssen, du wirst in den Radverkehr investieren müssen, und du wirst unweigerlich erkennen, auch im Zuge der Klimaerwärmung, dass Straßen die Adern eines Grünraumnetzes sind.«

Es zeigt sich, dass sich das gesamte Stadtgefüge zum Positiven für alle verändern kann, wenn die Stadt sich nicht mehr um Autos dreht, sondern um Kinder. Wer es ernst meint damit, dass eine Stadt kindgerecht ist, der hat einiges an Arbeit vor sich. »Raus aus der autogerechten Stadt« ist sicher keine schnell zu erledigende Aufgabe, aber bei entsprechendem politischen Willen gibt es eine klare Orientierung: die Umkehr der aktuellen Flächenungerechtigkeit, die das Auto priorisiert, zu einer menschengerechten Stadt, die das Kind in den Fokus nimmt. So viele Dinge werden in der Kindheit geprägt – es ist fatal, dass wir unsere Räume so justiert haben, dass sie diametral zum kindlichen Bewegungsschema stehen, das neugierig in Ecken schauen lässt und eigene Wege finden und erleben möchte.

Aus einem Interview mit Richard Sennett: »Für Kinder ist es sehr wichtig, so früh wie möglich mit Komplexität umgehen zu lernen. Die Dinge sind eben nicht einfach, sondern multidimensional. Das heißt damit auch, dass wir unsere Kinder in den Städten nicht vor der Erwachsenenwelt beschützen sollten. … Wir sollten stattdessen den Raum so gestalten, dass Kinder um uns herum sind, dass sie mittendrin im Geschehen sein können, dass sie ein Teil von vielem anderen werden und nicht in einer abgeriegelten Welt leben.«[22]

Anika Meenken ist verkehrspolitische Sprecherin für Radverkehr und Mobilitätsbildung beim ökologischen Verkehrsclub VCD und seit 15 Jahren aktiv für eine nachhaltige, kindgerechte Verkehrswende. Aufgewachsen im ländlichen Raum und mittlerweile seit vielen Jahren in Berlin lebend, kennt sie als Mutter die Herausforderungen für Kinder und Jugendliche, sich selbständig und sicher in unserem Verkehrssystem zu bewegen. Das ist auch das, was sie antreibt: kindgerechten Verkehr zu schaffen statt ein verkehrsgerechtes Kind.

Für sie bedeutet die Idee, ein Kind verkehrsgerecht zu erziehen, Kindern Regeln und ein Verhalten beizubringen, damit sie – drastisch formuliert – den Autos nicht in die Quere kommen. Und das bedeute ja auch, dass wir Flächen im öffentlichen Raum vorgeben, wo sie zu spielen haben, sogenannte Spielplätze. »Wir sagen damit: Hier ist dein sicherer, geschützter Raum, in dem du spielen darfst, und klammern so 90 Prozent der Flächen im städtischen Raum aus. Mit Spielplätzen beschneiden wir auch kreatives Spielen, indem wir vorgeben: Hier ist eine Rutsche, also rutsch! Hier ist eine

Turnstange, turne! Freies Spiel im Straßenraum ist gar nicht mehr möglich bzw. nicht erlaubt, aber so wichtig für die kindliche Entwicklung, da es die Kreativität fördert.

Auch der Traum von einer besseren, freieren und unbeschwerten Kindheit im ländlichen Raum lässt sich mit der aktuellen, vom Elterntaxi geprägten Realität nicht verwirklichen. Da hat man vielleicht einen Garten, wo die Kinder spielen können. Aber auch das ist eine Insel zwischen anderen Inseln wie Schule, Freizeitangebot oder Haus der Freund:innen. Und von Insel zu Insel werden die Kinder von den Eltern gefahren, wie in der Stadt.«

Wenn wir uns den Stress, die Gefahr und die Enge, die in Städten durch Autos entsteht, aus diesen wegdenken. Wenn wir schauen, wie viel Wohnungsbau möglich würde, wenn oberirdische Riesenparkplätze und -kreuzungen bebaut werden könnten, dann stellen wir fest, dass Städte gerade für Familien sehr viel bieten können – aufgrund fußläufiger Erreichbarkeit.

Objektiv sind Städte nicht unsicherer geworden, die Eltern wurden es. Städte haben viele Vorteile für Erwachsene: Kultur, Bildungs- und Entfaltungsmöglichkeiten, Förderung von Interessen und Begabungen, von denen unsere Kinder profitieren können. Die Verschiedenartigkeit von Menschen und Lebensgewohnheiten, Sprachen und Kulturen, lernt und erlebt ein Kind in der Stadt meist leichter als auf dem Land. Weitere Vorteile: Alleinerziehende können in der Stadt unkomplizierter Betreuung organisieren, sich mit anderen Eltern meist in fußläufiger Entfernung abstimmen. »Überhaupt lassen sich Familie und Beruf in der Stadt leichter kombinieren«[23], so Mazda Adli.

Anika kennt Zahlen, die die Autoabhängigkeit von Familien untermauern, die sich einen Pkw leisten können oder müssen: »Nur neun Prozent der Familien haben kein Auto, 48 Prozent haben sogar zwei oder mehr. Autofreie Familien sind also die absolute Minderheit, und auch deshalb legen Kinder bis zu zehn Jahren über die Hälfte ihrer Wege auf dem Rücksitz eines Autos zurück. Kinder, die nie gelernt haben, sich sicher auf dem Rad fortzubewegen, können keine sicheren Radfahrenden werden. Je früher man gemeinsam damit anfängt zu Fuß, mit dem Rad und den Öffentlichen unterwegs zu sein, desto sicherer und eigenständiger ist man später.

Durch den hohen Autobesitz sind Eltern sowohl Verursachende als auch Leidtragende des Systems. Diesen Kreislauf durchbrechen wir nur, indem wir eine kindgerechte Infrastruktur schaffen, mit dichten, sicheren und komfortablen Fuß- und Radwegenetzen.«

Die niederländische Bernard van Leer Foundation hat zur Aufarbeitung kindlicher Mobilität und Lebensrealität »Urbangs« ins Leben gerufen. Hier werden Städte aus der Perspektive von 90 Zentimetern Höhe betrachtet, der Durchschnittsgröße eines dreijährigen Kindes. Ein Blickwinkel, der in der heutigen Verkehrspolitik und Raumplanung kaum eine Rolle spielt. In Oslo wurden auf Basis dieses Perspektivwechsels Büsche an Kreuzungen so weit heruntergeschnitten, dass Kinder problemlos die Fahrbahn überblicken. Der Child Security Index misst in brasilianischen Städten mittels einer App das subjektive Gefühl von Sicherheit versus Bedrohung aus Kindersicht. Auf diese Weise werden Straßen identifiziert, die für Kinder verändert werden müssen.[24] Schriftstellerin Anaïs Nin sagte mal: »Wir sehen die Dinge nicht so, wie sie sind, wir sehen sie so, wie wir sind.« Und ich denke, dieses Zitat passt auf (zu) vieles, was wir in der Mobilität (falsch) machen. Nicht, weil wir böse Menschen sind, sondern weil uns die Zeit und die Impulse fehlen, die Welt aus den Augen anderer Menschen zu sehen und zu erleben. Weil die Räume, in denen wir leben und arbeiten, dysfunktional sind und Begegnungen verhindern, die unseren Horizont täglich erweitern.

Eine britische Studie fand bei Verkehrsteilnehmern zur

Rushhour einen höheren Anspannungszustand vor als bei Kampfjetpiloten im Flug. Autofahren während des Berufsverkehrs sei demnach mit mehr Stress verbunden als eine Prüfung, »und etwas weniger stressig als ein Fallschirmsprung aus einem Flugzeug – wenn es täglich so eine Stressspitze gibt, kann das zum Problem werden. Dazu kommt, dass keiner sich diesen Zustand ausgesucht hat und dass fast jeder Mensch ihn ärgerlich und belastend findet.«[25]

Kommt Ihnen bekannt vor? Warum akzeptieren wir es, dass diese beeinflussbaren externen Faktoren so dermaßen unsere Lebensqualität mindern? Sehen wir Autoabhängigkeit als etwas an, das zu unserem Menschsein gehört wie Nahrung und Schlaf? Was ist hier wirklich Verzicht – und was Gewinn? Es ist der Lebensstil im reichen Globalen Norden, zu dem das Auto unmittelbar dazuzugehören scheint. Macht uns das Auto gesünder, zufriedener, ausgeglichener? Welche Gewohnheiten kennen wir noch, von denen wir wissen, dass sie uns schaden – und sind diese mehr oder weniger medial präsent als die Gesundheitsfolgen durch Autos, egal, ob sie stehen oder fahren? Was würden wir verlieren, wenn wir nicht mehr pendeln müssten? Wenn uns Systeme zur Verfügung stünden, die uns bewegen, aber nicht unsere Konzentration, unsere Zeit und unser Geld in dem Maße beanspruchen, wie es der Pkw verlangt? Liegt die Kraft in der Ruhe oder an einer Schnellstraße?

Fatal an dem toxischen Kreislauf, der auf der Entkopplung von unserer Mitwelt basiert: Der fossil-intensive Konsum macht uns nicht glücklich. Im Gegenteil. Wir müssen immer mehr Aufwand betreiben, um uns vom stressigen Alltag zu erholen, anstatt dass wir mal auf die Idee kommen, den Alltag weniger stressig zu gestalten. Es gibt unzählige Studien, wie positiv sich Pflanzen auf Büromenschen auswirken, wie wichtig Grün auch auf Krankenstationen und in Hospizen ist.

Das Sozialleben der Menschen intensiviert sich mit dichterem Baumbestand. Bäume verwandeln Straßen und Gehwege in eine angenehmere Umgebung, die einladend auf die Menschen wirkt. »Passanten und Nachbarn verbringen automatisch mehr Zeit draußen mit anderen Menschen, begegnen sich häufiger, kommen leichter miteinander ins Gespräch. Kinder spielen lieber auf Straßen mit Baumbestand.«[26]

Bäume sind Filter- und Klimaanlagen.

Ein großer Baum ist in der Lage, 150 Kilo Kohlendioxid aus der Atmosphäre zu filtern, Gleiches gilt für 20 bis 50 Prozent der Feinstaubkonzentrationen und andere Emissionen. Zudem kühlen Bäume überhitzte Städte um zwei bis acht Grad Celsius, ein Effekt, der wiederum den Einsatz von Klimaanlagen um ein Drittel senkt. »Wenn Bäume diesen Effekt haben, stellen sie weniger ein Mittel im Kampf gegen den Klimawandel dar als eine Hilfe für uns, dessen Folgen zu überstehen«[27], so Ben Wilson.

Bäume sind Therapeut:innen.

Wenn Grünflächen in der Stadt gut erreichbar sind, verbessert sich die psychische Situation der Bewohner:innen. Damit werden Naherholungsgebiete, die nur mit dem Auto erreicht werden können, obsolet. Denn schon Grünräume auf kleinen Flächen wirken sich positiv aus. Pocket Parks lassen sich überall in der Stadt einrichten, zwischen Häusern und Parkplätzen, an Bahngleisen oder auf ehemaligen Brachen. »Diese für jedermann zugänglichen ›Taschenparks‹«, weiß Mazda Adli, »sind Mini-Rückzugsgebiete, die auf sehr effektive Weise dazu beitragen, das Wohnumfeld der Stadtbewohner zu verbessern.«[28]

Bäume mindern Ungerechtigkeit.

»Dann willst du ja, dass alle so wohnen wie in den Villengegenden!« Richtig erkannt! Dieser Zuruf erreichte mich auf einer Lesung im deutschen Süden und war platziert worden, um mir zu zeigen, wie unmöglich meine Träumereien von einer besseren Welt sind. Ich hingegen sehe eher, dass genau diese Ungerechtigkeit so massiv ist, dass sie dringend beseitigt werden muss. Denn wer wohnt denn auf kleinem Raum ohne Balkon? Genau, Menschen mit wenig Geld, kinderreiche Familien in Armut.

Bei Ausbruch der Pandemie sorgte die Wiener Vizebürgermeisterin Birgit Hebein, die leider wegen ihrer sozialen Mobilitätspolitik abgewählt wurde, sofort in den sogenannten Problemvierteln für »coole Straßen«, die für Menschen geöffnet und für Autos geschlossen wurden. Mit einer Ausbildung im Bereich der Sozialarbeit sah sie sofort, dass genau hier Probleme entstehen, wenn Menschen sich nicht ungefährdet draußen aufhalten können. Einige der Straßen wurden mittlerweile verstetigt.

Ich war 2022 vor Ort. Kinder spielten mit Wasser, Eltern und Senior:innen saßen auf Bänken und unterhielten sich. Und im Gegensatz zu deutschen, eingezäunten Spielplätzen konnte ich an diesem offen gestalteten Ort nicht erkennen, welches Kind zu welchem Erwachsenen gehört – da die Kinder frei spielen konnten. Wo kein Auto fährt, da können Kinder unter sich sein und ihre erwachsenen Begleiter:innen in Ruhe auf der Bank quatschen.

Wenn eine solche Veränderung durchgesetzt wurde, will kaum eine Person wieder zurück in den Autoraum. Wer einmal erlebt hat, wie es vor der Tür sein kann, wenn der Raum den Menschen gehört, der begreift, dass dies sehr erleichternd sein kann. So sagten mir einige der älteren Kinder, dass sie in einem der Hochhäuser wohnen und Mama aus dem Fenster ruft, wenn es Essen gibt. Zuvor, so die Kids, haben sie nur am Wochenende Ausflüge an weiter entfernte klassische Ziele gemacht, aber Spielen draußen war unmöglich. Was für ein Geschenk! Sowohl für die Kalender und das Leben der Eltern als auch für die Kids, die nun täglich ohne Erwachsene draußen sein können. Und das ist auch die Hoffnung, die ich habe. Dass immer mehr Eltern erkennen, dass die Autozentrierung ihres Lebens sowohl für sie selbst als auch für ihre Kinder eine Zwangsmobilität ist. Es braucht in den städtischen Wohngebieten kleine Naherholungsräume, Lebensmittelgeschäfte, Bildung und Kultur.

Was aber geschieht mit dem menschlichen Faktor in unserem Leben, mit dem Miteinander, wenn wir gezwungen sind, viel Auto zu fahren? »Mit dem Arbeitsweg leidet nicht nur die Gesundheit, sondern auch die sozialen Aktivitäten lassen nach. Das hat der Harvard-Professor Robert Putnam in seiner Untersuchung über das Freizeitverhalten in den USA festgestellt. Pro zehn Minuten an zusätzlichem Arbeitsweg reduziert sich das gesellschaftliche Engagement in Gruppen, Vereinen oder Ehrenämtern um zehn Prozent.«[29] Wie bitter und wie nachvollziehbar ist das?

Natürlich kann ich mir vorstellen, dass ich bei zwei langen Pendelfahrten am Tag mit dem Auto nicht noch Dinge unternehmen kann, weil einfach die Luft raus ist. Große Freude herrscht wahrscheinlich, wenn die Kinder noch wach sind (oder auch nicht), wenn sich mit der Person, mit der wir zusammenwohnen, noch ausgetauscht und in Ruhe gegessen werden kann. Aber dann auch schnell ab ins Bett, morgen geht's früh raus, in den immer wiederkehrenden Stau stellen. Traurig. Finde ich. Nicht nur toxisch für das soziale Gefüge, sondern auch toxisch für die eigene Lebensqualität im Sinne einer stabilen Gesundheit.

Aber was ist eigentlich, wenn wir eben nicht die Wahl haben? Wenn wir im Auto sitzen, dann im Büro sitzen und dann wieder im Auto? Wenn wir ein Fitnessabo benötigen, um all das Sitzen aufzuarbeiten? »Über 100 000 Generationen sind unsere Vorfahren zu Fuß gegangen. Heute liegt die tägliche Schrittzahl eines Büroangestellten bei 1500 Schritten. In den USA sind 70 Prozent der Autofahrten kürzer als drei Kilometer, das entspricht einer nicht ganz zehnminütigen Fahrt auf dem Fahrrad, in gutem Tempo.«[30]

Eine Studie aus Großbritannien fand heraus, dass wer morgens mit dem Fahrrad zur Arbeit fährt, tagsüber den größten Zufriedenheitswert erreicht. Danach kommen Fußgänger:innen und die Nutzer:innen öffentlicher Verkehrsmittel. Das Schlusslicht: Autofahrer:innen. Die Studie zeigte ebenfalls, dass Fahrgäste in öffentlichen Verkehrsmitteln mehr Zeit für Entspannung haben. Autofahrer:innen hingegen litten unter Anspannung und Konzentrationsproblemen. Spannendes Detail: Mit der Länge des Pendelwegs im Auto sank die Zufriedenheit, während sie unter den Fußgänger:innen anstieg. Wer länger läuft, ist also zufriedener. Auch wer vom Auto oder von öffentlichen Verkehrsmitteln auf Rad oder Fußweg wechselte, gewann an Zufriedenheit.[31] Ich weiß, dass viele von Ihnen, während Sie das lesen, bitter auflachen, wenn Sie an die Qualität der Deutschen Bahn denken. Begehen Sie bitte nicht den Fehler, wie zu viele in Deutschland, die mangelhafte Servicequalität dieses so wichtigen und attraktiven Verkehrsmittels als Normalzustand zu sehen. Sondern sehen Sie die Politik, die für diesen Zustand verantwortlich ist und uns vom Auto abhängig gemacht hat, in der Pflicht.

Acht Menschen sterben täglich auf Deutschlands Straßen. Welchem »Ding« erlauben wir so eine Tötungsrate? Einen Aufschrei gibt es stets dann, wenn ein Auto offensichtlich als Tatwaffe missbraucht wird. Wenn Menschen in Menschenmengen fahren. Bei solchen furchtbaren Vorfällen erfahren wir die Namen der Opfer, sehen ihre Gesichter, Medien berichten ausführlich. Eine weitere Ausnahme bildete im Januar 2024 der Tod des Radaktivisten »natenom« aus der Nähe von Pforzheim. Unermüdlich hatte sich Andreas Mandalka dafür eingesetzt, dass Radfahrende im ländlichen Raum mehr Schutz erfahren – und wurde genau dort von einem Autofahrer getötet, wo er zuvor mehrfach Polizei und Behörden Gefahrenstellen gemeldet hatte.

Was aber ist mit dem Leid all jener, die den Verlust von Menschen anonym verarbeiten müssen? Wenn ein Mensch bei einem Verkehrsunfall stirbt, sind durchschnittlich elf Familienangehörige, vier enge Freund:innen, 56 Bekannte und Kolleg:innen nachhaltig betroffen sowie 42 Einsatzkräfte wie Rettungssanitäter:innen, Feuerwehrkräfte oder Polizist:innen mit dem schweren Schicksal konfrontiert. Diese Durchschnittswerte wurden 2017 erstmalig erhoben.[32] Würde die Bahn täglich acht Menschen töten, gäbe es sicher heftige Reaktionen und politisches Eingreifen. Ich leide mit diesen Menschen, die Angehörige an eine unnatürliche und in den meisten Fällen vermeidbare Todesursache verlieren. Aber das Mitgefühl scheint nicht jene zu erfassen, die in der Machtposition sind, Vision Zero als politisches Ziel endlich engagiert zu verfolgen und damit ein Ziel, das bereits viele andere Länder und Städte haben, alle vermeidbaren Verkehrstode auf null zu bringen. Aber selbst die kalte Zahl von über 15 Milliarden Euro volkswirtschaftlichen Schaden durch Personenschäden im Straßenverkehr[33] bringt ansonsten so engagiert auf Kosten schauende Finanzminister:innen nicht dazu, Vision Zero in ihre Excel-Tabellen zu übertragen. Ähnlich wie ich denke, dass die AfD DIE Klimaschutzpartei sein müsste, weil sie nicht möchte, dass Menschen zu uns fliehen, denke ich nicht selten, wie seltsam es ist, dass volkswirtschaftlicher Schaden von einem FDP-Politiker nicht minimiert wird.

Wie bei allem doktern wir im wahrsten Sinne an den

Symptomen, anstatt der Ursache ihre Wucht zu nehmen. So haben wir zum Zeitpunkt der Manuskriptabgabe für dieses Buch immer noch kein flächendeckendes Tempolimit, als eines von ganz wenigen Ländern. Unter einem LinkedIn-Post, in dem ich ein Dutzend Argumente *pro* Geschwindigkeitsbegrenzungen aufführte, schrieb ich als Fazit: »Das einzige Argument, kein Tempolimit einzuführen, ist ein kindliches ›Ich will aber!‹« Eine Dame kommentierte, dass ich es mir nicht anmaßen dürfe, das zu fordern. Kein Tempolimit zu haben sei die DNA von Deutschland. Uff.

»Tempolimit bedeutet deutlich weniger Lärmbelastung für jene Hälfte der Deutschen, die innerhalb von fünf Kilometer Entfernung von einer Autobahn ohne Tempolimit leben. Bei Reduktion der Geschwindigkeit um 20 km/h entspricht der Lärmpegel einem Niveau, als würde ein Drittel weniger Autos fahren«, gibt Mia Raben die Studie des österreichischen Umweltbundesamtes *Langsamer ist leiser* wieder. »Es gäbe zudem deutlich weniger Schwerverletzte, also auch weniger schwerverletzte Kinder mit Polytraumata, weniger Tote und somit weniger tote Kinder durch schwere Verkehrsunfälle. In Deutschland ›gönnen‹ wir uns nur wegen des fehlenden Tempolimits und der damit einhergehenden Verletzungen ein flächendeckendes 24/7-Versorgungssystem von über 600 Traumazentren.«[34]

Warum können Autos sich selbst einparken, aber nicht vermeiden, dass Kinder mit ihnen getötet werden? Eine vielleicht naiv anmutende Frage, die aber ein wenig auf die ansonsten so ausgeprägte »Technologieoffenheit« und den Technikoptimismus abzielt, die sonst in Sachen Auto stets präsent sind. Eine Gefahr droht vor allem aus der Tatsache, wie öde Autofahren ist, denn wenn es spannend wäre, würde kein Mensch währenddessen zum Handy greifen.

Die steigende Tendenz von Unfällen, die wegen (verbotener) Handynutzung entstehen, zeigt das Gegenteil auf. »Zwar gaben 67 Prozent der Befragten an, zum Telefonieren eine Freisprecheinrichtung zu nutzen, allerdings sagt auch jeder Zweite, dass er während des Fahrens SMS oder Kurznachrichten liest. 31 Prozent schreiben ihre Antwort direkt auf der Tastatur, 25 Prozent diktieren per Sprachsteuerung. Und das kann richtig gefährlich werden. Einer US-Studie zufolge wird jeder dritte Unfall von einem abgelenkten Fahrer verursacht. Das Schreiben einer SMS etwa erhöhe das Unfallrisiko um das Sechsfache, so die Forscher der Universität Virginia. Smartphone und Co. haben also am Steuer nichts zu suchen – nur daran halten tun sich viele nicht.«[35]

Der ADAC hat dazu mehrere Versuche durchgeführt: »Testpersonen sollten in der Adresszeile des Navis den Straßennamen eingeben, in diesem Moment tauchte ein Hindernis auf. 87 Prozent von ihnen wären im Ernstfall mit durchschnittlich 43 km/h aufgeprallt, weil sie nicht rechtzeitig hätten anhalten können. Nur ein Drittel der Lenker führte eine Vollbremsung durch. Im Mittel fehlte für sechs Sekunden bzw. auf 100 Metern Strecke der Blick auf das Verkehrsgeschehen.«[36]

Reflektieren Sie gern einmal selbst, was Sie so machen, während Sie ein Auto lenken. Beim Tippen von Nachrichten war der Blick bis zu 14 Mal nicht auf der Straße, »das summierte sich zu 140 blind gefahrenen Metern. Ein Drittel der Teilnehmer überfuhr die Mittellinie und blieb teilweise für 3,5 bis vier Sekunden bzw. 35 Meter auf der falschen Straßenseite.« Und wie stets gibt es dafür Gründe, die die handelnde Person als wichtiger erachtet als die Sicherheit von Dritten. Denn Menschen, die so etwas tun, übrigens auch im Gehen oder auf dem Rad, was auch gefährlich für Dritte ist, aber nie so gefährlich wie zwei Tonnen Stahl außer Kontrolle, gefährden dabei nie nur sich selbst.

Sofia Salek de Braun arbeitet seit 11 Jahren bei der PTV Group – einem weltweit führenden Softwareunternehmen für Verkehrsplanung, Simulation und Echtzeitmanagement – in verschiedenen Positionen, aktuell als Solution Director Road Safety. Sie erzählt von dem wohl schlimmsten Tag ihres Lebens: »2015 hatten wir, mein Mann und unsere zwei Kinder, einen Verkehrsunfall, bei dem mein fünfjähriger Sohn Luca und meine Schwiegereltern ums Leben gekommen sind. Wir alle wissen, dass schlimme Dinge passieren, aber wir denken immer, das passiert nur den anderen. Wenn das Leben dich aber in so eine Situation bringt, dann verstehst du die Welt nicht mehr. Unser Leben hat sich um 180 Grad gedreht.«

Verkehrsunfälle sind laut Sofia weltweit die häufigste Todesursache bei Kindern und jungen Menschen im Alter von 5 bis 29 Jahren – das wisse aber fast niemand. »Meine Botschaft: ›Wir dürfen nicht warten, bis Unfälle passieren, um zu handeln; wir müssen handeln, bevor sie passieren.‹ 1,3 Millionen Menschen sterben auf den Straßen im Jahr, 3600 Menschen am Tag. Das ist, als würden jeden Tag sieben Boeing-747-Maschinen abstürzen und alle Passagiere an Bord sterben. Würden wir das akzeptieren? Würden wir in ein Flugzeug steigen, wenn wir wissen: Vielleicht trifft es dich? Aber wir steigen täglich ins Auto und machen uns keine Gedanken!

Mir ist wichtig zu betonen, dass Verkehrssicherheit keine Ideologien kennt, sondern eines der gravierendsten Probleme des Gesundheitswesens darstellt. Die Folgen von Verkehrsunfällen haben weitreichende soziale, wirtschaftliche und emotionale Konsequenzen. Die Verkehrssicherheit ist eine gemeinsame Verantwortung – sowohl meine als auch Ihre.«

So viele Aspekte zeigen, wie sehr Automobilität unsere Gesundheit und vor allem die von Kindern beeinträchtigt. Es wurde jahrzehntelang von der Industrie verschleiert, von der Politik gebilligt und von uns als Gesellschaft in Kauf genom-

Keine:r kümmert sich um mich.
Wenn ich den da vorne so anschaue, fühle ich mich komplett vernachlässigt. Gefräßiger Egoist! Kann der nicht mal was abgeben?
Nomnomnom!!! Immer her mit den Scheinen!
Haushalte geben im Schnitt
233 Euro
monatlich fürs Auto aus und
33 Euro
für Bus, Bahn und Co.*
*https://www.destatis.de/DE/Presse/Pressemitteilungen/2021/07/PD21_N045_639.html

men, dass diese hoch individuelle Form der Mobilität mit ihren Vorteilen für die einzelne Person in keiner Weise die Nachteile, die sie für viele andere bringt, aufwiegt. Es ist an der Zeit, eine neue Zeit einzuläuten, in der Menschen weiterhin mobil bleiben, aber täglich daran arbeiten, und das auch einfordern, ein Mobilitätssystem zurückzubringen, das weniger Schaden für unsere gemeinsame Zukunft und vor allem für die von Kindern, die heute erst geboren werden, aufweist. Das Tolle daran: Wir alle profitieren von diesem Umbau, der den Menschen in den Fokus nimmt, anstatt die Lebensqualität in unseren Lebensräumen Stahlschachteln zu opfern. Die gute Nachricht: Wir haben sogar das Geld für diesen Umbau – es ist aktuell nur an das Auto gebunden. Wenn wir alle finanziellen Vorteile für Pkw umwidmen für Mobilität für alle, ist sogar von jetzt auf gleich viel möglich!

Status quo Verkehrssektor und Autopolitik

Mit all diesem Vorwissen stellt sich vielleicht nicht nur mir die Frage: Was ist da los? Was macht das Auto mit unserem Verkehrssystem, unserer Verkehrspolitik, unserer Gesellschaft? War das schon immer so? Wird es schlimmer – oder vielleicht doch besser?

Es ist für mich auf eine gruselige Weise interessant, dass wir es zugelassen haben, von einer Autoindustrie so stark wirtschaftlich abhängig zu werden, während wir andere Industrien aus Deutschland verdrängten, die Batterien, Solarpaneele und Windräder herstellten. Mit der Folge, dass sich jetzt viele auch deswegen gegen die überfällige Transformation der Hersteller wehren, weil dies angeblich Arbeitsplätze und damit Wohlstand gefährdet. Diese Situation wurde sehenden Auges kreiert. Warum sind wir seit Jahrzehnten des Wissens um das Zerstörerische von fossil angetriebenen und ressourcenintensiven Autos nicht in der Lage, unseren gesellschaftlichen Pkw zu wenden und aus der Sackgasse herauszufahren? Warum ist es weiterhin Autofahrer:innen vorbehalten, vom Staat umfassend Infrastruktur und finanzielle Anreize für ihre Mobilität zu erhalten?

Das Wohlergehen von Konzernen wurde wichtiger als das Wohlergehen der Menschen in unserem Land. Dabei hat der Impuls, den Status quo zu konservieren, keine Parteifarbe. Der Status quo hat alle politischen Lager in Geiselhaft. Anders ist es nicht zu erklären, dass mancher Wahlkampf sich so anfühlt, als sei er an Autos und nicht an Menschen adressiert. Nur so lässt sich verstehen, dass 2023 lieber Sektorenziele aufgehoben werden, anstatt gesetzlich vereinbarte Ziele zu erreichen. Wirtschaftswachstum gilt weiterhin als die Messlatte für eine gesunde Nation, obwohl damit aktuell ganz klar auch das Steigern von Emissionen verbunden ist. Ja, wir erhöhen immerhin die Ausgaben für die Schieneninfrastruktur – aber wie kann das angestrebte Maß positiv konnotiert sein im Vergleich mit der Marodierung qua politischem Interesse und staatlichem Geld in den vergangenen Jahrzehnten? Zumal die Investitionen in den Ausbau von Pkw-Straßen kaum angetastet werden.

Warum sind bis heute die umfassenden wissenschaftlichen Erkenntnisse über die Bedeutung des privaten Autobesitzes für die Verschärfung der Klimakatastrophe nicht in die Politik diffundiert? Es wird sogar der Anstieg von CO_2-Emissionen akzeptiert!

Wir reden viel über das Pariser Klimaabkommen, über CO_2 und 1,5 Grad. So viel, dass es uns vielleicht gar nicht mehr wirklich bewusst ist, was diese Daten und Worte bedeuten. Daher habe ich mit Christian Endt gesprochen, der bei *Zeit Online* als Datenjournalist arbeitet: Zu Beginn unserer Folge von *She Drives Mobility* haben wir über seine Recherche zum Verbrenner-Aus 2025 zunächst genau über diese Rahmenbedingungen, die völkerrechtlich bindend, aber aktuell ohne Auswirkung auf die deutsche Verkehrspolitik sind, gesprochen.

Das Pariser Klimaabkommen war laut Christian ein wichtiger Meilenstein für die internationale Klimapolitik, weil es viel konkreter ist als die ganzen Abkommen vorher. Aber bislang werde das Abkommen nicht in konkrete Politik umgesetzt. »Das sehen wir vor allem im Verkehrsbereich, wo die Emissionen steigen statt sinken.«

Die Überlegung hinter dem Abkommen sei folgende: Damit die Erderwärmung unter 1,5 Grad bleibt – das ist ja das Ziel des Pariser Abkommens –, haben wir als Menschheit eine bestimmte Menge CO_2 als Restbudget. Wenn wir das überschreiten, wird es zu heiß. »Dann schaut man, was wäre ein fairer Anteil für Deutschland an diesem Budget. Daraus ergibt sich dann eine Jahreszahl, zu der das Budget aufgebraucht ist. Dann muss streng genommen Schluss sein mit allem, was im großen Stil CO_2-Emissionen verursacht: Kohle verbrennen, Auto fahren, mit Gas heizen, fliegen. Die Bundesregierung peilt 2045 an. German Zero sagt, laut dem Pariser Abkommen muss es 2035 sein. Ich finde deren Berechnung plausibel.«

Klarheit hatte Volker Wissing beim Amtsantritt, er wandte sich in Interviews, die vor seiner ersten Bundestagsrede lagen, deutlich gegen E-Fuels[37], positionierte sich gegen Plug-in-Hybride und statuierte, dass die Automobilität vollelektrisch zu gestalten sei. Doch bereits kurz nach diesen in Medien platzierten Aussagen ruderte der Bundesverkehrsminister in seiner ersten Rede zurück.[38]

Vielleicht auch als Reaktion auf deutliche Abwehr beim Verband deutscher Automobilindustrie (VDA). So erklärte die Präsidentin des Verbands, Hildegard Müller: »Selbstverständlich brauchen wir E-Fuels auch für den Straßenverkehr.«[39] Und schon waren alle beruhigt, zumindest jene, die am Status quo der Autoabhängigkeit und der Belastung durch den Autoverkehr nichts verändern wollten. Volker Wissing wurde von der *Bild* sogar zum »Anwalt der Autofahrer« gekürt[40]. Puh…

Das Verbrenner-Aus wurde europaweit auf 2035 datiert, das war schon vor der aktuell amtierenden Ampelkoalition Konsens im EU-Parlament. Gegen den Volker Wissing 2023 aufbegehrte, als es im März wie geplant zur finalen Einigung kommen sollte. Der Streit drehte sich um einen Passus, mit dem auch Verbrenner zugelassen werden sollten, die mit E-Fuels getankt werden. Das Parlament dachte dabei an Einsatzfahrzeuge – unsere Regierung an private Pkw. Und sicher auch an die Auto- und Zulieferindustrie, da diese dann weiter die entsprechenden Teile bauen und produzieren kann, die es für vollelektrische Pkw nicht benötigt. Auf EU-Ebene sorgte dieser Vorstoß für einen ziemlichen Eklat bei den Partner:innen. Um überhaupt zu einer Einigung zu kommen, wurde dieser Passus dann aufgenommen. Claudia Kemfert bezeichnete diese Entscheidung pro E-Fuels als »Wahlkampf-Klimbim«.

Wir alle wissen: Mobilitätswende ist keine Antriebswende. Dennoch ist es von großer Bedeutung, dass die wenigen Autos, die zukünftig noch notwendig sind, vollelektrisch fahren. Denn das ist der energieeffizienteste Antrieb, der vor Ort geladen werden kann. Damit werden wir endlich autark von fossilen Schurken und Brennstoffen, die uns die Zukunft zerstören. Dafür notwendig ist unter anderem eine neue Denke von Energie – in Netzen, in Systemen, in Speichern.

Die in den vorherigen Regierung teilweise noch gar nicht in den Köpfen war.

Jürgen Blümer ist Projektleiter Digitalisierung der Energiewende bei Lackmann und trat mit mir in Kontakt, weil er in Sachen Ladeinfrastruktur für Deutschland als DIN-Norm-konform agierender Ingenieur viele haarsträubende Momente erlebte. »Ich beschäftige mich mit der IT-Infrastruktur für die intelligenten Messsysteme und der Fernauslesung von Daten, damit wir die Energiewende im Stromnetz hinbekommen«, berichtet er. »Auch bei der Antriebswende spielen die intelligenten Messsysteme eine wichtige Rolle, weil sie den Strom zur richtigen Zeit an die richtige Stelle bringen.«

Deswegen sei er 2017 beim Bundeswirtschaftsministerium zu Sitzungen gegangen, um die Herausforderungen zu diesem Thema kennenzulernen. Und das Erste, was ihn wunderte: »Warum haben sich die tollen Start-ups, die Ladeinfrastruktur einbauen, nie um das Eichrecht gekümmert? Die hätten nämlich Ladesäulen eingebaut, die nicht dem deutschen Eichrecht entsprechen.

Man habe also einfach irgendwas eingebaut, um eine

Ladeinfrastruktur hinzustellen – ohne jedoch überall die richtigen Zähler zu haben. Immer meckerten alle rum, dass Deutschland so kompliziert sei«, sagt Jürgen. »Hätte man vorher die Gesetzeslage gelesen, wäre das alles jedoch gar nicht so kompliziert gewesen. Doch das war noch nicht alles. Dann erfahre ich, öffentliche Infrastruktur muss öffentlich zugänglich sein, behinderte Menschen einschließen, inklusiv sein. Das hatten die Verantwortlichen beim Aufbau der Ladeninfrastruktur allerdings wohl auch nicht gelesen und die Dinger einfach da hingebaut, wo Platz war«.

Das ist ein Thema, das mich massiv aufregt. Zum einen wurde in diesem Zusammenhang das Wort »barrierefrei« genutzt, um den Sachverhalt zu beschreiben, dass mit einer Karte überall geladen werden kann. »Laden wie Tanken« war das Schlagwort, aber beileibe nicht der Zugang für Behinderte zu Ladesäulen. Erst im März 2023 erschien ein Leitfaden[41], der zusammen mit dem gemeinnützigen Verein Sozialhelden e. V. entwickelt wurde – also mit den Menschen, die zwingend auf echte Barrierefreiheit von Ladesäulen angewiesen sind. Wieder einmal hatte die sogenannte gesunde und technikbegeisterte Gesellschaft vergessen, beim Aufbau einer völlig neuen Infrastruktur alle mitzunehmen.

Im Gegenteil: Sie schloss bis zu diesem Beitrag Menschen mit Einschränkungen aktiv von der Nutzung von Ladesäulen aus. Nur mal zur Einordnung: Über zehn Millionen Menschen mit einer amtlich anerkannten Behinderung leben in Deutschland. 7,8 Millionen von ihnen sind schwerbehindert und haben einen Schwerbehindertenausweis. Schon bei der bestehenden Infrastruktur von Parkhäusern und Parkplätzen war nur zu 36 Prozent[42] ein barrierefreier Zugang möglich. Umso schwerer wiegt es, dass sogar beim Aufbau neuer Anlagen Barrierefreiheit zunächst kaum eine Rolle spielte.

Ein Elektroauto soll möglichst immer auch zu Hause geladen werden können und einen Beitrag zur Stützung der

Energiewende leisten. Stichwort bidirektionales Laden – also Entnahme von Strom aus dem Netz als auch dem Zurückeinspeisen ins Stromnetz. Was jedoch langfristig auch Folgen haben dürfte, an die laut Jürgen wenige denken: »Wenn ich immer zu Hause mein Auto voll Energie packen kann oder bei meinem Arbeitgeber oder da, wo ich Brötchen kaufe –, dann fällt das Geschäftsmodell von Tankstellen Stück für Stück in sich zusammen. Dann verkauft die Tanke keine Brötchen mehr, sondern der Bäcker verkauft Strom.

Wir bauen etwas komplett Neues mit der Umsetzung der Energiewende«, fasst Jürgen zusammen. »Wir schreiben die Normen, während die Infrastruktur eingebaut wird. Und bis zu diesem Meeting beim BMWK mit der Eichrechtsproblematik hat es diese Austauschplattform mit allen Beteiligten in ihren verschiedenen Rollen nicht gegeben. Erst dadurch, dass dieses Megaproblem mit den eichrechtkonformen Ladesäulen-Zählern aufgetaucht ist, wurde eine kontinuierliche Plattform entwickelt, wo man miteinander spricht und den Fortschritt bei Ausbau der Ladesäulen-Infrastruktur nachschaut.«

Ich selbst mag Technologie ungemein, wenn sie eine Lösung und nicht neue Probleme schafft – und wenn sie so ausgerichtet ist, dass keine Reboundeffekte[43] auftreten. Beispiel aus der Mobilität ist, dass trotz besserer Motorentechnik die Emissionen steigen, weil Autos größer und schwerer werden, was mehr Spritverbrauch verursacht. Gleiches gilt auch für den Energieeinsatz bei wuchtigen Elektro-SUV. Und mal ehrlich: Menschen, die diese Trümmer fahren, wird ja auch ein gutes Gefühl vermittelt, weil alle auf die Antriebswende starren, als sei sie der Kern der Mobilitätswende. Es ist absurd, einen Pkw zu kaufen, der durch das reine Gewicht enorm und unnötig viel der geladenen Energie verbraucht – anstatt zu schauen, ob für den Alltag in der Stadt nicht kleine Stromer oder gar Carsharing in Kombination mit der Bahn die bessere Wahl (für alle) wäre.

Überbordender Technologieoptimismus verhindert bis heute erfolgreich, dass sich Zulassungszahlen und Emissionen verringern. Es wird versprochen: Alles kann so weitergehen wie bisher, es kommen nur noch weitere phantastische Technik-Gadgets wie Hyperloops und Flugtaxis hinzu.

Nun, zunächst einmal mag die Welt in Deutschland vielleicht stillstehen, aber die Welt dreht sich nicht um Deutschland und diesen merkwürdigen Sonderkurs, sondern die Welt steigt aus dem Verbrenner aus – und in die Elektromobilität ein. Forschende vom Potsdam-Institut für Klimafolgenforschung (PIK) haben im März 2023 Daten zum weltweiten Stand von E-Fuel-Projekten analysiert.[44] Falko Ueckerdt vom PIK sagt: »E-Fuels sind wahrscheinlich noch lange knapp. Selbst wenn der Markthochlauf so schnell passiert wie beim Wachstumschampion Solar-Photovoltaik, würde das globale Angebot in 2035 nicht einmal ausreichen, um die unverzichtbaren deutschen Bedarfe für Luftverkehr, Schifffahrt und Chemie zu decken.« Das macht deutlich, dass E-Fuels heute nicht kommerziell verfügbar und es weltweit nur sehr wenige Demonstrationsanlagen gibt, darunter auch die von Porsche in Chile (Patagonien), wo bisher gerade mal 350 Liter am Tag produziert werden. Bis 2035 sind 60 neue E-Fuel-Projekte angekündigt, von denen aber nur ein Prozent mit einer finalen Investitionsentscheidung gesichert sind.

Alle diese weltweiten Projekte entsprächen nicht mal 10 Prozent der »unverzichtbaren« E-Fuel-Bedarfe Deutschlands. Plus: »Aus den Investitionen der Pilotanlage in Chile (Haru Oni, ~74 Mio. Dollar) würden sich Kosten von etwa 50 EUR pro Liter E-Fuel ergeben. Sobald sich die Produktion von E-Fuels in industriellem Maßstab mit Direct-Air-Capture[45] etabliert, können sich zunächst Produktionskosten von etwa zwei Euro pro Liter einstellen. Das entspricht dem Vierfachen des typischen Großhandelspreises von fossilem Benzin von etwa 0,50 EUR pro Liter. Für Kostenparität mit fossilen Energieträgern wären dann CO_2-Preise in der Größenordnung von etwa 1000 EUR/tCO_2 notwendig. Hier riecht es ganz schön nach Verbraucher:innen-Täuschung, finden Sie nicht auch? E-Fuels machen überall dort Sinn, wo nicht elektrifiziert werden kann, das sagt auch das PIK, etwa im Schiffs- und Flugverkehr sowie in der Großindustrie. Aufgemerkt! Selbst der ADAC bescheinigt hohe Wirkungsverluste, von der eingesetzten Energie kommen maximal 15 Prozent am Autorad an, während beim Elektroauto bis zu 80 Prozent möglich sind.«[46]

In einer Studie von Transport and Environment (T&E) wurden die Emissionen berechnet, die Autos ausstoßen, die 2030 verkauft werden, einschließlich Herstellung und Betrieb. Ergebnis: Elektroautos stoßen im Vergleich zu Verbrennern 78 Prozent weniger Emissionen aus. Fahrzeuge, die teils mit E-Fuels und teils mit Benzin betrieben werden, reduzieren die Emissionen nur um fünf Prozent. Wenn ein Auto ausschließlich mit E-Fuels betrieben wird, emittiert es immer noch deutlich mehr als ein Elektroauto. Dies ist auf die Verluste bei der E-Fuels-Herstellung und den ineffizienteren Verbrennungsmotor zurückzuführen. Mit der gleichen Menge an erneuerbarer Energie fährt ein batterieelektrischer ID.3 von Volkswagen fünfmal weiter als ein mit E-Fuels betriebener VW Golf.

Noch ein kurzer Schlenker zum Agro-Sprit, der greenwashed auch gern »Biosprit« genannt wird. Hier geht es um die Entscheidung: »Teller oder Tank«. Denn getankt werden häufig Lebensmittel. Zu fast drei Vierteln besteht dieser »Bio«-Sprit in Deutschland aus Agrarerzeugnissen. Das sind Nahrungsmittel wie Raps, Soja, Mais oder Weizen. »Bio«-Kraftstoff ist tatsächlich ein grob irreführender Name, denn um Bio-Anbau geht es hier nicht. Die Pflanzen für den deutschen Agrokraftstoff werden zum Großteil importiert – häufig aus fernen Ländern wie Brasilien oder Australien.

Allein auf der Fläche, die in Deutschland der getankte Agro-Sprit belegt, könnten genug Nahrungsmittel angebaut werden, um den Kalorienbedarf von bis zu 35 Millionen Menschen zu decken. Angesichts von über 700 Millionen Menschen, die weltweit von Hunger bedroht sind, ist die Verbrennung von Essen in Autos zynisch und verantwortungslos.[47]

Und hiermit bin ich schon wieder in eine Falle getappt, vor der mich Thomas Laschyk, Gründer von *Volksverpetzer*, gewarnt hat: Ich verschwende meine Energie an die Korrektur von Desinformationen. Ich solle aufhören, hinter den Fake News bestimmter Parteien wie ein Besenwagen herzufahren und aufzuräumen, denn genau das wollen sie mit ihren Nebelkerzen erreichen.

Was heißt das alles nun in der konkreten Ableitung für ein Verbrennerverbot für Neuwagen, aber auch allgemein für Verbrenner auf unseren Straßen? Christian Endt von *Zeit Online* hat es berechnet:

»Klimaneutral bis 2035 heißt eben: 2025 können noch ein paar neue Verbrenner-Autos auf die Straße, die fahren etwa zehn Jahre, und dann ist Schluss. Die Leute wollen und können natürlich trotzdem weiter unterwegs sein, aber dann eben per Elektroauto, Fahrrad oder Öffis. Und wie kommen wir dahin? Sind wir auf dem richtigen Weg? Es gibt, wenn man den Koalitionsvertrag der aktuellen Bundesregierung anschaut, ein paar Zielvorgaben. Die schreiben da von klimafreundlichen Alternativen, die sie ausbauen wollen. Das ist zum einen das Versprechen, 15 Millionen Elektroautos auf die Straße zu bringen. Das andere ist, dass sie die Fahrleistung der Eisenbahn verdoppeln wollen. Das heißt, die Leute legen doppelt so viele Strecken im Zug zurück als jetzt. Das würde einen Teil der Autofahrten überflüssig machen. Ein paar Vorhaben gibt es also – aber deutlich zu wenig. Die Klimapolitik der Regierung führt nicht zur Einhaltung des Pariser Abkommens.

Was könnte man also tun? Verbrenner müssen unattraktiver werden, Alternativen attraktiver. Man könnte das Dienstwagenprivileg nur noch für vollelektrische Autos anbieten, City-Mauts einführen für Verbrenner. Steuererleichterungen für Elektroautos ausbauen oder Steuern für Verbrenner deutlich erhöhen. Den Sprit teurer machen. Aber es ist auch klar, so viele Autos, wie wir haben, lassen sich nicht von heute auf morgen durch Elektroautos ersetzen.«

Ich weiß nicht, wie es Ihnen geht, ich verstehe immer weniger, warum noch nicht mal der Klimanotfall und unterschriebene, völkerrechtliche Verträge uns dazu bewegen, Menschen und ihre Gesundheit in den Fokus zu nehmen und Autos endlich zu depriorisieren. Aktuell verursacht der Verkehrssektor (mit steigender Tendenz) deutlich über ein Viertel der Gesamtemissionen, das private Auto hat über 60 Prozent Anteil an den Emissionen im Verkehrssektor. Kurz zur Verdeutlichung: Darin sind auch Schiffs- und Flugverkehre einbezogen! Die hoch individuelle Pkw-Mobilität verschuldet zwei Drittel des gesamten Sektors.

Ein Mensch, der sehr nah an den politischen Entscheidungsprozessen ist, ist Dirk Messner. Er berät als Leiter des Umweltbundesamtes die Regierung, überprüft aber auch die Wirkmacht beschlossener Maßnahmen im Anschluss. Er steigt aufgrund seiner jahrzehntelangen Expertise sogar positiv in unser Gespräch ein, erkennt er doch an, dass es bei aller Schwere der Debatte und des Nichthandelns auch Erfolge für die Klimawissenschaft gab.

»Was vor einer Dekade utopisch klang, ist heute Mainstream – auch wenn es bei der Umsetzungsgeschwindigkeit gewaltig hapert. Aber Einigkeit besteht in Europa, in nahezu allen Internationalen Organisationen und großen Teilen der

Wirtschaft: Wir müssen die Emissionen Richtung null bewegen. Was für ein Erfolg für die Klimaforschung! Wir haben die Konzepte, wir wissen, welche Technologien wir haben, wo wir technologisch noch was machen müssen. Wir wissen, welche sozialen Innovationen möglich sind. Und jetzt sind wir in den Mühen der Ebene. Das können industrielle Interessen sein. Das können Bürgerinnen und Bürger sein, die erschöpft sind von Pandemien oder dem Russlandkrieg. Dennoch habe ich diesen positiven Blick. Wir haben den Diskurs in Gang gesetzt.«

Dirk analysiert die Gründe für den Stillstand der Transformation im Verkehrssektor: »Ich sehe zwei generelle Blockademechanismen, mit denen wir uns auseinandersetzen müssen. Das eine sind die industriellen Interessen. Wer einen Verbrenner verkauft, der täte das gerne noch die nächsten 40 Jahre, weil das eine Gelddruckmaschine ist. Und die zweite Blockade entsteht durch Bürgerinnen und Bürger, die sich eingeschränkt fühlen, die sich Sorgen machen, wie das weitergeht, die sich fragen, ob sie sich das leisten können.« Wir sprachen über Strategien in der Klimakatastrophe. Das, was ich im Konzern lernte: Ziele definieren und per Meilenstein die Schritte definieren, die auf dem Weg zum Ziel das Vorankommen beweisen. Statt Führungskraft im Bundesverkehrsministerium wirkt das dortige Handeln eher wie eine fast phlegmatische Verwaltung des Status quo. Uninspiriert. Ohne Zielbild und Vision. Einfach noch mehr von dem, was jetzt schon schiefläuft.

Dirk Messner stellt sich in seiner Arbeit nicht nur wissenschaftlich der Zukunft und dem, was heute geschehen muss, damit diese lebenswert bleibt, er stellt sich auch die Frage: Wie wollen wir in Zukunft leben? Eine Frage, die ich in der Arbeit des Bundesverkehrsministeriums nicht so verankert sehe, dass sie Lebensqualität und Klimagerechtigkeit für alle bedeuten würde. Geschweige denn, dass ich ein konkretes

Zielbild vor Augen hätte, an welcher Welt von morgen dort gearbeitet wird.

Lassen Sie uns an dieser Stelle gedanklich aufs Fahrrad steigen und eine Runde mit Claudia Kemfert plaudern. Sie ist eines der Geschenke, die mir mein »neues Leben« seit meiner Selbständigkeit neben aller Schwere, die das täglich auch bedeutet, gemacht hat. Denn wir können uns mit viel Humor und gegenseitigem Rückenwind darüber austauschen, was der aktuelle Backlash, auch gegen renommierte Wissenschaftlerinnen wie Claudia, bedeutet, wer die Initiator:innen hinter diesem sind und welche Fakten sie aus der Debatte verdrängt sehen möchten.

Claudia ist Wirtschaftswissenschaftlerin, Buchautorin und Leiterin der Abteilung Energie, Verkehr und Umwelt am Deutschen Institut für Wirtschaftsforschung (DIW). Es braucht Wissenschaftlerinnen wie Claudia, die es sich zur Aufgabe gemacht haben, nicht nur zu forschen und die Ergebnisse ihrer Forschung der Öffentlichkeit zugänglich zu machen, sondern die diese Ergebnisse auch aufbereiten für jene, die nicht zig akademische Grade haben. Das gefällt natürlich einmal jenen Wissenschaftler:innen nicht, die bewusst im Elfenbeinturm bleiben und ihren Glanz darüber messen, welche Paper von ihnen zugelassen werden, aber eben auch jenen, die keine Veränderung wollen. Die alles daran setzen, die bedrohliche Lage zu negieren oder auch die Maßnahmen, die es zu ergreifen gilt. Leider – so erzählte es mir Claudia in unserem Gespräch – gehören dazu auch Politiker:innen der aktuellen Ampelkoalition in Berlin.

Und eben diese Taktik, im Koalitionsvertrag zwar festzulegen, dass die Fahrgastzahlen im ÖPNV verdoppelt und der Radverkehrsanteil deutlich erhöht werden sollen, daran aber gleichzeitig nicht so fokussiert zu arbeiten, wie es zur Zielerreichung notwendig wäre – das entlarvt Claudia recht deutlich.

Sie sagt: »Was mich stört? Einerseits setzt sich die Bundesregierung Ziele, andererseits hält sie diese nicht ein. Und das ist ja das, was auch junge Menschen immer mehr auf die Straßen treibt oder sie dazu bringt, sich festzukleben. Jeder muss sich an ein Gesetz halten, wir sind alle dazu verpflichtet in diesem Land. Das aber macht die Bundesregierung nicht, sie erfüllt das aktuelle Klimagesetz nicht. Genau das hat das Bundesverfassungsgerichtsurteil verdeutlicht. Durch das heutige unzureichende Handeln beim Klimaschutz wird die Freiheit der künftigen Generation eingeschränkt. Die Jugend hat recht. Beim Klimagesetz ist es fatal, die Sektorziele aufzuheben. Das ist eine neue Welt, in der Politik Ziele nicht einhält und dann einfach die Gesetze so ändert, damit es wieder passt. Das ist beispiellos.

Mobilitätswende scheint aktuell eher darin zu bestehen, den Anschein zu erwecken, dass mit etwas mehr Geld für die Bahn und Fahrradwege-Ausbau alles getan sei. Dabei liegt der wahre Fokus weiterhin auf Stärkung des Straßenverkehrs und nicht auf Emissionsminderung. Dabei verabschieden sich ja sogar die Autokonzerne mehr und mehr von den Geschäftsmodellen des Verbrennungsmotors.«

Dieser Analyse folgend eine Nachricht aus dem Herbst 2023: »Beschleunigt umgesetzt werden sollen auch 138 Autobahnprojekte, bei denen es vor allem um zusätzliche Fahrspuren geht.« »Wenn die Ampel heute noch weit über 100 Autobahnprojekte als ›im überragenden öffentlichen Interesse‹ bezeichnet, dann zeugt das von überragendem Desinteresse am Schutz von Natur und Klima«, sagte Lena Donat von Greenpeace. Jeder weitere Kilometer Autobahn zerstöre Natur, verursache noch mehr Stau und verschwende viele Millionen Euro Steuergelder.[48]

Ich frage mich: Wie kann das sein? Warum akzeptieren auch die Grünen, in Person des Vizekanzlers und Wirtschaftsministers Robert Habeck, solche Entscheidungen, die fulminant in die falsche Richtung lenken? Im Januar 2023 sagte Habeck zur Einsparung von CO_2-Emissionen im Verkehrsbereich: »Das können Volker Wissing und ich ohne Schaum vorm Mund ganz einvernehmlich feststellen, weil das immerhin erreicht wurde: Dass wir gemeinsam festgestellt haben, dass es eine große Lücke bis 2030 gibt. Die ist so groß, dass die bisherigen Maßnahmen nicht ausreichen. Das Verkehrsministerium sagt: es ist ein bisschen weniger, wir sagen: ein bisschen mehr. Wichtig ist aber vor allem: Wir sind uns einig, dass eben eine große Lücke noch geschlossen werden muss.«[49] Ja wow – Applaus?!

Und dann im März 2023, in einem großen Interview in der *Zeit*, also nichts, was ein Politiker mal so eben auf dem Flur statuiert, sondern umfänglich abstimmen lässt: »Ein Ergebnis des Koalitionsausschusses ist, dass in dieser Regierung im Verkehrsbereich nicht mehr möglich sein wird.«[50] Ich gebe zu: Das war – nach der Äußerung von Robert Habeck, dass »Lützerath das falsche Symbol«[51] sei – der zweite Schlag im Jahr 2023 tief in meine Magengrube. Woher sollen Menschen wie viele andere und ich, die wir seit Jahrzehnten an der überfälligen sozial und damit auch klimagerechten Mobilitätswende arbeiten, unseren Schwung nehmen, wenn nicht von einem grünen Wirtschaftspolitiker an der Spitze unseres Landes? Ich mache weiter, weil ich gar nicht anders kann – aber ich kann durchaus verstehen, dass anderen bei solchen Statements auch mal die Luft ausgeht, weil sie das Gefühl haben, nicht nur gegen die »üblichen Verdächtigen«, sondern auch gegen die Bundesregierung selbst tätig sein zu müssen. Denn darum geht es letztlich. Den Verkehrssektor zu dekarbonisieren, ist kein »nice to have«, sondern ein Muss, das wir völkerrechtlich zugesagt haben. Mit dem Vertrag von Paris, unserem eigenen Klimaschutzgesetz und dem Klimaurteil des Bundesverfassungsgerichtes. Was für ein Vorbild soll das sein, das sich nicht an profunde Grundlagen unserer Demokratie hält?

Und ja: Volker Wissing ist natürlich das größere Problem in seiner Verweigerung, sowohl Emissionen als auch Pkw-Zulassungszahlen deutlich zu vermindern. Er hat keine einzige fossile Subvention in der Mobilität abgeschafft, also Gelder, die einen Mobilitätskonsum Richtung Emissionssteigerung drängen. Was sind seine Hintergründe? Denn wenn wir den Volker Wissing zu Beginn der Koalition mit dem von heute vergleichen, tun sich Abgründe auf. Vor seiner offiziellen Ernennung zum Verkehrsminister präsentierte sich Wissing prominent in großen Zeitungen, seine erste Rede nach Amtsantritt wurde mit Spannung erwartet. Auch hier sprach er zunächst mit den Medien, bevor er am Rednerpult im Bundestag stand. Namentlich mit dem *Tagesspiegel:*

»Volker Wissing verlässt überraschend die Linie seiner Partei: Der FDP-Minister setzt nun auch voll auf batterieelektrische Pkw und erteilt E-Fuels eine Absage. Auch für mehr Tempo 30 zeigt er sich offen. Heute Abend tritt Volker Wissing erstmals als Verkehrsminister vor die Abgeordneten des Bundestags, um seine Pläne für die nächsten vier Jahre zu erklären. Doch schon zuvor machte der FDP-Politiker publik, dass er nicht an eine Zukunft des Verbrennungsmotors in Pkw glaube. ›Wir müssen die verschiedenen Energieträger dort einsetzen, wo sie am effizientesten sind. Das ist beim Pkw der E-Antrieb‹, sagte Wissing dem Informationsdienst *Tagesspiegel Background.*«[52]

Wie kann es nach einem solch meinungsstarken und selbstbewussten Aufschlag zu einer anschließend öffentlichen Selbstdemontage kommen? Denn natürlich wird so eine erste Rede massiv vorbereitet. Sich gegen den eigenen Parteiwillen zu stellen, weil die Vernunft und die Fakten es fordern, ist ein enorm starkes und richtiges Signal. Von diesem abzuweichen, bedeutet hingegen Schwächung der eigenen Person.

Denn kein:e Politiker:in geht gern öffentlich Schritte rückwärts nach einer ersten und damit wichtigen Positionsbestimmung.

Wirtschaftswissenschaftlerin Claudia Kemfert ordnet weiter ein: »Die Zukunft der Mobilität ist smart, vernetzt, digital, elektrisch und emissionsfrei. In Zukunft werden Menschen immer weniger ein eigenes Fahrzeug selbst besitzen und fahren. Mobil zu sein heißt nicht, mit dem eigenen Fahrzeug unterwegs zu sein. Mobilitäts-Dienstleistungen, Digitalisierung und KI werden die Zukunft der Mobilität bestimmen. Für Autohersteller bedeutet das umzusteuern: auf Elektromobilität, vernetzte, kommunizierende und autonom fahrende Fahrzeuge sowie die Bereitstellung von Mobilitäts-Dienstleistungen aller Art. In der Zukunft werden Autohersteller weniger Fahrzeuge, dafür mehr Mobilitäts-Dienstleistungen verkaufen.«

Claudia ist durch ihre Tätigkeit in Beiräten der Bundesregierung nah dran an den Entscheidungen. Sie berät – muss aber auch in der aktuellen Ampelkoalition feststellen, dass die Stimme der Wirtschaft immer noch mehr durchdringt als die Stimme der Wissenschaft. Das ist für mich der größte Beweis, was kognitive Dissonanz in Tagen wie diesen bedeutet: Eltern debattieren am Frühstückstisch noch mit ihren Fridays-for-Future-Kindern über Details der Klimakatastrophe, um dann an ihre Arbeitsplätze in der Politik oder Industrie zu gehen, wo sie eine gewisse Macht zur Gestaltung haben – aber eben nichts in deren Sinne zu bewegen oder zu verändern. Zumindest nicht im Mobilitätssektor, denn dort steigen Emissionen und Zulassungszahlen von Pkw. Klarer Beweis eines gewollten »Weiter-so«.

Hervorheben möchte ich auch eine Analyse von Alexandra Föderl-Schmid, stellvertretende Chefredakteurin der *Süddeutschen Zeitung*, die es – wie viele andere auch – von Beginn an als Fehler ansah, das Verkehrsministerium der FDP zu überlassen und es nicht in ein größeres Ministerium zum Klimaschutz einzubetten. Ihre Analyse geht jedoch noch einen Schritt weiter und nimmt damit eine Blickrichtung ein, die auch ich teile, da ich die österreichische Klimaschutzministerin Leonore Gewessler ehrenamtlich beraten darf. Denn auch das Ministerium von Habeck ist wie das von Gewessler angetreten, den Klimaschutz unter einem Dach zu vereinen:

»Die Grünen hätten sich beim Zuschnitt der Ministerien an Österreich orientieren sollen. Ihre Parteifreundin Leonore Gewessler führt seit Anfang 2020 das Bundesministerium für Klimaschutz, Umwelt, Energie, Mobilität, Innovation und Technologie – das ist tatsächlich ein Superministerium, das dieser Bezeichnung gerecht wird. … Gewessler scheute auch nicht davor zurück, geplante Straßenbauprojekte wie den Lobautunnel in Wien zu stornieren. Das sorgte für Verärgerung bei anderen Parteien, verschaffte den Grünen aber Glaubwürdigkeit, dass sie es ernst meinen mit Klimaschutz. Habeck hat weitaus weniger Eingriffsmöglichkeiten, sein angebliches Superministerium ist nicht ganz so super mit Kompetenzen für die Durchsetzung einer effektiven Klimaschutzpolitik ausgestattet.«

Und zum Verkehrsbereich, der eben nicht wie in Österreich eingegliedert wurde, sagt sie:

»Der fatale Konstruktionsfehler ist aber, dass dem Klimaschutzministerium die Kompetenzen für den Verkehrsbereich fehlen. Ob Deutschland seine Klimaziele schafft, entscheidet sich nicht nur bei der Energiegewinnung und der Industrie. Der Verkehrssektor ist derzeit für etwa ein Fünftel der Treibhausgas-Emissionen in Deutschland verantwortlich. Während in anderen Sektoren seit 1990 zum Teil deutliche Reduktionen erzielt wurden, sind die Emissionen des Verkehrs sogar leicht angestiegen – vor allem auf den Straßen.«[53]

Wäre ich eine Excel-Tabelle und würde ich gefragt: Wo

sollten wir ansetzen? Ich würde das Auto rot markieren. Fällt Ihnen jedoch eine Maßnahme der aktuellen Regierung ein, die Autokonsum auf ein gesundes Maß zurückbringen möchte? Eine sozial und klimagerechte Mobilitätswende hat ausschließlich positive Effekte für das Individuum und die Gesellschaft. Neben der massiven Reduktion von Treibhausgasen wird auch die Lärmbelastung, das Mikroplastik, die Versiegelung und damit Erhitzung oder Überflutung von Lebensräumen minimiert. Vor allem Menschen in Armut und andere vulnerable und marginalisierte Gruppen profitieren, wenn wir uns vom Auto weg und dem Menschen zuwenden. Gut ausgebauter, verlässlicher Nahverkehr, sichere, komfortable Radwege, all das würde Menschen mobilisieren, die sich heute kein Auto leisten können, und Menschen von einem hohen Geldbetrag befreien, den sie im Monat für ihr Auto ausgeben müssen. Und Julian Wékel ergänzt: »Und schließlich ist die Verkehrswende volkswirtschaftlich sinnvoll: Die externen Kosten des Straßenverkehrs durch Unfälle, Umwelt- und Klimabelastung summieren sich allein in Deutschland auf 149 Milliarden Euro jährlich.«[54]

Ich sehe den Kern der Mobilitätswende in der Kommunikation, nicht in der Technik. Ähnlich liegt auch der Kern des Erfolges vom Auto in den Narrativen und Versprechen, nicht in der Realität, so etwa die Erzählung vom privaten Glück, das ohne Auto kaum denkbar ist, weil der Pkw es erst ermöglicht. Das Versprechen der Nachkriegszeit von einer wieder erstarkenden Nation und ihren Einwohner:innen, die den Schrecken der Kriege hinter sich lassen und sich ins Private zurückziehen wollten, passte perfekt zum Beginn der Massenmotorisierung in Deutschland.

Kommen wir doch einfach zum nächsten weisen Mann, den ich interviewen durfte. Ähnlich wie Professor Knoflacher in Österreich ist der deutsche Geograph Heiner Monheim ein umtriebiger Wissenschaftler pro wahlfreie Mobilität. Spannend an unserem Austausch: Heiner Monheim nutzt direkt zu Beginn das Wort Tabu. »Gerade aufgrund ihres stillschweigenden, impliziten Charakters unterscheiden sich Tabus von den ausdrücklichen Verboten mit formalen Strafen aus dem Bereich kodifizierter Gesetze.« Sagt Wikipedia. Und ich muss schmunzeln. Denn das ist genau die Diskussion, die ich gern mit Menschen führe, die mir vorwerfen, ich wolle alle Autos abschaffen.

Gerade, wo ich dies hier schreibe, wird wieder auf einem sozialen Medium über mich diskutiert. Mir wird vorgeworfen, keine Grautöne zu kennen und absolut zu fordern. Mir wird Emotionalität und Irrationalität unterstellt. Und ich schaue das Gegenüber an, das meist sehr hektisch und laut (das geht auch online) argumentiert, und denke: Projektion? Denn mir ist gar nicht an einem Absolutum gelegen. Das Absolutum oder der Default-Modus ist ja die Automobilität. Diese wird nicht hinterfragt. Schon indem ich Fragen stelle, begehe ich den Tabubruch. Da ich die Realität hinterfrage, in der viele sich eingerichtet haben. Auf Kosten anderer und nicht selten auch zum eigenen Schaden an Gesundheit und Portemonnaie und Abhängigkeit. Wenn ich dann versuche zu erläutern, wie viele implizite Verbote es für mich als Radfahrerin gibt, dann ernte ich selten Verständnis. Es ist aber so. Ich lege mich fest, dass ich in 100 Prozent der Straßen in Hamburg-Eimsbüttel nie von Autofahrenden überholt werden dürfte. Weil ich qua Gesetz eine Schutzzone von 1,50 Metern links von mir habe. Das ist der Mindestabstand, der innerorts vorgeschrieben ist. Hält sich nur kein:e Autofahrer:in dran.

Ein weiteres Tabu? In Alternativen zu denken. Haben wir verlernt, zu träumen und uns eine bessere Zukunft herbeizusehnen, die wir konkret vor unserem inneren Auge sehen? Warum reisen wir im Urlaub immer an Orte, die autobefreit und ruhig sind – und setzen uns nicht dafür ein, dass das vor unserer eigenen Haustür umgesetzt wird?

Eine 2023 erschienene Studie von Greenpeace zeigt auf, wie eklatant falsch und damit politisch bewusst gesteuert bis heute die Finanzierung der Schiene im Vergleich zur Straße läuft. So wurde zwischen 1995 und 2018 mehr als doppelt so viel (110 Prozent mehr) in Straßen wie in Schienenwege investiert. 278,4 Milliarden Euro in Straßen und 132 Milliarden Euro in Schienenwege. Dieser Trend setzte sich auch von 2018 bis 2021 fort, hier erhielt die Straßeninfrastruktur 84 Prozent mehr Geld. Seit 1995 gab es kein einziges Jahr, in dem Deutschland mehr in die Schiene als in die Straße investiert hat. 2009 erhielten deutsche Straßen sogar fast viermal so viel Investitionen wie die Schiene. Das Verkehrsbündnis »Allianz pro Schiene« schätzt, dass seit 1995 auf netto 2700 Kilometern Schiene der Personenverkehr eingestellt wurde und das deutsche Schienennetz zwischen 1995 und 2020 um 15 Prozent schrumpfte – von 45 100 km auf 38 400 km. Kein anderes Land hat mehr Zugstrecken stillgelegt: Dieser Anteil entspricht 40 Prozent aller in Europa stillgelegten Bahnstrecken. Das deutsche Autobahnnetz ist hingegen seit 1995 um 2002 Kilometer (18 Prozent) gewachsen.[55]

Heiner Monheim zeigt auf, dass so manches Mal bereits die Chance bestanden hätte, guten Vorbildern in Nachbar:innen-Ländern nachzueifern, es aber nie dazu kam. Leider. »1976 habe ich mit der Bundesanstalt für Straßenwesen und dem damals neu gegründeten Umweltbundesamt ein Modellvorhaben für flächenhafte Verkehrsberuhigung gestartet. Wir sind nach Holland gepilgert, haben uns dort die Verkehrsberuhigung und die Radverkehrsplanung angeguckt und waren sehr angefixt davon. Bald darauf ist auch in öffentlichen Publikationen ein neuer Geist zu erkennen gewesen. Es kam jedoch zu keinem Flächenbrand. Obwohl die Niederlande ein erfolgreiches Vorbild waren, obwohl an diesen Plänen großartige Player beteiligt waren, schoben viele diese Pläne wieder in Schubladen.«

Weil die Wucht unaufhaltsam schien, mit der unsere Städte und ländlichen Räume dem Auto untertan gemacht wurden. Auch der Denkmalschutz entstand in dieser Zeit erst langsam. Was heute schon manches Mal wieder Bremse in der Veränderung ist, weil Häuser im Originalzustand belassen werden sollen, war damals noch nicht Thema. Unzählige Baudenkmäler fielen dem Auto zum Opfer.

So auch in vielen Teilen meiner Hauptwohnsitzstadt. Neu-Altona zum Beispiel. Der ehemalige Arbeiter:innenbezirk – auch diese Bezeichnung ein Hinweis darauf, wie nah früher Arbeit und Wohnen verbunden waren, liefen die Menschen doch oft zu Fuß zu ihrer Werkbank – liegt in Hafennähe. Nach dem Krieg war nur noch ein Drittel der kleinen Häuser in den einst verwinkelten Gassen intakt. Diese sollten für die neue Stadtplanung fallen. Der Architekt Ernst May »wird 1954 Planungschef des weltgrößten Wohnungsbaukonzerns Neue Heimat und holt Pläne des Stadtplaners Konstanty Gutschow aus der Schublade, der unter Hitler die Führerstadt Hamburg [...] plante. May wird damit beauftragt, Alt-Altona abzureißen und Neu-Altona zu bauen. Es ist das größte Neubauprojekt der noch jungen Bundesrepublik. 11000 Wohnungen für 40000 Menschen sollen dort entstehen.«[56]

May plant ohne Rücksicht auf die wertvollen alten Strukturen und reißt ein ganzes Quartier in diesem Gebiet ab. In anderen Hamburger Stadtteilen bemüht man sich um Restauration der historischen Gegebenheiten, Neu-Altona hingegen gilt als Modellprojekt für die autogerechte Stadt. »Grundlage für das Bebauungskonzept ist eine strikte Trennung von Wohnen, Arbeiten, Einkaufen und Verkehr.« Und die Trennung findet bis heute nicht nur in den Lebensräumen statt, sondern vor allem auch in unseren Köpfen. Wir haben überall, wo Konsum betrieben werden kann und soll, dafür Sorge getragen, dass vor der jeweiligen Tür auch das Auto abgestellt werden kann. Die Durchfahrbarkeit und Parkplatzdichte einer Stadt wurde zum Qualitätsmerkmal, obwohl unter diesen Aspekten die Lebensqualität der Einwohner:innen und die Aufenthaltsqualität der Räume enorm litten.

Als ich noch in Verkehrsunternehmen tätig war, war es nahezu ein klassischer »Fight« mit IHKs und anderen kommunalen Interessenverbänden wie dem Einzelhandel, dass die »Erreichbarkeit der Innenstadt« nicht gefährdet werden darf. Damit war natürlich nicht der Fuß- oder Radverkehr gemeint, sondern die Forderung, dass Menschen mit dem Auto möglichst bis an die Ladentheke fahren können sollen. Diese Haltung hat sich gedreht, weil nicht zuletzt die Pandemie zeigte, dass die eigentliche Bedrohung lokaler Geschäfte nicht von Radwegen, sondern vom Internet ausgeht. Die neueste Studie, die ich dazu gefunden habe, unterstützt nicht nur die Ergebnisse unzähliger voriger Studien, die zum Ergebnis kamen, dass die Herausnahme von Autoverkehr aus Innenstädten dem Einzelhandel förderlich ist, sie unterstreicht in ihren Ergebnissen sogar die Schädlichkeit von Autoabstellplätzen für den Umsatz von Geschäften.

Die verwendeten Daten stammen aus 400 Einzelhandelsanmietungen in der Innenstadt von Aachen zwischen 2015 und 2022 und decken damit die Phase der Pandemie mit ab – was wichtig ist. Das Ergebnis: Haltestellen des öffentlichen Verkehrs, Fußgängerzonen und öffentliche Parkhäuser in der Nähe erhöhen die Attraktivität von Einzelhandelsstandorten, während viel Parkraum auf der Straße in unmittelbarer Nähe die Attraktivität senkt. Diese Erkenntnis unterstützt den Ansatz, das Parken auf der Straße in den Innenstädten zu reduzieren und den ruhenden Autoverkehr in Parkhäusern zu konzentrieren.[57]

In Berlin gab es 2021 ähnliche Hinweise: »Die große Mehrheit der Einkaufenden – 93 Prozent – hatte die Einkaufsstraßen nicht mit dem Auto erreicht. 91 Prozent des Geldes, das die Kundinnen und Kunden in den lokalen Geschäften ließen, kam aus dem Geldbeutel derjenigen, die zu Fuß, mit dem Rad oder mit dem ÖPNV unterwegs waren. Diejenigen, die zum Einkaufen mit dem Auto in die Stadt fahren, waren also nur für neun Prozent der Umsätze verantwortlich.«[58] 2019 gab es Studien mit gleichlautenden Ergebnissen zu Offenbach, Gera, Erfurt, Weimar und Leipzig. Das Missverhältnis zwischen der nicht faktenbasierten Einschätzung und auch Angst der Einzelhändler:innen vor auto- und parkplatzbefreiten Regionen führen die Forschenden darauf zurück, dass – wie so oft – das eigene Mobilitätsverhalten als Norm missdeutet wird. In Berlin etwa schätzten die Händler:innen, die per Pkw zu ihrem Geschäft kommen, die Autonutzung ihrer Kund:innen auf 29 Prozent, während Händler:innen, die andere Verkehrsmittel nutzen, mit ihren Schätzungen bei zehn bis 19 Prozent lagen. Auch die Entfernung, die Kund:innen zurücklegen, um in den Laden zu kommen, wurde von den autofahrenden Händler:innen deutlich überschätzt. Über die Hälfte (51 Prozent) der Kund:innen wohnen weniger als einen Kilometer entfernt, geschätzt wurden 13 Prozent in Entfernung von bis zu einem Kilometer.

Wenn es gelingt, Stadtzentren attraktiv im Sinne von Aufenthaltsqualität zu gestalten, sorgt eine längere Verweildauer von Besucher:innen automatisch für Konsum. Aufenthaltsqualität entsteht dort, wo weniger Geschwindigkeit möglich wird. Wo sowohl der Raum als auch die Mobilität zurück zum menschlichen Maß finden.

Im Positionspapier der Initiative für lebenswerte Städte, die von Bürgermeister:innen aller Couleur außer der AfD vorangetrieben wird, heißt es:

»Ein wesentliches Instrument ist ein stadtverträgliches Geschwindigkeitsniveau im Kfz-Verkehr auch auf den Hauptverkehrsstraßen. Dort produziert der Autoverkehr in den Städten seine höchste Verkehrsleistung. Dort verursacht er aber auch die meisten negativen Auswirkungen – von den

Lärm- und Schadstoffbelastungen für die dort lebenden Menschen über die Unfallgefahren bis zum Flächenverbrauch. Seit langem wissen wir, dass im Hinblick darauf eine Höchstgeschwindigkeit von 30 km/h erhebliche positive Auswirkungen haben würde:

Die Straßen werden wesentlich sicherer, gerade für die besonders Gefährdeten, die zu Fuß oder mit dem Fahrrad unterwegs bzw. mobilitätseingeschränkt sind.

Die Straßen werden leiser – und das Leben für die Menschen, die an diesen Straßen wohnen, deutlich angenehmer und gesünder.

Bei Gewährleistung eines guten Verkehrsflusses kann auch die Luft in den Straßen sauberer werden, was allen zu Gute kommt, die hier unterwegs sind.

Die Straßen gewinnen ihre Funktion als multifunktionale Orte zurück, die mehr sind als Verbindungen von A nach B.

Und schließlich: die Straßen werden wieder lesbarer, Regeln einfacher und nachvollziehbarer (kein Flickenteppich mehr), das Miteinander wird gestärkt, der Schilderwald gelichtet.

Die Leistungsfähigkeit für den Verkehr wird durch Tempo 30 nicht eingeschränkt, die Aufenthaltsqualität dagegen spürbar erhöht. Und auf die Länge des Straßennetzes bezogen, ist Tempo 30 in den allermeisten Städten ohnehin schon längst die Regel und nicht mehr die Ausnahme. Dies heißt auch: Tempo 30 ist eine Maßnahme für die Städte und Gemeinden und die Menschen, die dort wohnen – es ist keine Maßnahme, die sich gegen den Autoverkehr richtet.«[59]

Auch Till Koglin von der Lund University sieht viel der Magie einer menschenzentrierten Mobilitätswende in lokalen Projekten, nur dass diese gerade bewusst durch Bundesgesetze ausgebremst werden. »Ich denke, auf die Schnelle könnte man in der Kommunalpolitik mit kleinen Dingen richtig viel schaffen.« In Schweden etwa habe das Fahrrad Vorrang: »Tempolimit ist 20, was es natürlich super macht fürs Fahrrad und schlecht fürs Auto.« Auch Parken müsse teurer und limitierter sein – dadurch würde es unattraktiv werden, mit dem Auto zu fahren. Denn wer einen Kilometer vom Stadtzentrum entfernt parken und einen Kilometer laufen müsse, könne genauso gut mit dem Fahrrad oder dem Bus fahren.

Dem entgegen steht das, was heute mit Mobilität verbunden wird, analysiert Heiner Monheim: »In Deutschland ist Mobilität immer noch ganz stark mit Autoverkehr assoziiert, mit Power, immer größeren, schnelleren und schwereren Autos.« Dieses Power-Klischee übertrage sich auf den deutschen Fahrradverkehr. In Dänemark und den Niederlanden sind die Fahrräder meist Alltagsräder. »In Deutschland dagegen müssen die Räder sehr oft sportlich sein.«

Oder, und das ist ein Detail, das ich durch Zukunftsforscher Stefan Carsten kennenlernen durfte: »Wir lassen Politiker:innen mal im wahrsten Sinne des Wortes ›erfahren‹, was Mobilität für die Gesundheit tun kann, wenn wir aus dem Auto aussteigen: In Skandinavien stellt man etwa Bürgermeistern in Vororten, die keinen neuen Radschnellweg haben wollten, für drei Monate ein Fahrrad zur Verfügung – mit der Bitte damit auch täglich zu fahren. Nach diesen drei Monaten wurden zudem medizinische Tests durchgeführt. Ergebnis: Die beteiligten Bürgermeister waren biologisch fünf Jahre jünger – niemand hat sich mehr quergestellt.«

Doch von solch kreativen Lösungen sind wir noch weit entfernt, nicht, weil wir noch nie anders als Autoland waren, sondern weil wir unsere Führungspositionen aufgegeben haben, zugunsten des privaten Pkw, sagt etwa Heiner Monheim. »Deutschland war ein typisches Bahnland, mit dem dichtesten Eisenbahnnetz Europas. Und Deutschland war Straßenbahnland mit über 100 Straßenbahnsystemen. Deutschland war Fahrradland mit bis in die 1960er Jahre sehr hohen Radverkehrsanteilen. Und Deutschland war Fußgängerland mit seinen vielen Wandervereinen. Erst als die Politik aus Deutschland ein Autoland machen wollte, haben wir viele tolle Optionen kaputtgemacht.«

Woran liegt dieser Widerwille, das Offensichtliche zu tun, die überbordende Mobilität mit dem privaten Pkw, die statistisch betrachtet zum größten Teil mehr eine Abstellung denn eine Fahrleistung ist, auf ein gesundes Maß für alle zu bringen? Vor allem aber auch, anzuerkennen, dass die Automobilitäts-Gesellschaft sozial und klimatisch betrachtet toxisch ist. Ein Grund könnte in der Besetzung des Postens des Bundesverkehrsministers liegen:

Aus Sandra Hildebrandts und Claudia Silbers *Zukunft Mikromobilität. Wie wir nachhaltig in die Gänge kommen: Ein Rad-Geber*: »Das Bundesverkehrsministerium wurde noch nie von einer Frau, geschweige denn von einer queeren oder trans* Person geführt. Wie in der Weimarer Republik, unter den Nazis und in der DDR war das auf oberster staatlicher Ebene bisher immer ein Männerjob. In die richtige Richtung hat es uns nachweislich nicht geführt – es war eher eine Einbahnstraße. […] Noch immer verunfallen jährlich viel zu viele Kinder im Straßenverkehr: […] Vielleicht würde eine Bundesverkehrsministerin* dies eher in den Blick nehmen.«[60]

Ich sehe schon Ihr Augenrollen. »Frauen machen auch nicht alles besser. Siehe Frau XY.« Ja, das stimmt! Vor allem auch, weil jene Frauen, die aktuell in Machtpositionen sind, dies zumeist nur zu einem hohen Preis schaffen konnten: sich patriarchal angepasst zu verhalten. Also vieles von dem zu reproduzieren, was Männer in ihrer beruflichen Umgebung tun und vor allem auch ihre männlichen Vorgänger taten. Frauen sind nicht die besseren Wesen, schon gar nicht, wenn sie das toxische Spiel des Machterhalts einfach weiterführen. Frauen

Pull- und Push-Maßnahmen für die Verkehrswende

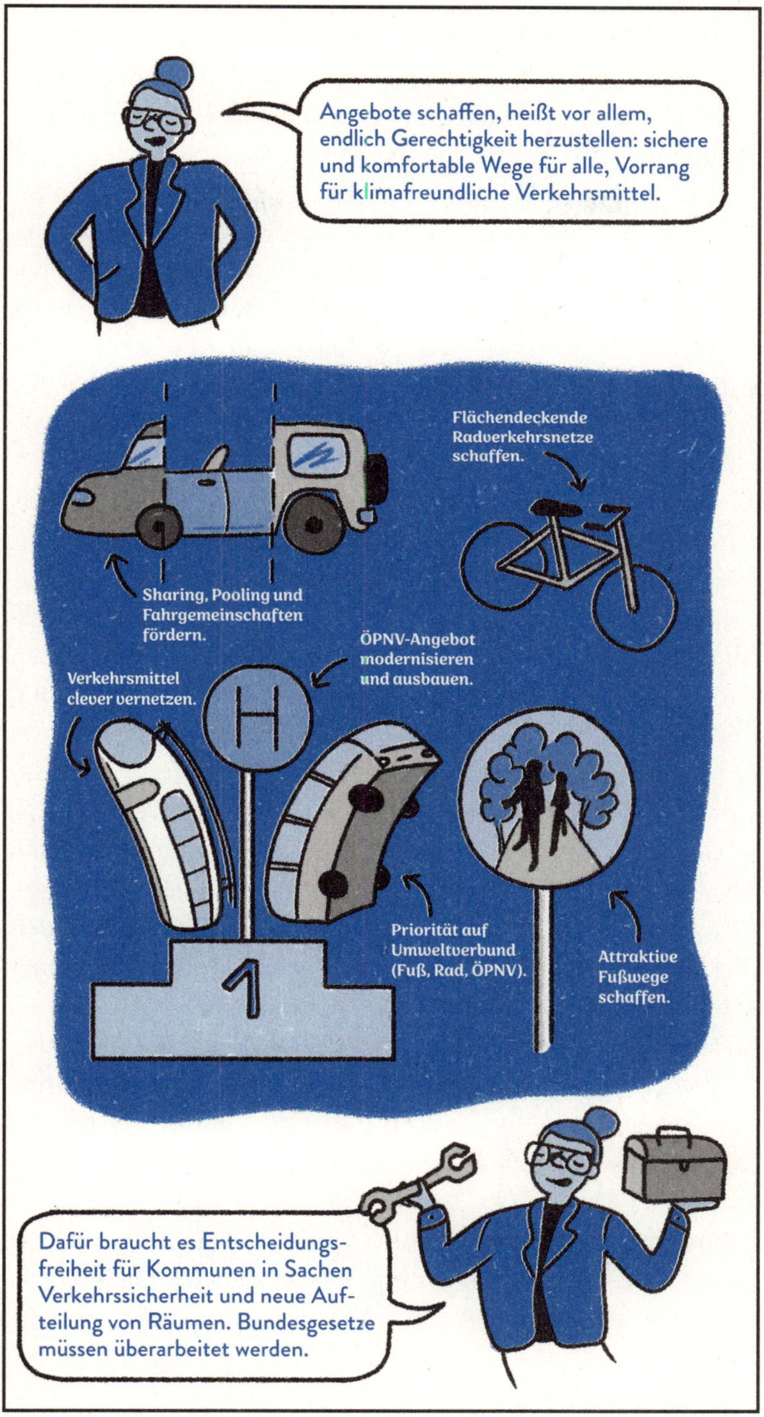
Angebote schaffen, heißt vor allem, endlich Gerechtigkeit herzustellen: sichere und komfortable Wege für alle, Vorrang für klimafreundliche Verkehrsmittel.
Flächendeckende Radverkehrsnetze schaffen.
Sharing, Pooling und Fahrgemeinschaften fördern.
ÖPNV-Angebot modernisieren und ausbauen.
Verkehrsmittel clever vernetzen.
H
1
Priorität auf Umweltverbund (Fuß, Rad, ÖPNV).
Attraktive Fußwege schaffen.
Dafür braucht es Entscheidungsfreiheit für Kommunen in Sachen Verkehrssicherheit und neue Aufteilung von Räumen. Bundesgesetze müssen überarbeitet werden.

haben aber dennoch andere Zugänge zur Mobilität, nicht zuletzt, weil Care-Arbeit bis heute weiblich ist und völlig andere Bedürfnisse an Mobilität stellt als die klassische Lohnarbeitsmobilität.

Susanne Kaiser forscht zum Hass gegen Frauen und marginalisierte Gruppen und schreibt in einem ihrer Bücher sinngemäß: Wenn einmal die Ungerechtigkeit, die mangelnde Diversität an den Tischen der Macht erkannt wird, wenn einmal reflektiert wird, wer überhaupt Zugang zur Macht hat, dann wird diese Erkenntnis wie jede andere nicht mehr zu ignorieren sein. Betrachten wir doch mal den Bundestag und andere Gremien, in denen Entscheidungen auch über die Mobilität der Zukunft gefällt werden. Wer kann in diese Gremien überhaupt gelangen? Kann eine alleinerziehende Frau in Armut lebend hier genau die gleichen Chancen erhalten wie eine gutsituierte Akademikerin? Warum nimmt die Zahl der Frauen (und das ist ja nur der erste Schritt zur Diversität) in manchen Parteien und Gremien sogar wieder ab? Wie viele Menschen mit sichtbarer Einschränkung sind »Volksvertreter:in«?

Michael Sandel fasst in seinem Buch *Vom Ende des Gemeinwohls* zusammen: »Aus allen Parlamenten Westeuropas, in denen das Muster dem der amerikanischen und britischen Erfahrungen ähnelt, verschwinden die weniger gebildeten Mitglieder der Gesellschaft. In Deutschland, Frankreich, den Niederlanden und Belgien ist die repräsentative Regierung fast ausschließlich zum Reservat der akademisch Gebildeten geworden. Selbst in reichen Ländern wie diesen besitzen etwa 70 Prozent der Erwachsenen keinen Uni-Abschluss. Doch nur sehr wenige von ihnen finden ihren Weg ins Parlament. Im Deutschen Bundestag sind 83 Prozent der Mitglieder Uni-Absolventen.«[61]

Susanne ergänzt dieses sehr spezielle Phänomen um ein ganz allgemeines, in das Politik aber eingebettet ist: »Wohin man den Blick auch lenkt, auf Architektur und Infrastruktur einer Stadt, auf den Arbeitsalltag oder auf das Gesundheitswesen, alles ist auf Männer ausgerichtet, nicht auf Frauen.« Das gelte für Crashtestdummys, automatische Türen, Arbeitspensum, Werkzeuge, Geräte und Schutzausrüstung, Schusswesten und Gurte, Medikamente oder auch Herzschrittmacher. Der durchschnittliche Mann ist immer noch das Maß aller Dinge. Frauen sind dadurch einem höheren Gesundheits- und Sterberisiko ausgesetzt. Bei Autounfällen ist die Wahrscheinlichkeit, dass eine Frau ernsthaft verletzt wird, um fast 50 Prozent höher und die Wahrscheinlichkeit, dass sie stirbt, um fast 20 Prozent höher als bei einem Mann.[62]

Dass Diversität und Inklusion für mich Herzensthemen sind, wird keine Person überraschen, die meine Arbeit schon länger verfolgt. Denn im Fehlen dieser für mich zentralen Anforderungen an ein Mobilitätssystem liegt für mich auch eine der Ursachen für den massiven Autokonsum. Und beim Wort Konsum und beim Gedanken an ein Produkt wie das des Autos kommt mir der Gedanke sowohl an meine eigene Berufstätigkeit als auch an mein Marketingstudium: Wie agieren sie eigentlich so, die Herren Verkehrsminister in Berlin? Betrachten wir es als Verkaufsanalyse, Produkt Verkehrspolitik: Wir haben uns als Wähler:innen entschieden, wen wir im Bundestag sehen wollen. Statt eines Kaufvertrages gab es die Abstimmung an der Urne. Die Parteien schlossen sich aufgrund unserer Entscheidung zu einer Ampelkoalition zusammen und legten uns zum Beweis ihres aufrichtigen Wunsches, den Wähler:innen-Willen zu erfüllen, ihr umfängliches Produktprospekt vor, den Koalitionsvertrag der Ampelkoalition.

Darin heißt es wörtlich:

Mobilität

»Wir wollen die 2020er Jahre zu einem Aufbruch in der Mobilitäts-Politik nutzen und eine nachhaltige, effiziente, barrierefreie, intelligente, innovative und für alle bezahlbare Mobilität ermöglichen. Die erforderlichen Entscheidungen zur Erreichung unserer Klimaschutzziele für 2030 und 2045 mit dem Ziel der Dekarbonisierung des Mobilitätsbereiches werden wir treffen und die praktische Umsetzung deutlich beschleunigen. Mobilität ist für uns ein zentraler Baustein der Daseinsvorsorge, Voraussetzung für gleichwertige Lebensverhältnisse und die Wettbewerbsfähigkeit des Wirtschafts- und Logistik-Standorts Deutschland mit zukunftsfesten Arbeitsplätzen. Dafür werden wir Infrastruktur ausbauen und modernisieren sowie Rahmenbedingungen für vielfältige Mobilitätsangebote in Stadt und Land weiterentwickeln.«[63]

Das Prospekt liegt also mit Start der Ampelkoalition vor, in Marketing-Sprech könnten wir es als das Produktversprechen der Ampelkoalition sehen. Und wir Marketeers wissen ja, wie wichtig eine hohe Kund:innen-Orientierung ist!

Leo Roeks von der RWTH Aachen sagt: »Am Anfang der Kunde und seine Bedürfnisse. Dieser banale Grundsatz ist für eine große Minderheit jener Menschen, die zurzeit täglich unterwegs sind, nur ein Lippenbekenntnis, denn bisher stand nicht der Nutzer, sondern ein bestimmtes Verkehrsmittel – das Auto – im Mittelpunkt der allermeisten Planungen. Die Bedürfnisse von Bahnfahrern, Fahrradbesitzern und Nutzern des ÖPNV wurden diesem immer untergeordnet. [...] Bisher haben wir immer mehr und breitere Autobahnen gebaut, mehr Parkhäuser errichtet und die ›Grüne Welle‹ der Ampeln auf den Verbrennungsmotor ausgerichtet – angeblich, um dem Verkehr gerecht zu werden und die freie Fahrt für angeblich freie Bürger zu sichern. Das Ergebnis in diesem Hase-und-Igel-Spiel ist jedoch eindeutig: Mehr Straßen schaffen mehr Verkehr, versklaven uns also noch mehr in unseren egoistischen Blechhüllen anstatt das Übel an der Wurzel zu packen und Verkehr im Sinne der Gemeinschaft aller Bürger ›neu zu denken‹.«[64]

Ich kann dieser Analyse nur zustimmen. Positiv hervorzuheben ist vielleicht die Kontinuität, mit der bisher alle Verkehrsminister vorgingen. Würden wir die verschiedenen Ären dieser Herren auf einen Zeitstrahl packen, so war da – und das werde ich im Anschluss noch etwas detaillierter aufschlüsseln – immer das Auto im Fokus, nicht der Mensch. Es wurden massiv Autostraßen gebaut, zuvor sehr gute Alternativen zum Auto abgebaut oder zerstört, es wurde mit der Pendlerpauschale finanziell angeregt, Wohn- und Arbeitsort weit voneinander entfernt zu wählen, Diesel- und Dienstwagenprivileg eingeführt, das Abstellen von Autos im öffentlichen Raum ab den sechziger Jahren überall erlaubt, wo es nicht explizit verboten wird (zuvor war das Abstellen nur auf eigenem Grund möglich). Betrachten wir die Entwicklung ab den fünfziger Jahren, so kann nur von einer einseitigen Eskalation gesprochen werden. Autos first, Lebensqualität second.

Und ja. Das Auto hatte und hat seine Berechtigung! Manche Menschen werden aus den verschiedensten Gründen immer darauf angewiesen sein, ein Auto zu fahren. Aber auch für diese wäre die Welt eine bessere, wenn all jene ihre Pkw abschaffen, auf die das nicht zutrifft – und wenn die dann andere Angebote nutzen, die es gibt oder noch zu schaffen gilt. Noch mal: Der Verkehrssektor hat steigende Zulassungszahlen und steigende Emissionen! Das Letztere ist Gesetzesbruch, das Erstere Zeichen einer verfehlten Verkehrspolitik, die immer noch die falschen Anreize setzt.

Das Klimaschutzgesetz vom 12.12.2019[65] sieht vor, dass die Treibhausgasemissionen im Verkehrssektor bis 2030 auf 84 Millionen Tonnen CO_2-Äquivalente sinken – gemessen an den Emissionen von 2019 entspricht dies einer Halbierung.

Das sind, wenn dieses Buch erscheint, noch nicht mal mehr sieben Jahre! Alle Sektoren bis auf den ebenfalls sehr komplexen Gebäudesektor sind auf dem Weg, haben teilweise (was auch wenig ist, aber…) 40 Prozent des Weges schon hinter sich gebracht. Das Bundesverkehrsministerium hingegen hat noch nicht mal einen Plan, wie es die unterzeichneten Ziele erreichen will.

Immer und immer wieder werden Zielvorgaben gerissen, ohne dass es Konsequenzen hat. So dass der Verkehrsbereich mittlerweile die Bremse der Zielerreichung ist. Einzige Reaktion? Auflösung der Sektorziele im März 2023. An die Stelle der Sektorziele wurde sich für eine sektorübergreifende und mehrjährige Gesamtrechnung entschieden, die über einen Zeitraum einer Legislaturperiode gehen soll – und damit kaum noch Transparenz darüber aufweist, wo gut oder auch gar nicht an der Dekarbonisierung gearbeitet wird.

Alle Sektoren würden hierzu einen Beitrag leisten, heißt es im »Modernisierungspaket«. Die geplante Änderung bezeichnete Bundeskanzler Olaf Scholz (SPD) als »Weiterentwicklung«, »in Wahrheit dient es dazu, Verfehlungen einzelner Sektoren und Minister (Volker Wissing) zu verschleiern«, ordnet Lena Bitz ein. »Damit geht eine große Anreizwirkung verloren, CO_2-Äquivalente einzusparen. Minister wie Volker Wissing, denen die Einsparungsziele bereits ein Dorn im Auge waren, können sich nun bequem auf den Ergebnissen der anderen Ministerien ausruhen.«[66]

Volker Wissing ergreift keine steuernden Maßnahmen, die in Meilensteinen auf die Dekarbonisierung zulaufen, im Gegenteil: Er lässt wissenschaftlich den Status quo hochrechnen. Dabei sollte ausgehend vom Zeitpunkt der avisierten Dekarbonisierung rückwärts gerechnet werden, wann welcher Meilenstein der Minimierung von CO_2 erreicht werden muss, um zum Ziel zu gelangen. Der Verkehrssektor, insbesondere der Pkw- und Lkw-Verkehr – also die größten Quellen für

CO_2 –, wurde bisher sich selbst überlassen, ohne jedwede Steuerung. Das hat zu einer desaströsen Situation auf allen Ebenen geführt.

Die Fahrleistung von Pkw und Lkw stieg zwischen 1990 und 2018 um ein Drittel auf 751 Milliarden Kilometer. Immer größere und schwerere Autos mit zunehmender Motorisierung (in den letzten 15 Jahren stieg diese um 29 Prozent) haben die Effizienzverbesserungen aufgefressen. »Die Emissionen werden durch den fast ausschließlich fossil betriebenen Straßenverkehr dominiert, der für über 90 Prozent der Emissionen verantwortlich ist. Elektrofahrzeuge machen erst 1,2 Prozent des Pkw-Bestands in Deutschland aus.«[67]

Bis 2045 muss Deutschland treibhausgasneutral werden, auch der Verkehrssektor muss dann seine Treibhausemissionen auf null gebracht haben. Wir haben sowohl völkerrechtlich mit dem Pariser Klimavertrag als auch in Deutschland selbst geltendes Recht, an das es sich zu halten gilt, um den Klimanotfall abzumildern. Und das ist vielleicht auch schon das größte Problem: Der Druck, unsere autozentrierte Mobilität zu verändern, um eine liebenswerte Zukunft und wahlfreie Mobilität für alle zu gestalten, kommt von außen. Die Veränderung ist somit nicht intrinsisch motiviert, im Gegenteil: Sie wird uns durch drohende Kipppunkte der Klimakatastrophe oktroyiert, durch unser Nichtstun verschärfen wir die Dringlichkeit des Handelns.

2019 wurden laut BUND 233 Kilometer neue Fernstraßen fertiggestellt, aber nur sechs Kilometer neue Schienen. Seit 1994 kamen jeweils auf 150 Kilometer neue Straßen nur ein Kilometer neue Schienen. Das ist absurd. Vor allem, wenn wir das mit Ländern wie Österreich und der Schweiz vergleichen, die tolle Schienensysteme gepflegt, ausgebaut und erhalten haben. »Es lassen sich alleine durch ein Ende des bisherigen Modells der Förderung der fossilen Verkehrswirtschaft rund 30 Milliarden Euro pro Jahr zur Bahn verlagern. … In einer

Dekade, in der die … umfassende neue Bahnpolitik umgesetzt werden müsste, sind damit rund 300 Milliarden Euro mobilisierbar.«[68]

Ein enorm einfaches fiskalisches Steuerungsinstrument hat der Staat mit der Gewährung des Dienstwagenprivilegs in der Hand, allein auch weil dieses mittlerweile mehr als zwei Drittel aller Neuwagenzulassungen umfasst. Dahinter stecken vornehmlich nicht Autos, die dienstlich z. B. im Außendienst genutzt, sondern Firmenwagen, die Angestellten als Boni neben dem Gehalt zur Verfügung gestellt werden. Diese Flotte ist nicht in privater Hand, maßgeblich für die Umsetzung der Antriebswende auf vollelektrische Motoren zuständig und für die Dekarbonisierung von Deutschlands Autoflotte entscheidend. Denn da Dienstwagen meist schon nach zwei Jahren ausgetauscht werden, sind sie wichtige Basis unseres Gebrauchtwagenmarktes. Der wiederum ist entscheidend für Menschen mit weniger Haushaltseinkommen, da aktuell die Anschaffung eines elektrisch betriebenen Pkw noch deutlich über den Preisen fossil angetriebener Fahrzeuge liegt. Die Auto-Flatrate des Dienstwagenprivilegs hat jedoch aktuell diese positiven Auswirkungen nicht, da es nicht von Nachteil für Unternehmen ist, wenn diese sich für Verbrenner entscheiden. Luxemburg hingegen besteuert bereits seit 2017 besonders emissionsstarke Pkw stärker,[69] es »kam besonders für diese Fahrzeuge (gemeint sind Dienstwagen) zu einem erheblichen Rückgang der mittleren CO_2-Emissionen, womit der gewünschte Steuerungseffekt eingetreten ist.«[70] Die Subvention des Dienstwagenprivilegs verbleibt vor allem im oberen Einkommenssektor der zehn Prozent Bestverdiener:innen. Ein weiteres Detail, das aufzeigt, wie unsozial und klimaungerecht dieser finanzielle Vorteil ist.[71]

So gab es im Herbst 2023 eine Förderung der Bundesregierung von bis zu 10 000 Euro für Elektroautobesitzer:innen, die ja schon für ihre Autos vierstellige Fördersummen

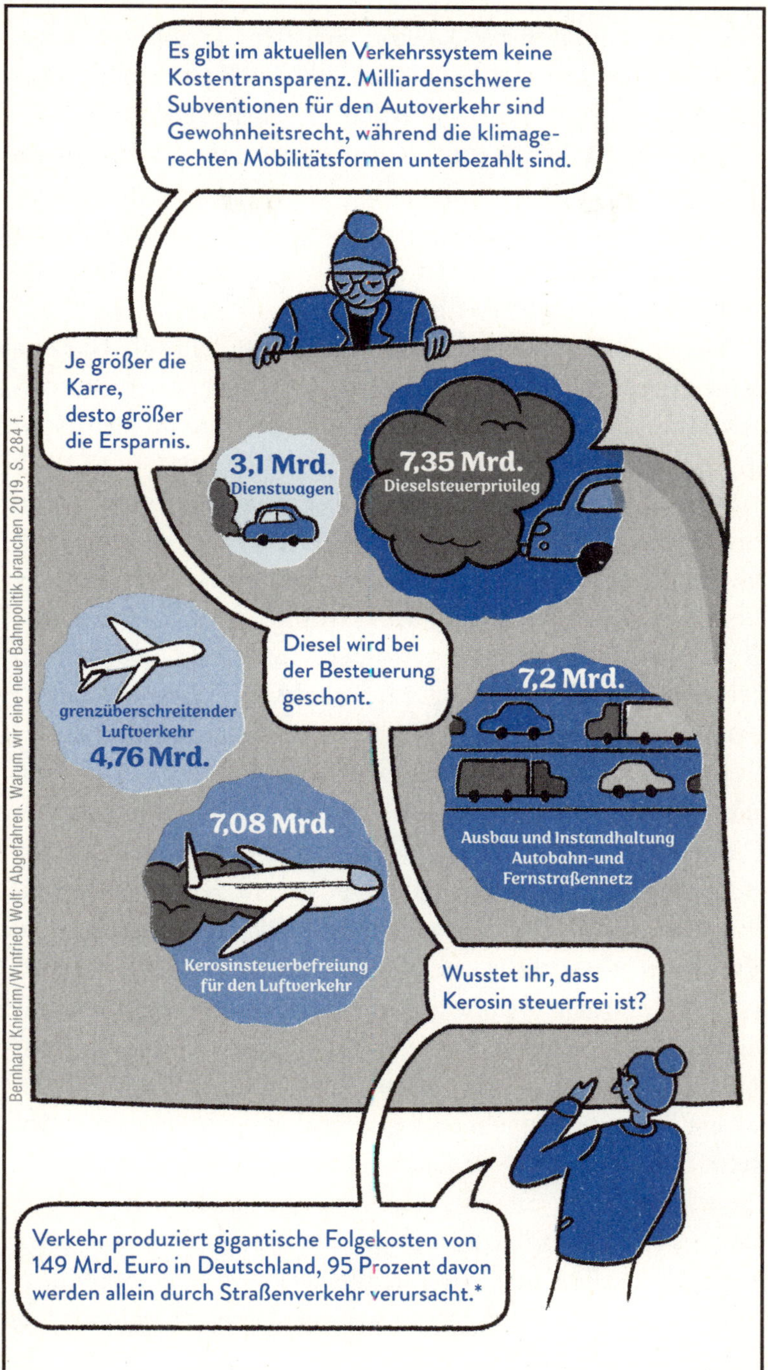

Bernhard Knierim/Winfried Wolf: Abgefahren. Warum wir eine neue Bahnpolitik brauchen 2019, S. 284 f.

*https://www.allianz-pro-schiene.de/presse/pressemitteilungen/folgekosten-des-verkehrs/

erhielten, um auf ihren Dächern Solarpaneele zu installieren. Während das Deutschlandticket in seiner Finanzierung unsicher war. Geld kann nur einmal ausgegeben werden, das wissen wir alle. Das Geld für die Mobilitätswende ausschließlich Besserverdiener:innen zukommen zu lassen, die sich Eigentum und ein Elektroauto leisten können, zeigt auf, wie schief die Förderlandschaft hier ist und wie sehr Automobilität manifestiert und belohnt wird.

Weder der Klimanotfall noch der Überfall auf die Ukraine haben unsere Regierung dazu zu bewegt, die genannten fossilen Mobilitäts-Subventionen abzuschaffen, die für den Hunger unseres auf das Auto zentrierten Verkehrssystems nach fossilen Brennstoffen maßgeblich verantwortlich sind. Wenn die Kosten pro Kilometer beim beruflichen Pendeln steuerlich gesenkt werden, verlängern sich die Wege zum Arbeitsort, es kommt zur Zersiedelung, Lärm, Luftbelastung und weiteren Emissionen. Ein politisch gewollter Teufelskreis setzt ein. Im Hintergrundpapier der Agora Verkehrswende wird erklärt: »Als Instrument zur sozialen Abfederung steigender Mobilitätskosten ist die Entfernungspauschale ungeeignet. Denn die effektive Höhe der steuerlichen Entlastung steigt mit dem Einkommensteuersatz sowie der Höhe der sonstigen Werbungskosten. Insgesamt ergibt sich so eine regressive Verteilungswirkung – die relative Entlastung fällt mit geringerem Einkommen niedriger aus.«[72] Instrumente wie die Pendlerpauschale fördern damit genau das Gegenteil von dem, was erreicht werden sollte: Kürzere Wege, verkehrs- und umweltpolitische Lenkung findet nicht statt. Laut Agora Verkehrswende ist eine weitgehende, gegebenenfalls schrittweise Abschaffung dieser Pauschale mit dem Grundgesetz vereinbar. Zumal in vielen europäischen Ländern Pendelkosten schon heute steuerlich nicht berücksichtigt werden oder nur noch für umweltschonende Mobilität gelten.

Ich sag's ja: Klimagerecht ist immer auch sozial gerecht,

weil Haushalte mit geringem Einkommen sich qua Portemonnaie gar keinen hochfossilen Lebensstil leisten, sollten sie umso mehr finanziell entlastet werden, auch bei der Umstellung z. B. auf vollelektrische Automobilität.

Nach Angaben der Internationalen Energieagentur (IEA) sanken die CO_2-Emissionen 2020 aufgrund der Pandemie in allen Sektoren – außer im Bereich der SUVs. Was wieder einmal aufzeigt, dass der aktuelle Instrumentenapparat des Staates das Falsche fördert. Statt nur leichtere Elektroautos zu fördern und SUVs in den Städten auszuschließen. »Allein in Großbritannien konnte man durch die Abkehr von den schmutzigsten großen Fahrzeugen bis 2050 kumulativ etwa 100 Millionen Tonnen CO_2 einsparen.«[73] Die Kfz-Steuer in den Niederlanden basiert auf dem Gewicht des Fahrzeugs und dem Emissionsniveau. Fahrzeuge mit niedrigem CO_2-Ausstoß erhalten steuerliche Vergünstigungen. Die Kfz-Steuer in Frankreich wird u. a. über den Hubraum, CO_2-Ausstoß und den Fahrzeugtyp berechnet. Es gibt zudem Steuervorteile für umweltfreundlichere Fahrzeuge.

In Deutschland wurde keine fossile Autosubvention abgeschafft. Ob eine Gesellschaft – beginnend beim Bundesverkehrsminister – in der ein Verkehrsmittel so einen irrational hohen emotionalen Identifikations- und Statusgrad besitzt, eine gesunde ist, diese Einschätzung überlasse ich Ihnen. Vielleicht auch gerade weil ein Bundesverkehrsministerium seit der Gründung nicht dafür steht, mobile Gerechtigkeit zu schaffen, machen sich zunehmend Menschen der Gesellschaft »von unten« auf den Weg, der Politik »Volkes Wille« zu verdeutlichen. Und das ist richtig so! Politik sind wir alle, und Demokratie gestalten wir nur zusammen. So auch den Willen und den Wunsch nach einer klima- und zukunftsgerechten Mobilität, in der das Auto eine Option von vielen ist. Freiheit eben. Unabhängigkeit. Raus aus der Dämonisierung der freien Wahl und Alternativen!

Oft wird behauptet, dass es a) im ländlichen Raum nicht ohne Auto geht und b) die Bevölkerung dort daher auch nicht an einer Mobilitätswende interessiert sei. Und leider ist es so, dass diejenigen, die durch Lautstärke den Diskurs über den ländlichen Raum bestimmen, das auch so sehen. Wenn ich mit diesen ins Gespräch komme, dazu braucht es Zeit und ihren Willen, reflektieren diese ihre Abhängigkeit vom Auto, die Ausgaben und die Zeit, die sie investieren, weil bei ihnen vor Ort alles nur mit einem Pkw zu erledigen ist. Auch geben sie dann oft zu, dass im Rückblick viel Gutes in ihrer Nähe verschwunden ist. Der kleine Supermarkt, die Bäckerei, Schulen, soziale Orte und funktionierende Bussysteme. Aber in einem Status quo steckend, der von Industrie und Politik willentlich herbeigeführt wurde und den diese zu manifestieren versuchen, ist es ein nachvollziehbarer Kraftakt, hinter den Gedanken »Gut, dass ich das Auto habe!« zu schauen und zu erkennen: »Was wäre eigentlich, wenn ich nicht mehr Auto fahren kann?«

Der Radentscheid Bayern hat gezeigt: Die Menschen in ländlichem Raum wollen sich von ihrer Fessel ans Auto befreien. Nicht in dem Sinne, dass sie es nicht mehr nutzen, sondern dass sie durch sichere Radwege in die Lage gebracht werden, eine Auswahl zu treffen. Gerade durch den Boom von Elektrorädern, die sich übrigens um Längen mehr durchgesetzt haben als Elektroautos auf dem Automarkt, sind im Ländlichen schnell Veränderungen möglich. Liegen doch laut Mobilität in Deutschland, einer Studie vom Bundesverkehrsministerium, die Autowege im ländlichen Raum zu 10 Prozent unter einem und zu 50 Prozent unter fünf Kilometern. Zudem sind 75 Prozent der Wege innerorts.

Bernadette Felsch vom ADFC Bayern hat es zusammen mit unzähligen Helfer:innen geschafft, in Bayern einen landesweiten Radentscheid zu initiieren, der in nur vier Monaten über 100 000 Unterschriften von Stadt bis Land gesammelt hat –

und damit das Vierfache der für die Zulassung notwendigen Zahl. »Anfang Januar habe ich im Innenministerium angerufen und angekündigt, den Zulassungsantrag einzureichen und die 100 000 Unterschriften vorbeizubringen. An den Tagen war Fraktionsklausur der CSU. Einen Tag nach dem Anruf hat Markus Söder gesagt, da gibt es so ein Volksbegehren, aber er glaube nicht, dass das zulässig ist. Er merke aber, dass da ein Wunsch in der Bevölkerung vorhanden sei, weshalb die CSU ein eigenes Radgesetz schreiben werde. Und jetzt haben wir in Bayern ein Radgesetz, das zwar definitiv ein Fortschritt ist gegenüber allem, was vorher war. Aber wir müssen schauen, dass das keine reine Absichtserklärung bleibt wie schon das Radverkehrsprogramm Bayern 2025.«

Status quo Autoindustrie und Gesellschaft

Was kann ich an dieser Stelle für ein Fazit ziehen, wie ist der Status quo unserer Verkehrspolitik? Um es kurz zu machen: weder sozial noch klimagerecht, weder für alle, sondern vor allem für jene, die aus welchen Gründen auch immer Autos im Haushalt haben. Wir nehmen seit Jahrzehnten nicht alle mit, sondern haben politisch gewollt und gesellschaftlich kaum widersprochen ein Abhängigkeitssystem geschaffen. Ein gutes Leben ist in vielen Regionen Deutschlands nur noch für jene möglich, die ihr Auto mitbringen. Verkehrspolitik fühlt sich an wie eine abgegriffene Umlaufmappe, die von einem Verkehrsminister zum nächsten weitergegeben wird. Ohne funkensprühenden Elan der Gestaltung, sondern mit dem Muff von Verwaltung.

Ich habe immer entsetzt in die USA geschaut, wo schon in den zwanziger Jahren des vergangenen Jahrhunderts unter Führung von General Motors (GM) Straßenbahnen im großen Stil aufgekauft und verschrottet wurden – um den Absatz von Autos anzukurbeln. Damals verfügte Los Angeles beispielsweise über ein über 2000 Kilometer langes und damit das größte Straßenbahnnetz der Welt. Die Bilder der aufgestapelten Straßenbahnwaggons auf Schrottplätzen stimmen mich bis heute traurig. Der als »General Motors Streetcar Conspiracy« in die Geschichte eingegangene Skandal endete mit einer Verurteilung von GM wegen »Verschwörung zur Monopolisierung der Märkte für den öffentlichen Nahverkehr«, die den Autogiganten jedoch nicht sonderlich beeindruckt haben dürfte.

Sind wir in Deutschland weit weg von der bewussten Zerstörung der Alternativen zum Auto? Klar, uns fehlen diese krassen Vorgehensweisen, aber langsam und schleichend hat sich mittlerweile auch bei uns das eingeschlichen, was in den USA erfolgreich innerhalb weniger Jahre vollführt wurde: Die Marodierung, wenn nicht sogar der Abbau der Autoalternativen, der das Auto so wichtig werden ließ. Ein Teufelskreis. Dem kein politischer Einhalt geboten wurde, im Gegenteil. Die Autoabhängigkeit unseres Landes ist politisch gewollt.

Sogar die Autoindustriellen selbst unternahmen alles, um ihre Belegschaft stets als Multiplikator:innen für ihr Produkt zu gewinnen. Jeremy Rifkin erläutert: »Henry Ford erkannte als Erster das durch die Effizienz der modernen Fließbandfertigung entstandene ›Konsumdefizit‹ und kam auf den unerhörten Gedanken, die Löhne großzügig zu erhöhen und die Arbeitszeit zu verkürzen. ›Wer soll denn sonst meine Autos kaufen?‹, fragte er. Also führte Ford den Acht-Stunden-Tag ein.«[74] Nicht als Menschenfreund, sondern als Kapitalist, der sein System zu pflegen wusste. Dennoch konnte schnell kein Mensch mehr einen Neuwagen bar bezahlen. Ratenzahlungen entstanden schon im 19. Jahrhundert.

Im Zeitalter der Resilienz wird deutlich gemacht, wie alt das Leben auf Pump ist: »In den 1920er Jahren waren die Ratenzahlungen ein Hit. An der Spitze standen der Kauf eines Autos, des teuersten und begehrtesten Konsumguts der Zeit und der Inbegriff des amerikanischen Traums. Schon 1924 wurden 75 Prozent aller Autos auf Raten gekauft«, so Jeremy Rifkin. »In dieser neuen Ära wurden sinkende Löhne und Unterbeschäftigung durch Kredite und Ratenzahlungen aufgefangen, die das Tor zum Massenkonsum aufstießen.«[75]

Und genau das macht die Mobilitätswende so schwierig: die vielfältige Abhängigkeit vom Konsumgut Auto, das eben kaum die Bedeutung des »von A nach B Kommens« alleine besitzt, sondern unfassbar aufgeladen ist mit vielen weiteren Funktionen von Statussymbol über Bequemlichkeitsverstärker bis Safe Space. Die Autoindustrie und die sie stützende Politik sind Teil eines perfiden Systems, das wider besseres Wissen alles dafür getan hat, den fossilen Konsum mit einer individuellen Erfolgsgeschichte so zu verschränken, dass wachsender Erfolg »wachsendes Verbrennen« von fossilen Brennstoffen bedeutete. Sogar Wissenschaftler:innen reflektieren ihren Anteil an dieser Todesspirale heute sehr kritisch.

So auch Kevin Anderson: »Das gemeinsame Handeln prominenter Schurken ist schuld daran, dass wir seit dem ersten IPCC-Bericht 1990 mehr Kohlendioxid in die Atmosphäre geblasen haben als in der gesamten Geschichte der Menschheit vor 1990. [...] Wir sind nicht am Steuer eingeschlafen; wir steuern aktiv in unseren Untergang. Warum? Weil wir Angst haben, Staub aufzuwirbeln und unsere Zahlmeister zu verärgern. Wir genießen den prestigeträchtigen Umgang mit den Großen und Guten, und wir hoffen auf Ehrungen durch das Establishment.«[76]

Stefan Hajek arbeitet bei der *Wirtschaftswoche* viel zur Transformation der Autoindustrie. Im Gegensatz zu einigen seiner Kolleg:innen in diesem journalistischen Schwerpunkt thematisiert er, dass eine Antriebswende nicht ausreicht, sondern nur einer von vielen wichtigen Detailschritten in der Mobilitätswende ist. Ich mag sehr, wie wir hier seit Jahren Sparringspartner:innen sind, durchaus mittlerweile in tiefer Sorge um diese Industrie, von der unser Land sich unfassbar abhängig gemacht hat.

Die Autoindustrie müsste laut Stefan eigentlich ihr Geschäftsmodell komplett ändern, wenn sie es mit dem Klimaschutz ernst meint und der Verkehr seinen Beitrag dazu leisten können soll. »Der Verkehr hat sich als recht hartnäckiger Klimasünder erwiesen und bisher seit 1990 kaum CO_2 eingespart – anders als etwa Industrie oder Stromwirtschaft. Dass man die Antriebsart von Diesel und Benzin gegen Elektro tauscht, bringt zwar schon einiges – sicher auch mehr, als viele Kritiker:innen der E-Autos behaupten: Je nachdem, welcher Studie man glaubt, spart ein E-Auto 30 bis 70 Prozent an CO_2 über das ganze Fahrzeugleben gegenüber einem Verbrenner-Pkw ein; dabei ist die Herstellung der Batterie eingerechnet. Und die lässt sich am Ende recyceln.

E-Autos sind also ein Schritt in die richtige Richtung. Aber nicht mehr als das. Ein Problem ist vor allem der hohe Zeitdruck, unter dem wir beim Klimaschutz stehen: Nur die Antriebsart der Autos auszuwechseln, wird nicht reichen, es geht zu langsam. Neue Autos fahren viele Jahre, wenn nicht Jahrzehnte lang. Ein Diesel-Pkw emittiert in seinem Fahrzeugleben im Schnitt rund 50 Tonnen Kohlendioxid. Jeder neue Verbrenner zementiert also den hartnäckig hohen Klimaschaden, den Autos heute verursachen, und noch sind bei weitem die meisten Neuwagen Diesel oder Benziner.

Was es eigentlich bräuchte, wären nicht nur andere, klimafreundlichere Autos, sondern auch deutlich weniger. Damit nicht nur der CO_2-Ausstoß des einzelnen Autos sinkt, sondern auch deren Anzahl, müsste man sie aber völlig anders verpacken und verkaufen: Autos würden nicht mehr vorrangig einzelnen Privatperson gehören oder als Firmen-Pkw meist von nur einer einzigen Person genutzt werden, sondern von vielen Menschen, je nach Bedarf. Mit solchen Sharing-Modellen lässt sich auch Geld verdienen, davon bin ich überzeugt. Nur nicht unbedingt von den Profiteuren der heutigen Art der Autonutzung. Auch deswegen sind die Carsharing-Versuche aus der Autoindustrie selbst ja eher bedingt erfolgreich: Sie kannibalisierten natürlich das eigene Stammgeschäft, wenn sie wirklich skalieren würden. Deswegen werden sie wahrscheinlich eher halbherzig verfolgt.«

Diese Einschätzung teilt als »Insider« und langjähriger Autohändler Wolf Warncke: »Den Weg der Hersteller beobachte ich mit gemischten Gefühlen. Ich mache immer wieder Beobachtungen, die mich doch skeptisch werden lassen.

Wie kann zum Beispiel ein Hersteller es zulassen, dass seine Außendienst-Mitarbeiter:innen im Jahr 2023 noch mit einem VW Touareg zu offiziellen Besuchen bei den Autohäusern vorfahren – mit einer Person im Auto!?

In der Folge des Abgasskandals 2015 entschloss sich Volkswagen 2018, mit einigen hundert Händlern nicht mehr zusammenarbeiten zu wollen. Leider war nicht die Qualität der Händler und schon gar nicht deren ökologische Einstellung das Kriterium, sondern die rein wirtschaftliche Betrachtung, wie viele Pkw im jeweiligen Autohaus verkauft werden. Unser Autohaus war 2018 ein Händler mit großer Erfahrung auf dem Gebiet der E-Mobilität. Wir haben uns für eine Mobilität propagiert, die über das Auto hinausgeht, mussten aber feststellen, dass dies für Volkswagen nicht wichtig war. Unsere Handelsverträge endeten Ende 2022.«

Andreas Knie leitet gemeinsam mit Weert Canzler die Forschungsgruppe Digitale Mobilität und gesellschaftliche Differenzierung am Wissenschaftszentrum Berlin für Sozialforschung, einer Einrichtung, die zu 75 Prozent dem Bund und zu 25 Prozent dem Land Berlin gehört. Andreas findet deutliche Worte für unsere »Schlüsselindustrie«:

»Dass die Autoindustrie für sich reklamiert, systemrelevant zu sein, ist lächerlich. Wenn es etwas in Hülle und Fülle gibt, überall auf dem Weltmarkt und sofort verfügbar, dann sind es Autos.«

Alle könnten Autos bauen und die sogar günstiger herstellen. Die drei großen Fragen, die man habe: Was ist mit anderer Antriebstechnologie? Was ist mit anderen Verwendungsformen? Also nicht immer nur kaufen und dann rumstehen lassen, sondern intelligent nutzen. Und drittens, was ist mit dem zunehmenden Automatisierungsgrad? Können sich solche Fahrzeuge als Flotten bald selbst disponieren? Auf diese drei großen Fragen habe die deutsche Autoindustrie leider keine Antwort. »Wir sagen: ›Nicht das Internet sollte ins

Auto, sondern das Auto muss ins Internet gepackt werden, so dass es Teil einer großen Landschaft wird.‹ Das aber habe die deutsche Autoindustrie nicht verstanden, sie wird es nicht verstehen, und deshalb wird sie sich konstruktiv selber zerstören müssen.

Tesla hat die Autoindustrie am Schopfe gepackt und gesagt, ich kombiniere das neu. Und kommt mir nicht mit Ladeinfrastruktur: die baue ich gleich mit. Tesla-Fahrer haben heute vor allen Dingen eins nie – Probleme mit der Reichweite. Tesla probiert außerdem, was das Zeug hält. Da passieren auch Sachen, die wir gar nicht wissen wollen. Aber es geht nur so. Ohne Unfälle geht es leider nicht. So sind auch die Autos auf die Welt gekommen. Das ist nicht perfekt vom Himmel gefallen.«

Nicht erst seit dem umfassenden Abgasbetrug in der Autobranche wissen wir, was diese Industrie zu tun bereit ist, um nicht das eigene Produkt den gesetzlich erforderlichen Grenzwerten anzupassen, sondern die in den Autos verbaute Technologie so zu manipulieren, dass sie erkennt, wenn sich der Pkw auf einem Messstand befindet, der genau diese Grenzwerteinhaltung überprüfen soll. Bis heute ist dieser Betrug nicht aufgeklärt, dass er an die Öffentlichkeit geriet, ist amerikanischen Journalist:innen zu verdanken. Keine Ahnung, ob hiesige Medienvertreter:innen überhaupt mal proaktiv die Lobbymacht dieser Industrie investigativ aufgedeckt haben. Ich habe das Gefühl, dass Tesla da weitaus kritischer begleitet wird als die einheimischen Hersteller. Auch 2023 kamen wieder manipulierte Pkw auf den Markt, u.a. musste Mercedes Neuwagen deswegen zurückrufen.

Christina Deckwirth arbeitet bei Lobbycontrol an nichts anderem. Diese NGO beobachtet sehr genau die verschiedenen Lobbystrukturen und -verstrickungen, auch der Autoindustrie mit unserer und der europäischen Politik: »Es geht immer darum, wer sind die Akteure, die Lobbyarbeit machen. Beim Auto ist das fast übersichtlich, weil es nur die drei großen deutschen Autokonzerne gibt und den VDA als mächtigen Verband. Eine weitere Rolle spielen die Zulieferer der Autoindustrie. Andere Verkehrsträger spielen in unserer Arbeit ehrlich gesagt keine Rolle.

Wir werten das Lobbyregister aus. In Brüssel gibt es das schon länger. Entscheidend ist bei der Autoindustrie das Thema ›Seitenwechsel‹ oder ›Drehtüreffekt‹, das haben wir sehr eng verfolgt, das protokollieren wir auch in unserer Lobbypedia mit. ›Parteispenden‹ spielen in der Autoindustrie ebenfalls eine Riesenrolle, eigentlich müsste es ›Parteienfinanzierung‹ heißen. Da ist das Interessante, dass die Autolobby von den Spenden mittlerweile eher absieht und mehr Sponsoring macht, auch weil das sehr viel intransparenter ist.

Unser Fokus ist aber nicht nur auf den Lobby-Akteuren, sondern ganz stark auch darauf, wie sich die Politik diesen öffnet. Transparenz ist superwichtig, um es kontrollierbar zu machen und Akteure zurückdrängen zu können. Aber an manchen Punkten braucht es einfach einen Stopp. Bei Parteienfinanzierung nicht nur Transparenz, sondern auch einen Deckel. Oder dass keine Lobbyisten/Lobbyistinnen mehr im Bundestag sitzen dürfen. Dann haben wir noch das Thema Ausgewogenheit. Wir appellieren an die Politik: Wenn ihr so was wie einen Autogipfel macht, macht daraus einen Mobilitätsgipfel und ladet verschiedene Akteure ein. Es geht uns darum, eine lebendige Demokratie zu stärken.«

Schon der Vergleich mit Österreich kann nur bedrückt stimmen: Sie übernahmen unsere Nachtzüge, investierten viel in den öffentlichen Verkehr und erhielten so ein gutes Schienennetz, das wir hatten, aber nicht erhalten und ausbauen wollten. In Österreich gibt es einen Meilensteinplan zur Dekarbonisierung, an dessen Einhaltung und Überprüfung ich alle drei Monate selbst teilhaben kann. Autobahnprojekte und

Tunnelbauten wurden nach intensiver Prüfung abgesagt, das Geld, die Ressourcen, aber auch das Personal wurde so frei für Radwegebau und ÖPNV-Ausbau. Auch dort ist nicht alles perfekt, aber Dekarbonisierung als echtes Ziel verankert. Und ja, Österreich hat aktuell nur ein Klimaschutzgesetz, das bis 2020 galt. Aber wir in Deutschland sind das beste Beispiel dafür, dass nicht wohlfeile Formulierungen entscheiden, sondern sicht- und messbare Taten, Mut und Entschlossenheit, an einer klimagerechten Zukunft und der Dekarbonisierung des Verkehrssektors zu arbeiten. Täglich.

Nachdem ich beleuchtet habe, dass der Status quo des Verkehrssektors kein natürlicher Zustand ist, sondern immenser politischer Anstrengung und bis hin zu gesetzlichen Eingriffen manifestierter Systeme bedurfte, wende ich mich der Industrie zu, die das Produkt Auto nie innoviert, sondern immer mehr vom Gleichen geschaffen hat. Die nur durch Etablierung von Marken und Emotionalität ihres Produktes abnorm über Bedarf dieses Produkt verkaufen konnte. Bertha Benz, die die erste Autofahrt in Deutschland unternahm, fuhr mit einem Zweisitzer ohne Dach. Ein Dach haben mittlerweile alle Autos und mehr Sitze, die aber selten genutzt werden. Wie schaut ein Mensch, der solche Phasen einer mächtigen Industrie von außen beobachtet, auf die Mechanismen und vielleicht auch die Abwehr, die die notwendige Transformation so auf der Stelle trippeln lassen?

Christoph Bornschein, Gründer der Digital-Agentur TLGG, beobachtet den Rückzugskampf eines Wertschöpfungsmodells. »Die Automobilindustrie ist eine Abstraktion unserer Wertschöpfung, die historisch wahnsinnig erfolgreich war und alle unsere gesellschaftlichen und politischen Entscheidungen geprägt hat. Viele, die jetzt einen Übergang schaffen müssten, der diese Historie und die damit verbundenen industriellen Wurzeln hinter sich lässt, möchten das schlicht nicht tun. Ich bin mir aber sicher, dass wir – Stichwort Theory of

Constraints[77] – einen riesigen Bock schießen, wenn wir disruptive Innovationen im Automobilbereich, die aus den bereits etablierten Systemen heraus durchaus möglich wären, nicht zulassen, weil wir das gesamte, in Teilen bereits überholte System nach wie vor subventionieren.«

Ich habe Christoph auch nach einer Einschätzung zu einem meiner Lieblingswörter gefragt: Technologieoffenheit. Ich mag das Wort in seinem ursprünglichen Sinne, es versinnbildlicht für mich einen offenen Blick, eine Neugier, ein Hinterfragen des Status quo, ohne sich gleich zu Beginn einer Veränderung auf eine bestimmte Lösung festzulegen und bewusst oder unbewusst den Weg so zu gestalten, dass er auf die gewünschte Lösung zuläuft. In Sachen Automobilität ist für mich dieses Wort jedoch deutlich überdehnt und wird missbraucht, um längst überfällige politische Entscheidungen – die übrigens auch der Industrie helfen würden! – weiter zu verschleppen.

Christophs Meinung nach war das Auto noch nie technologieoffen. »Wir stecken jedes Jahr je nach Betrachtungsweise 9 bis 18 Milliarden Euro Subventionen in Autos. Da haben wir sehr wohl eine Entscheidung getroffen, die sich klar auf eine Technologie festlegt: Ein Mensch oder zwei sitzen in einem von ihnen individuell besessenen Mobilitätskonzept und bewegen das. Das ist nicht offen. Technologieoffen wäre es, Menschen eine wirklich individuelle Entscheidung zwischen Mobilitätskonzepten zu ermöglichen, aber wir sollten nicht ein Konzept individuell überfördern. Die Überförderung von Autos fängt beim Dienstwagenprivileg an, hört da ja aber längst nicht auf.«

Es gibt viele Leistungsschauen der Pkw-Industrie, ihren Zulieferern und zugewandten Verbänden. Immer wieder wird dort betont, wie viele Patente deutsche Hersteller angemeldet haben, wie viele Millionen sie in Forschung und Entwicklung investieren. Vor allem, wenn jemand in den Raum stellt, wie beeindruckend die Geschwindigkeit von China bei der E-Mobilität ist. Leo Roeks hat in *Der Verkehr sind wir* weiterführende Gedanken dazu: »Disruption bedeutet verkürzt: Nichts bleibt wie es war. [...] Davon ist heute auch das ›System Auto‹ betroffen, das sich viel zu lange auf den Erfolgen von gestern ausgeruht hat und jede Forderung nach einer evolutionären Anpassung an die veränderten Rahmenbedingungen mit dem Verweis auf eine angeblich noch nicht komplett ausgereizte Technologie konterte. Heute wissen wir durch den Skandal um manipulierte Abgaswerte, WIE die Industrie die Technologie ausgereizt hat – nicht mit Innovation, sondern durch Betrug. [...] Niemand nutzt heute noch Pferde, um von A nach B zu gelangen – und dasselbe Schicksal ist auch dem Verbrenner-Pkw vorbestimmt.«[78]

Wissen heutige Automanager:innen überhaupt, was ihre Produkte für andere im Außen an Belastung bedeuten, oder bekommen diese das gar nicht mit, weil sie sich nur in der eigenen Stahlschachtel, vielleicht sogar mit eigener Fahrer:in bewegen? Was ich spannend fand: Unter den Pionieren (gendern nicht notwendig) der Autoindustrie waren es vor allem Quereinsteiger aus eher ärmlichen Verhältnissen, die dem Auto seinen Weg bereiteten. »Adam Opel machte wie sein Vater eine Schlosserlehre, gefolgt von Wanderjahren. Alle Vorfahren Robert Boschs waren Wirtsleute, Bierbrauer oder Landwirte; als elftes von zwölf Kindern lernte er mittelmäßig, mogelte sich durch und jobbte – in den USA bei Edison, in Großbritannien bei Siemens. Ferdinand Porsches Vater war Klempner.«[79] Wofür würden diese Männer wohl heute ihre Imaginationskraft und Ingenieurskunst nutzen?

Spannendes Gedankenspiel, oder? Zum einen stellt sich die Frage, ob diese Herren heute überhaupt noch eine Chance hätten, in der Branche einen Job zu erhalten, zum anderen ist es zwar erwiesen, dass die Autoindustrie weiterhin eine der attraktiven Branchen für Berufsanfänger:innen im Allgemeinen ist, ob sie es aber auch für Menschen ist, die etwas verändern und gestalten wollen, da bin ich mir nicht sicher. Denn es ist in Zeiten der Unsicherheiten das eine, in eine Branche mit Tarifverträgen und hoher Bezahlung zu streben, es ist aber das andere, in Krisenzeiten innovations- und lösungsorientiert auf Jobsuche zu gehen.

Mike Köppe war 13 Jahre im Automobilbereich beruflich unterwegs und hat in dieser Zeit vornehmlich für Škoda gearbeitet. Das Thema Mobilität steht ihm daher sehr nah, da er zum einen die Insider-Perspektive hat, aber auch seit neun Jahren die Outsider-Perspektive. »Wir sind uns bewusst, dass wir aus dieser Sackgasse ausbrechen müssen. Die Antworten darauf können und dürfen nicht allein von der Automobilindustrie kommen. Es bedarf klarer politischer Richtlinien, die die Priorisierung und den Ausbau des Schienenverkehrs und des öffentlichen Nahverkehrs vorsehen. Letzterer befindet sich nicht in bestem Zustand. Während in der Tat nur 15 Kilometer pro Jahr ausgebaut wurden, würden wir eigentlich 500 Kilometer benötigen. Psychologie spielt dabei eine zentrale Rolle: Woher kommt unsere Verbundenheit zum Auto, und wie können wir uns von dieser Autozentrierung lösen? Das bedeutet nicht zwangsläufig, dass wir Autofahrern und der Autoindustrie grundsätzlich entgegentreten müssen. Stattdessen sollten wir die bestehende Infrastruktur nutzen und uns verstärkt auf die Entwicklung des öffentlichen Verkehrs konzentrieren, denn Mobilität ist ein grundlegendes Recht, das nicht vom Auto abhängt. Daher sollten wir anerkennen, dass auch E-Autos nicht die Lösung sind. Stattdessen sollten wir nach Alternativen suchen.«

Interessant ist auch, welche Wurzeln unseres unstillbaren Konsums in der Autoindustrie gelegt wurden. Kate Raworth führt aus: »›Massenproduktion ist nur dann profitabel, wenn sie dauerhaft stattfinden kann‹, schrieb Edward Bernays[80] 1928 in seinem Klassiker *Propaganda*. […] Bernays – der die

›Public-Relations-Industrie‹ und damit die Werbebranche erfand – war der Neffe von Sigmund Freud und erkannte, dass die hinter der Psychotherapie stehenden Ideen sich auch für eine sehr lukrative Verkaufstherapie nutzen ließen. […] Die Werbewirtschaft wuchs rasch an und machte das Konsumdenken schon bald zum wesentlichen Element einer aufstiegsorientierten Lebensweise.«[81]

Ich denke, das lässt sich besonders gut auf das Auto übertragen. Das Auto ist das größte mobile Statussymbol und wird von vielen in unserer Gesellschaft mit einem Erfolgssignum gleichgesetzt, obwohl wir alle wissen, dass hinter einem Auto meist Kredite, Leasingverträge oder eben der Bonus als Dienstwagen stecken. Warum sonst werden Dienstwagen immer größer? Warum wird der Dienstwagen nicht nach dem echten Bedarf an Automobilität gemessen, sondern am Auto der Kolleg:innen?

Jeremy Rifkin macht in seinem Buch *Das Zeitalter der Resilienz* deutlich, wie perfide und zugleich erfolgreich das Auto als zunächst standardisiertes Produkt mit dem Lebensstil des Individuums verknüpft wurde: »Die Werbebranche erfand den ›unzufriedenen Verbraucher‹, der die Kunden dazu bringen sollte, immer neue und bessere Dinge zu begehren. […] Als Henry Ford sein Model T vorstellte, sagte er: ›Jeder Kunde kann seinen Wagen beliebig anstreichen lassen, wenn der Wagen nur schwarz ist.‹ General Motors erkannte dagegen, dass das Unternehmen seine Verkäufe steigern und sogar an Ford vorbeiziehen konnte, wenn es verschiedene Modelle in unterschiedlichen Farben anbot und jedes Jahr neue Modelle auf den Markt brachte, so dass die Kunden mit ihrem alten Auto unzufrieden waren und die neueste Version haben wollten.«[82]

Dr. Nari Kahle ist Autorin des Buches *Mobilität in Bewegung*. Sie hält es bei der Einführung neuer Mobilitätskonzepte wie Elektroautos oder auch Sharing-Diensten für wichtig, die Akzeptanz in der Bevölkerung zu verstehen und zu berücksichtigen. Die Akzeptanz neuer Lösungen folge oft einer typischen Akzeptanzkurve. Frühzeitig werden innovative Lösungen von sogenannten »Early Adopters« oder »Innovator:innen« aufgegriffen. Diese Gruppe sei bereit, neue Technologien auszuprobieren. Als Nächstes kommen die »Early Follower« oder »Frühen Anwender:innen«, die sich von den Erfahrungen der Vorhut inspirieren lassen. Schließlich folgen die »Mainstream-Konsument:innen« oder »Late Follower«.

»Die unterschiedlichen Akzeptanzkurven in der Bevölkerung sind wichtig zu verstehen, da sie die Markteinführung beeinflussen. Die Bedenken und Erwartungen der verschiedenen Zielgruppen müssten erkannt und verstanden werden. Das beste Beispiel hierfür ist für mich das Sozio-Med-Mobil vom Deutschen Roten Kreuz, das Fahrdienste in ländlichen Regionen digital buchbar für eine nicht digitale Zielgruppe anbietet – nämlich Senior:innen. Es braucht viel Zeit, um diese Zielgruppe mit der Innovation vertraut zu machen und insbesondere viele persönliche Gespräche.«

Das Beispiel zeige sehr gut, dass es eben nicht reicht, einfach nur neue Mobilitätsformen bereitzustellen. »Zusammenfassend lässt sich also sagen: Neue Mobilitäts-Lösungen haben definitiv das Potenzial, die Art und Weise zu revolutionieren, wie wir uns bewegen. Aber sie müssen auf eine Weise eingeführt werden, die die Akzeptanz und das Vertrauen der Menschen gewinnt.«

Ähnlich sieht es auch Katharina Riederer, die Gründerin des Greentech-Start-ups Eco Mio: »Ich war in der Beratung und bin sogar die Strecke Zürich–Stuttgart geflogen, weil das günstiger und den Reiserichtlinien nach erlaubt war. Irgendwann kam ich dann aus der Kostenperspektive auf eine Idee. Es gibt ein smartes Konzept, das zu wenige kennen. Wenn du geschäftlich unterwegs bist und nicht im Hotel übernachtest, kannst du einen steuerfreien Betrag von deinem Arbeitgeber bekommen. Der ist in der Schweiz relativ hoch. Die deutschen Kolleg:innen haben das genutzt und sind anstatt im teuren Bonvoy Hotel plötzlich im Airbnb abgestiegen, wo sie dann 100 Euro Cash einsammeln konnten pro Nacht. Da dachte ich mir: Abgefahren, anscheinend sind die Leute doch bereit, von ihrem hohen Standard abzuweichen, wenn sie dafür etwas bekommen.

Wir haben das Ganze umgedreht und wollten vor allem Beratungen, die im Reisebusiness 90 Prozent Anteil am Carbon Footprint haben, helfen, ihre Ziele mit den richtigen Incentives zu erreichen. Wir legen mittels einer Browserextension einen Layer über das Online-Booking-Tool. Mit diesem siehst du die Informationen, die dich zum Zug oder zu dem grüneren Flug leiten. Wir etablieren auch Incentives, Cash Rewards oder Spenden. Wir müssen Unternehmen adressieren, bei denen der Schmerz der Veränderung am größten ist. Und das sind Beratungen, auch weil sie attraktiv auf dem Arbeitsmarkt sein wollen für junge Talente.«

Einer, der sich dieser Disruption aktiv und gestaltend stellt, ist Wolf Warncke vom Autohaus Warncke in Tarmstedt. In dritter Generation das Geschäft führend, war er derjenige, der nicht nur Autos, sondern Mobilität verkaufen wollte und das auch umsetzte. Beginnend mit der automobilen Elektromobilität (2021 mit einem Verkaufsanteil von 61 Prozent), über den Verkauf von ÖPNV-Tickets bis hin zu Lastenrädern. Volkswagen überzeugte das nicht, der Konzern kündigte nach 55 Jahren den Vertrag mit Warncke. Vielleicht auch, weil Wolf sich in vielen Interviews sehr progressiv zeigte, so z. B. im *Spiegel*: »Ich hätte es wichtig gefunden, die Bahncard, E-Cargobikes oder das Carsharing zu fördern. Die Mobilität ist in Deutschland durch die starke Präsenz der Autoindustrie zu sehr auf das Auto ausgerichtet. Das Auto allein kann es aber auch mit alternativen Antrieben nicht richten. Mit nur 500 Euro erreicht man bei Lastenrädern oder

Carsharing schon recht viel. Die Mobilität in Deutschland muss flexibler werden, und da wäre ein starkes Signal an die Bevölkerung möglich gewesen. Die Mobilitätswende hat drei Säulen: E-Autos, einen leistungsfähigen öffentlichen Verkehr und Städte, die kurze Wege ermöglichen. Wir alle, auch die Autohändler, müssen das große Ganze sehen und über Konjunkturanreize hinaus die Vernetzung der verschiedenen Angebote fördern.«[83]

In unserem Gespräch führt Wolf aus: »Die Transformation der Autohäuser hat eine Außenseite und eine Innenseite. Die Außenseite beinhaltet die Frage, wie wir unsere Werte als Händler und als Werkstatt an die Kund:innen weitergeben. Die Innenseite beinhaltet, wie wir Inhaber die Transformation Verkehrswende leben wollen. Wie wir das, was ich gerne ›Mobilität neu denken‹ nenne, den Mitarbeiter:innen schmackhaft machen.

Mobilität im 21. Jahrhundert darf nicht mehr das Auto als das Maß aller Dinge in den Mittelpunkt stellen. Mobilität sollte ein Miteinander der Verkehrsmittel als Ziel haben. Die Konzepte sind da. Sie müssen nur umgesetzt werden. Autohändler könnten die Verkehrswende mitgestalten, wenn sie sich künftig als Mobilitäts-Anbieter sehen. Wir etwa bauen unseren bisherigen Schwerpunkt E-Mobilität parallel weiter aus.« Darüber hinaus gebe es viele Ideen und konkrete Vorhaben im Blick auf Mikromobilität wie E-Scooter, E-Bike, E-Cargobike.

Wir haben als Land und als deutsche Gesellschaft ein so enges wirtschaftliches, aber auch emotionales Band zu unserer Autoindustrie und ihren Produkten geflochten, dass wir nicht mehr in der Lage sind, diese objektiv zu betrachten. Gleiches gilt für die Politik, auf deren zukunftspositive Steuerung diese Branche angewiesen scheint. Von selbst – so macht es nach den vielen Expert:innengesprächen, die ich führen durfte, den Eindruck – ist sie weder willens noch in der Lage, Mobilität zu gestalten, statt immer weiter Autos zu bauen. Diese wiederum bringen im aktuellen Industriesystem nur Marge, wenn sie groß, überdimensioniert und am liebsten mit einem Verbrennermotor ausgestattet auf den Markt kommen. »Too big to fail« – so hieß es schon bei Nokia, deren Tastenhandys von Apple obsolet gemacht, und von Kodak, deren analoge Fotografie von Digitalkameras ersetzt wurde. Ich wünsche unserem Land nicht, dass ein ähnliches Phänomen unsere Autoindustrie einholt, von der wir uns so vielfältig abhängig gemacht haben. Unterschreiben, dass auch noch in zehn Jahren mehrere deutsche Autohersteller existieren, würde ich jedoch auch nicht.

Status quo der Alternativen zum privaten Pkw

Fast täglich erlebe ich, wie Menschen am aktuellen Zustand der Bahn und an fehlenden Radwegen verzweifeln. So viele wollen anders mobil sein, aber es wird ihnen verunmöglicht durch ein komplett auf das Auto ausgerichtetes System, so dass nicht wenige von jenen, die zum Umstieg in klimafreundlichere Mobilität bereit waren, wieder im eigenen Pkw sitzen. Weil es ihnen so schwer gemacht wird, selbstbestimmt und sicher ohne eigenes Auto unterwegs zu sein. Während ich diese Zeilen schreibe, ist es sogar so weit eskaliert, dass das sogenannte Deutschlandticket, das es mal für neun Euro für drei Monate zu kaufen gab, vor dem Aus steht. Weil Volker Wissing und damit der Politiker, der dieses Ticket einführte, nicht willens ist, die Mehrkosten zu tragen, die dieser Deutschlandfahrschein natürlich bei den Verkehrsunternehmen verursacht. Wechselten doch viele, die zuvor schon ein Abo im Nahverkehr hatten, auf das deutschlandweit gültige Ticket – und entzogen damit ihrem Verbund oder Verkehrsunternehmen Einnahmen. Ungeplant. Denn in den Planungen der Unternehmen waren diese Einnahmeverluste nicht vorhersehbar. Es ist gut (!!), dass auch die Verkehrsunternehmen etwas Zwang erfahren haben, sich übergreifend um Mobilität zu kümmern. Ungut ist, dabei keine zukunftssichere Finanzierung gewährleistet zu bekommen.

Das war mal anders. Vor der Auto-Kalypse war Deutschland tatsächlich in anderen Mobilitätsformen Weltklasse. Die Reichsbahn bezeugte dies ebenso wie die bereits erwähnten motorisierten Zweiräder. Kaum ein Mensch erinnert heute noch, dass bis in die späten fünfziger Jahre die schwäbischen NSU Motorenwerke den Weltmarkt von Fahrrad bis Moped dominierten. Vor Beginn des Zweiten Weltkrieges war die Reichsbahn größte Arbeitgeberin Deutschlands, bis 1941 sogar mit einer Tochter zuständig für die Reichsautobahnen.

Es ist eklatant, wenn man Deutschland mit Österreich und der Schweiz vergleicht, wie groß das Defizit in Sachen Bahn ist, im Vergleich zu den Niederlanden und Skandinavien spielt wiederum bei uns das Rad keine Rolle im Verkehrssystem. Warum wurden alle Verkehrsmittel außer dem Auto in Deutschland so depriorisiert, dass sie heute keine gleichberechtigten Alternativen mehr darstellen?

Je tiefer ich in die Recherche ging, desto umfassender wurden hier meine Erkenntnisse, wie sehr verschränkt Autoindustrie und Politik sind, wie viel Macht hier manchen gegeben wird und anderen so gar nicht. Aber auch, wie viel zerstört werden kann, einfach indem es nicht gepflegt und geachtet wird. Dabei lasse ich die Bahn selbst nicht aus der Verantwortung, vor allem nicht dort, wo ein Loslassen der eigenen Führungsrolle angemessen wäre, um mehr Kund:innen-Nutzen zu haben, aber vor allem auch, um europaweites Zugfahren so einfach wie Fliegen zu machen.

Starten möchte ich aber mit einer Person, die eine hohe Wertschätzung für Bahnsysteme und speziell die Deutsche Bahn hat, aber genau deswegen auch intensiv hinschaut, welche Entwicklung in Deutschland in diesem Segment genommen wurde. Dabei steigt der Rechtsanwalt und Berater Dr. Lorenz Wachinger gleich mit dem von mir benannten Produkt ein: dem Deutschlandticket. Was steckt dahinter, dass bei und trotz aller Begeisterung so schnell die Enttäuschung darüber wächst, dass weder die Finanzierung des Tickets noch der Preis von 49 Euro stabil zu sein scheint?

»Ich glaube, die Grünen sind mit dem Deutschlandticket in die Falle von Volker Wissing getappt. Das ist sein vergiftetes Geschenk, um sich aus der Verantwortung zu ziehen. Wir kämpfen seit Jahren um Finanzmittel. Wir haben Probleme an so vielen Orten. Da werden selbst in Großstädten bestimmte Verkehre zu Schwachlastzeiten nicht mehr gefahren wegen ein paar 100 000 Euro – und natürlich wegen Personalmangels. Schon vor dem Deutschlandticket hat man in vielen Regionen Zahlungsbereitschaft durch Tarifreduzierungen aus, wie ich finde, populistischen politischen Motiven aus dem System genommen. In vielen Großstädten heißt es bereits: ›Verkehrswende ist abgesagt.‹ Meiner Meinung nach wegen des Deutschlandtickets.«

Jede Person, die mal versucht hat, ganz entspannt mit dem Interrailticket zu reisen (ja, das gibt es für alle Altersgruppen, Senior:innen haben sogar ab einem gewissen Alter ähnliche Preisvorteile wie Schüler:innen und Student:innen), weiß, dass das aktuell eher unmöglich ist. Zu unterschiedlich sind die Reservierungssysteme, manchmal muss man sogar auf postalische Zusendung von Tickets warten, von grenzüberschreitenden Verbindungen gar nicht erst zu sprechen. Denn diese erweisen sich oftmals als nicht gut abgestimmt.

Björn Bender befasst sich seit 20 Jahren mit der Frage, wie man die Bahn attraktiver gestalten kann. Zunächst bei der Deutschen Bahn und der schweizerischen SBB, jetzt bei Rail Europe, einem Unternehmen, das seit über 90 Jahren Fahrkarten für Bahnverkehre vertreibt. Aktuell noch im Schwerpunkt an Reisende von anderen Kontinenten, die Europa per Zug bereisen.

»Kein Mensch möchte in den öffentlichen Verkehr gehen oder ihn massiv mehr nutzen, wenn es nicht enorm einfacher wird. Ich komme über Convenience, bin überzeugt, dass die Nachhaltigkeitsthemen gehoben werden können mit Einfachheit – und nicht andersrum. Und das Thema Ticketing in Europa oder grenzüberschreitende Tickets ist der größte Kundenschmerz.

Was wir als größter globaler Anbieter in dem Bereich machen, ist über 200 Eisenbahnen und Angebotsvielfalten in einer Plattform zu aggregieren. Wir sind für Endkunden sowie für Reisebusiness-to-Reisebusiness eine Plattform, unsere Partner sind alle globalen Reiseveranstalter und Reisebüros. Wenn du beispielsweise in Südkorea ein Ticket oder eine Reise kaufst nach Europa, quasi ein Package mit Flug und Bahn und Hotel, dann ist der Bahnanteil von uns. So wurde Rail Europe groß – als Distributor außerhalb von Europa für europäisches Bahnfahren. Die Idee war immer, das europäische Bahnportfolio außerhalb von Europa zugänglich zu machen. Jetzt machen wir das auch immer mehr in Europa und für alle Kundengruppen, denn dort ist das Potenzial natürlich am größten. Unsere Mission ist, dass wir Bahnfahren so leicht machen wie Automobilität.«

Guter Einstieg in die nächste Perspektive zum systemischen Hintergrund unseres Mobilitätsverhaltens, das für so viel Zerstörung und Emissionen sorgt! Denn noch ist das Fliegen absurd billig, sogar innerdeutsch machen hier Anbieter:innen der Bahn Konkurrenz. Eine wesentliche Statusreiseart, die ich selbst kennenlernen durfte, ist die der sogenannten Dienstreisenden, denen es lange völlig egal sein konnte, wie umweltschädlich und unsinnig ihre Reisen sind, solange sie nicht gegen interne Regeln verstießen, die sich zum Teil einfach auf den Preis, aber eben nicht auf die Umweltkosten bezogen.

Dabei kann gerade die »beruflich angeordnete Routine« ein Weg sein, auch das private Reiseverhalten zu verändern. Eine Frau, die hier positiv auf Gewohnheit einwirken will, ist Catharina Fischer. Als ehemalige Reiseverkehrskauffrau hatte Catharina einst die Welt der Pauschalreisen und Urlaubsträume im Blick, doch bald erkannte sie, dass ihr Herz nicht im Büro hinter einem Schreibtisch lag. Ihre Neugier und der Wunsch, internationale Horizonte zu erkunden, trieben sie dazu, die Selbständigkeit zu wählen. Heute berät sie Länder,

Städte, Regionen, Hotels und Veranstalter:innen in Fragen der Nachhaltigkeit und Digitalisierung.

Sie sagt: »Eine klimaneutrale Anreise in eine vom Klimawandel beeinträchtigte Destination wirkt fast schon zynisch, wenn vor Ort die Wälder in Flammen stehen, Gebiete überflutet sind oder die Temperaturen so hoch sind, dass ein Stadt- oder Strandaufenthalt am Tag unerträglich wird – und das nicht nur für die Touristen. Die Auswirkungen des Klimawandels auf touristische Lebensräume sind real und erfordern umfassende strukturelle Anpassungen.«

Insgesamt müssten wir uns bewusst machen, dass eine nachhaltige Tourismusindustrie mehr erfordere als nur klimaneutrale Flüge. Es gehe darum, die gesamte Wertschöpfungskette zu optimieren, um sicherzustellen, dass der Tourismus nicht nur für die Besucher:innen, sondern auch für die Umwelt, die Einheimischen sowie die Arbeitnehmer:innen Mehrwert stiftet, und das nicht nur im monetären Sinne.

Es ist eindeutig, wie groß der Einfluss der Autolobby seit Jahrzehnten auf die Politik im Allgemeinen und die Verkehrspolitik im Besonderen ist. Bernhard Knierim und Winfried Wolf führen aus: »Deshalb ist der Verkehrsmarkt – der Markt, in dem sich Straßenverkehr, Luftverkehr und Schienenverkehr konkurrierend begegnen – so gestaltet, dass das Auto und das Flugzeug deutlich bevorzugt werden. Umgekehrt werden die Schiene, nicht motorisierte Verkehrsarten und der öffentliche Verkehr an den Rand gedrängt. Wenn in den USA der Schienenpersonenverkehr nur noch einen Marktanteil von 0,3 Prozent hat, dann heißt das für die Autolobby in Westeuropa, dass der derzeitige Anteil der Schiene von rund acht bis zehn Prozent auf weniger als ein Zehntel zu reduzieren ist.«[84]

Der Fernbusverkehr wurde 2013 liberalisiert, vor allem ein Anliegen der FDP. Bis zu diesem Zeitpunkt waren Fernbusverkehre nur eingeschränkt möglich, da eine Kannibalisierung der Bahn vermieden werden sollte. Bereits 2018 gab es 23 Millionen Fernbus-Reisende. Damit wurde der Fernbus zum großen Konkurrenten des Schienen-Fernverkehrs. »Geschichte, wie wir sie in den USA nach dem Zweiten Weltkrieg erlebt hatten, als die Greyhound-Reisebusse wesentlich zur Zerstörung der Flächenbahn beigetragen haben, droht sich zu wiederholen. Hinter Flixbus stehen der finanzstarke US-Investor General Atlantic, der Daimler-Konzern und andere Investoren.«[85]

Heiner Monheim ergänzt: »Dazu passt, dass es auch unterhalb der Top-Ebene im Vorstand und Aufsichtsrat der Deutschen Bahn eine große Zahl von Führungskräften gab und gibt, die auch auf diesem Level die Durchsetzung des Bahnkonzerns mit Auto- und Luftfahrtinteressen dokumentieren. [...] Es gibt damit in Deutschland – und zugleich in Europa – Indizien für einen vergleichbaren, gefährlichen Prozess, wie wir ihn in den USA mit dem Niedergang des schienengebundenen, öffentlichen Verkehrs im Zeitraum 1930 bis 1960 erlebt hatten.«[86]

Claudia Kemfert bleibt dennoch optimistisch und hat auch ein ganz konkretes Beispiel aus Berlin: »Wie kann man da positiv rangehen und etwas verändern? Indem man einfach mal Dinge macht! Mein Büro liegt direkt an dem Teil der Friedrichstraße, die zweimal vom Autoverkehr befreit wurde, aktuell rollt der Autoverkehr wieder. Die Fehlentwicklungen der Verkehrspolitik sind symptomatisch und exemplarisch. Ich habe sie direkt vor meiner Nase: Die Friedrichstraße ist in diesem Teil eine dichtbefahrene Straße mit sehr vielen Geschäften, mit sehr viel Feinstaub und sehr viel negativen Umweltwirkungen und leider Unfalltoten. Ich selber bin Zeugin von drei sehr schwerwiegenden Unfällen geworden. Zwei waren tödlich. Dann wurde diese Straße autobefreit, und alle konnten aufatmen, im wahrsten Sinne des Wortes. Ich und meine Kolleginnen konnten es genießen, es entstanden

Cafés mit Grün und Plätzen zum Verweilen. Ich habe hier Aufnahmen gemacht, wunderbare Fotos von genau der Strecke, wo es Unfalltote gab, wo Kinder spielen, wo Schulklassen tanzend durch die Straße laufen. Fahrräder fahren. Ohne Feinstaub, Lärm und Stress, eine echte menschengerechte Stadt. Einfach wunderbar! Ich konnte beobachten, was es bewirkt, wenn man Dinge mal ausprobiert. Selbst in Mailand, wo ich vor über 30 Jahren wohnte, wurden schon damals Straßen für Autos gesperrt. Auch das hatte gut funktioniert. Historische Altstädte schützt man seit jeher vor dem Autoverkehr.

Die Friedrichstraße ist aktuell wieder eine Autostraße. Bei uns im Haus sind alle total genervt von den Autos. Alle haben vorher erlebt, wie toll es war mit den Menschen auf den Straßen. Macht die Politik Dinge für Menschen oder für Autos?

Und diejenigen, die in der Friedrichstraße dafür waren, dass sie für den Autoverkehr freigegeben ist, argumentierten, dass es besser wäre für die Einkaufsläden. Ich hätte dazu gern eine empirische Evidenz gesehen. Die Shops müssten ja jetzt alle wiederkommen, das ist bisher nicht zu beobachten. Die tollen Cafés mit Grün und Bänken auf den Straßen werden wohl eher schließen. Jetzt sitzt man wieder direkt an der Straße und muss Lärm und Feinstaub ertragen. Furchtbar. Dieses krampfhafte Festhalten an der Vergangenheit ist Teil der Desinformationsnebelmaschinerie und hat nichts mit der Zukunft zu tun und nichts mit dem, was wir ja auch durch Autokorrektur erreichen können.

Das geht nicht überall, jeder Ort ist anders. Aber einfach mal ausprobieren, Innovation zulassen, auch im ländlichen Raum mit On-Demand-Fahrzeugen, Elektro, kleinen Bussen, zukunftsgerichtete Politik machen, zusammen mit der Wirtschaft, aber vor allen Dingen für die Menschen.«

Was aber nun führt konkret zum Erfolg? Wie lässt sich die Mobilität anders gestalten? Welche Vorbilder gibt es in Europa? Till Koglin lebt mit seiner Frau in Schweden und hat 2013 über die Fahrradverkehrsplanung in Kopenhagen im Vergleich zur der in Stockholm promoviert. Zwei skandinavische Hauptstädte: Eine bekannt dafür, Fahrradwelthauptstadt zu sein – die andere so gar nicht. Das machte ihn neugierig, vor allem im Hinblick darauf, welche Machtsysteme hier eine Rolle spielten. »Verkehr war für mich Nebensache, bevor ich angefangen habe, darüber zu promovieren. Gentrifizierung oder Segregation, soziale Probleme in der Stadt haben mich interessiert. Das hat sich dann aber gesteigert, je mehr ich mich mit Mobilität beschäftigt habe. Warum müssen die Autofahrer nicht anhalten, aussteigen und auf den Knopf drücken und warten, bis es grün wird?«

Es sei ein grundlegendes Problem, dass man Verkehrsplanung und Stadtplanung meist voneinander trenne. »Dabei kann man die Stadt nicht ohne den Verkehr planen. Ich beschäftige ich mich ganz viel mit den Machtverhältnissen in der Planung. Welche Kultur steckt dahinter? Welche Machtstrukturen in der Gesellschaft beeinflussen wirtschaftliche, kulturelle und soziale Strukturen? Ich finde Privatisierungen von Mobilität falsch. Der Markt kann viele Dinge lösen, aber nicht alles. Mobilität ist ein Recht, das jeder haben sollte, aber das muss dann geliefert werden von der öffentlichen Hand.«

Zakia Soomauroo, die zu einer nachhaltigen Verkehrswende forscht, bringt einen weiteren internationalen Aspekt in die Diskussion ein: »Im Rahmen meiner Feldforschung habe ich auf Martinique und Dominica Haushaltsbefragungen durchgeführt. Die meisten der Inseln, die ich untersucht habe, haben eine koloniale Vergangenheit. Und mir ist aufgefallen, dass Mobilität stark mit Herkunft zusammenhängt. Martinikaner, Dominikaner und Mauretanier europäischer Herkunft antworteten, sie würden zu 98 Prozent mit dem Auto fahren. Die Schwarze Bevölkerung hingegen benutzt zu 60 Prozent öffentliche Verkehrsmittel. Leider wird dort kaum in den ÖPNV investiert. Für die Schwarzen bedeutet das: Von ihrer Wohnung bis zur nächsten Haltestelle sind es oft 20 Minuten Fußweg. Bei der Hitze und der hohen Luftfeuchtigkeit ist das wahnsinnig anstrengend, aber sie haben keine andere Wahl. Sie sind auf die öffentlichen Verkehrsmittel angewiesen. Es gibt keinen Dialog zwischen den Leuten, die Auto fahren, und denjenigen, die die öffentlichen Verkehrsmittel nutzen.«

Um Projekte wie Stadtbegrünung geht es der Public-Interest-Designerin Leila Rudzki. Ihren Blick aus der Design-Perspektive behielt sie auch bei ihrem Job als Stadtplanerin bei. Ihre Motivation bestehe darin, das Leben in Städten durch Gestaltung noch besser zu machen. »Es ist wichtig zu erkennen, dass das Bild der Städte von Menschen geschaffen wurde und wird; wir leben in einer kapitalistisch geprägten Gesellschaft. Wenn sich also das Bild der Stadt ändert, wäre dies Zeugnis einer komplexen gesellschaftlichen Veränderung. Die überdimensionierten Straßen und Wege, die hauptsächlich für den Verkehr konzipiert sind, werfen die Frage auf, ob es nicht an der Zeit ist, mehr Raum zum Leben zu schaffen. Seit der Moderne beobachten wir, dass Straßen breiter wurden und der Lebensraum geringer, alles im Dienste des Automobils. Erst angesichts der Entwicklungen der letzten Jahre, beispielsweise durch das verstärkte Arbeiten im Homeoffice während der Corona-Pandemie, fiel das Automobil als Accessoire der Leistungsgesellschaft weg.«

Macht uns eine gesunde Umgebung vielleicht glücklicher als Autobesitz? Autobesitz an sich steht ja nicht für eine gesunde Mobilität, sondern nur dafür, dass im Haushalt ein oder mehrere Pkw stehen, die genutzt werden können, um Wege zurückzulegen. Sobald die Funktion »erlischt«, weil das Auto vor der Haustür abgestellt wurde, sollte der Fokus vom Transportmittel zur Wohnumgebung gehen können. Sehen wir unseren eigenen Anteil an der Zerstörung und Belastung, die Autos für Dritte bedeuten?

Immer wenn neue Mobilitätsformen installiert werden, wird nach unfassbar kurzer Zeit gefragt: Was hat es gebracht – und was kostet uns das? Dass der Autoverkehr nicht nur milliardenschwere Subventionen vielfältiger Art bis heute erhält und seine Folgekosten komplett externalisiert hat, davon ist nie die Rede. Dieser Vergleich wird nicht gemacht, wir haben uns an die Solidargemeinschaft Pkw in Deutschland gewöhnt – auch jene, die nicht mal einen Führerschein haben, zahlen mit.

Das *Manifest der freien Straße* hat hier ein paar Zahlen zusammengetragen, die verdeutlichen, wie viele Facetten von »günstiger« die Mobilitätswende bewirken könnte: günstiger Bau, ressourcenschonender, gesünder: »Jeder Kilometer mit einem Auto verursacht 11 Cent externe Kosten. Jeder Kilometer zu Fuß spart dagegen 37 Cent ein. Pflege und Ausbau des 2400 Kilometer langen Berliner Radverkehrsnetzes kostete die Steuerzahler:innen 2021 32,8 Millionen Euro, während eine lediglich 7,3 Kilometer lange Erweiterung der Berliner Stadtautobahn 848 Millionen Euro kostete. Jeder Radnetzkilometer kostet also nur ein Zehntausendstel eines innerstädtischen Autobahnkilometers. Lässt man deutsche Autofahrerinnen und -fahrer schätzen, wie viel sie monatlich für ihr Auto ausgeben (interne Kosten), schätzen sie durchschnittlich 204 Euro. Tatsächlich liegen die Kosten jedoch mit 425 Euro bei mehr als doppelt so viel. Die meisten Mittel- und Großstädte haben passable ÖPNV-Angebote, die viele Autofahrende nicht kennen (oder nicht kennenzulernen bereit sind). Das ist im öffentlichen Nah- und Fernverkehr ganz ähnlich: Die Hälfte der Bundesbürgerinnen und -bürger hat in den letzten zehn Jahren nicht ein einziges Mal einen Zug genutzt. Das Auto im Kopf führt zu Denk- und Handlungsblockaden.«[87]

Eines müssen wir der Auto- und Fossil-Industrie mit ihren Lobbys und milliardenschweren Werbebudgets lassen:

Sie haben sogar Menschen zu ihren Adlat:innen gemacht, die gar kein Auto besitzen. Die Verteidigung der Automobilität scheint ein gesamtgesellschaftlicher Reflex zu sein, der im wahrsten Sinne des Wortes täglich gut geölt wird. So treten Automarken als »Produktunterstützer:innen« öffentlich-rechtlicher Krimis auf (was natürlich nur im Abspann zu erwähnen ist, eigentlich müsste ein ›Dauerwerbesendung‹ platziert werden), es gibt weiterhin seitenweise Autotipps und -tests, sei es als feste Rubrik in Tageszeitungen oder als Wochenendbeilage, und manch erster Schritt der notwendigen Veränderung wird nicht gemacht, aus Angst, die Sympathie (von wem eigentlich?) zu verlieren.

Auch die auf EU-Ebene geführte Debatte im Rahmen der Entwicklung von Maßnahmen zum Erreichen des verkehrspolitischen Zieles »Vision Zero« (null Verkehrstote) zeigt diesen falschen Wertekompass auf. Schon die Idee einer Einführung von Führerscheintests ab einem bestimmten Alter (in unzähligen europäischen Ländern sowie für Kraft- und Busfahrer:innen bereits üblich) wird genutzt, um die üblichen Kampfparolen um Freiheit und Eigenverantwortung zu stressen. Was aber, wenn solche Regelungen helfen, zuzugeben, nicht mehr Auto fahren zu können? Oder diese wahrnehmbar machen, dass seit Führerscheinerwerb Einschränkungen entstanden sind, die Autofahren unsicher machen? Wenn mehr Menschen »aussteigen« würden, wäre die Scham vielleicht auch nicht mehr so groß – und der Druck auf die Politik würde wachsen, Daseinsvorsorge in Sachen Mobilität eben auch ohne Auto zu gestalten.

Was schließen wir daraus? Es ist kompliziert, aber möglich, mit einer aufrichtig gemeinten Mobilitätswende wirklich etwas zum Wohle aller zu tun, am meisten aber für jene, die seit Jahrzehnten unter unserer Autozentrierung leiden: Kinder, Menschen mit Einschränkungen, marginalisierte Gruppe, ältere Menschen. Welche Rolle spielen dabei Gesetze?

Rechtliche Hemmnisse

Die rechtlichen Grundlagen unseres heutigen Verkehrssystems entstanden vor dem Faxgerät, Novellierungen erfuhren diese Gesetze vor allem in Zeiten des Autotaumels. Flüssiger Verkehr, das war das Ziel, nicht für alle, sondern für das Auto. Ruhender Verkehr, der andere Aggregatzustand von Autos, also das Abstellen im öffentlichen Raum, ist seit den sechziger Jahren überall erlaubt, wo es nicht verboten ist.

Dr. Olaf Dilling ist Rechtsanwalt aus Bremen mit Schwerpunkt im Verkehrsverwaltungsrecht. Er sagt: »Es ist das Straßenverkehrsgesetz und die Straßenverkehrsordnung (StVO), die das Verkehrsrecht als ein Ordnungsrecht betrachten, also ein Recht der Gefahrenabwehr mit Fokus auf Gefahren, die Sicherheit und die Ordnung des Verkehrs. Ordnung des Verkehrs, darunter wird vor allem die Flüssigkeit des Autoverkehrs verstanden. Daran orientiert das Straßenverkehrsrecht fast alles. Wenn man nicht durch Verkehrsunfallstatistiken nachweisen kann, dass es in den letzten Jahren Unfälle gegeben hat, dann sind Verbesserungen wie Tempo 30, eine Fußgängerampel oder ein verkehrsberuhigter Bereich oft nahezu unmöglich gegenüber der Verwaltung durchzusetzen.«

»Mobilitätswende-Menschen« wird schnell Ideologie und Symbolpolitik vorgeworfen; ich finde das, was hier in Berlin, aber auch an anderen Orten stattfindet, eher ideologisch, vor allem wenn es doch schon seit Jahren gut funktioniert hat. Denn auch die A24 in Berlin ist ihr Tempolimit los, dort galt 20 Jahre Tempo 130. Nach Aufhebung gab es allein an einem Septemberwochenende zwölf Unfälle mit 27 Pkw. Die Autobahn GmbH verlautbarte: »Es habe lediglich ›mehr

Auffahrunfälle an Wochenenden‹ gegeben – die aber darauf zurückzuführen seien, dass der Sicherheitsabstand nicht eingehalten wurde. Daher sei eine Einschränkung wie ein Tempolimit ›nicht zulässig‹.«[88] Ich weiß nicht, ob pure Vernunft je siegen wird. Auch in Sachen Radwege in Berlin gab es 2023 nicht viel Gutes zu berichten. Das Interessante ist ja, dass bei Autobahnen nie gefragt wird, ob sie eine dauerhafte Kapazitätssteigerung bringen.

Das sieht auch Olaf Dilling: »Teil meines Tätigkeitsansatzes als Anwalt ist es zu erreichen, dass Gerichte Kapazitätsgründe für die Einrichtung von Fahrradwegen anerkennen und nicht ›nur‹ reagieren, wenn Fahrradfahrer sterben. Was Behörden und Gerichte nicht im Blick haben: Man braucht Platz für die Mobilitätswende und das Recht auf diesen Platz. Daher müssen Kommunen ihren Fahrradfahrern Platz schaffen dürfen. Das lassen wir uns auch vor Gericht nicht verbieten.«

Friederike Pfeifer vom Institut für Klimaschutz, Energie und Mobilität IKEM schwirrt beizeiten der Kopf, wenn es um die verschiedenen Ebenen von »Straßengesetzgebung« geht. »Wenn man auf die Rechtsgrundlagen schaut, ist der Block aus Straßenverkehrsgesetz, Straßenverkehrsordnung und den Verwaltungsvorschriften zur Straßenverkehrsordnung am praxisrelevantesten für den Straßenverkehr. Hinzu kommen die technischen untergesetzlichen Regelungen von der Forschungsgesellschaft für Straßen- und Verkehrswesen, die für die konkrete Planung des Straßenentwurfs wichtig sind. Allerdings ist diese Liste bei weitem nicht vollständig – es gibt beispielsweise noch die Elektro-Kleinstfahrzeugeverordnung, das Elektromobilitätsgesetz, das Carsharing-Gesetz und vieles mehr.«

Alles verstanden? Ich nicht. Aber dafür haben wir ja Jurist:innen. Nur: Die Verwirrung wird innerhalb dieses Systems auch noch gesteigert.

Im Koalitionsvertrag steht: »Wir werden Straßenverkehrsgesetz und Straßenverkehrsordnung so anpassen, dass neben der Flüssigkeit und Sicherheit des Verkehrs die Ziele des Klima- und Umweltschutzes, der Gesundheit und der städtebaulichen Entwicklung berücksichtigt werden, um Ländern und Kommunen Entscheidungsspielräume zu eröffnen.«[89]

Damit werden die Gesetze, die von den hier bereits zu Wort gekommenen Jurist:innen als enorm wichtig bezeichnet wurden, eindeutig benannt: das Straßenverkehrsgesetz (StVG) und die auf dessen § 6 beruhende Straßenverkehrsordnung (StVO). Im Juni und im Oktober 2023 passierten beide Novellen jeweils im Entwurf das Kabinett.

Robin Kulpa von der Deutschen Umwelthilfe ließ sich zitieren mit der Aussage: »Jetzt gibt es zehn verschiedene Ausnahmen von einer Regel, die einfach abgeschafft werden könnte. Das ist kein großer Wurf, sondern unübersichtliches Flickwerk.«[90] Und es stimmt leider: Bei genauerem Hinsehen enthalten beide Entwürfe keine neuen Handlungsmöglichkeiten für Kommunen, da vermeintlich erweiterte Befugnisse der Behörden, um Radwege, Busspuren, Fußgänger:innen-Überwege und Tempo 30 zu etablieren, weiter nur unter Einschränkungen möglich sind – wie bisher.

Und wieder einmal ist in anderen Ländern schon sehr viel mehr Handlungsraum für Kommunen entstanden. Der Blick in dieses Ausland kann sich lohnen, sagt Friederike Pfeifer: »Auch wenn die Rechtsordnungen und Rahmenbedingungen sich unterscheiden und eine 1:1-Übernahme von Konzepten oder Regelungen deshalb selten möglich ist, lassen sich hieraus interessante Ideen ableiten. Während es zum Beispiel im Vereinigten Königreich wie in unserer StVO das Gebot der gegenseitigen Rücksichtnahme im Verkehr gibt, werden zusätzlich seit 2022 mit der ›Hierarchy of Road Users‹ die verletzbarsten Verkehrsteilnehmer an die Spitze gestellt.

Auch die Straßenverkehrsordnung in Österreich ist interessant: Sie und die deutsche StVO haben gemeinsame Wurzeln – aber während in Deutschland die unterschiedlichen Verkehrsarten unter der Überschrift ›Allgemeine Verkehrsregeln‹ versteckt sind, haben allgemeiner Fahrzeugverkehr, Fahrräder und Motorräder im Besonderen, sowie Fußgängerverkehr eigene Abschnitte. Zusammenfassend lässt sich sagen: Es ist notwendig, dass die Rechtsgrundlagen im Straßenverkehrsrecht an unterschiedlichen Stellen grundlegend überarbeitet werden, und es wäre wünschenswert, wenn eine bessere Verzahnung zwischen Städtebaurecht und Stadtentwicklungsplanung mit Verkehrsrecht und Verkehrsplanung geschaffen werden könnte.«

Doch die Realität sieht anders aus: »Für eine große Mobilitätswende brauchen die Verkehrsteilnehmer wohl Geduld. Wenn die Ampel-Koalition aber wenigstens eine Mini-Reform auf die Straße bringen will, müsste sie die vielen Unklarheiten ausräumen. Und klarstellen, dass Radwege, Zebrastreifen und Bussonderfahrstreifen auch allein aus Gründen des Umwelt- oder Gesundheitsschutzes zulässig sind. Doch wenn man sich den StVO-Entwurf ansieht, wird man den Eindruck nicht los, dass die Unklarheit womöglich beabsichtigt ist – etwa um eine nur geringfügig veränderte Rechtslage als großen Wurf zu verkaufen.«[91] Aber wie bei so vielen Details der Mobilitätswende, wo Politik nicht wirklich etwas vorantreibt, machen sich andere Gedanken und legen sogar Gesetzesentwürfe vor, die einfach nur übernommen werden müssen.

Kerstin Haarmann ist im Bundesvorstand des Verkehrsclub Deutschland (VCD) und hat mit wissenschaftlicher und juristischer Beratung überlegt, wie hier rechtlich ein echter Schritt nach vorne gelingen kann. »Der VCD hat sich mit seinem wissenschaftlichen Beirat hingesetzt und ein Bundesmobilitätsgesetz entworfen, das übergeordnete Gemeinwohlziele im Verkehr einführt und die Planung auf Bundesebene beschleunigt und integriert.«

Richtig unerträglich wird es, wenn täglich acht Menschen und darunter natürlich auch immer wieder Kinder von Autofahrer:innen getötet werden, die ihr Fahrzeug entweder nicht im Griff haben oder – und auch das zeigen Studien – durch die immer weiter verbesserten Sicherheitssysteme riskanter fahren, weil sie sich in ihrer Stahlschachtel als unverwundbar erachten. 2022 wurde eine Elfjährige in Berlin getötet, als sie über eine vierspurige Straße ging, nachdem ihre Ampel auf Grün wechselte. Ein Herr brachte die 218 PS seines Pkw auf über 65 km/h und fuhr das Mädchen an, das sofort verstarb.

Die *taz* berichtete: »Das Urteil: Neun Monate Gefängnis auf Bewährung. Im April 2024 kann der Täter auch seinen eingezogenen Führerschein wiederbekommen. Anders als in Zügen, wo sich Reisende als Gemeinschaft verstehen (oder verstehen müssen), begreifen sich Autofahrende als Individuen. Deshalb aber gibt es so großes Tamtam, wenn Beschränkungen gefordert werden. Dabei muss es einen Paradigmenwechsel geben: Denn das Auto ist kein Objekt der Befreiung mehr, sondern eins der Unterdrückung und Bedrohung. Entsprechend vorsichtig muss damit umgegangen werden. Die Rechtsprechung in Deutschland jedoch tut bisher alles dafür, dass Autofahrenden keine Steine in den Weg gelegt werden, selbst wenn Leute durch sie zu Schaden kommen. Genau wie die Waffenlobby und auch die politische Rechtsprechung in den USA alles dafür tun, dass alle jederzeit eine Waffe besitzen dürfen.«[92]

Im Auto entkoppeln wir uns so sehr von unserer Umgebung, dass sich eine für Dritte tödliche Kombination ergeben kann: Überschätzung der eigenen Fähigkeiten, Aufnahme der situativen Verhältnisse im Straßenraum plus kleinste Ablenkungen wie der Griff nach dem Handy machen aus modernen, schweren, riesigen Pkw gefährliche Objekte. Die Wahrnehmung von Autofahrenden bezieht sich hauptsächlich auf den Ausgangspunkt und das Ziel einer Fahrt, wodurch sie von der Gesellschaft um sie herum abgeschnitten sind. Diese Isolation kann zu individualistischeren Verhaltensweisen führen, von denen viele die Möglichkeiten zur sozialen Interaktion verringern. Es ist viel einfacher, jemanden draußen zu übersehen, wenn man in einem zwei Tonnen schweren Gefährt isoliert ist. Brauchen wir hierfür neue Regelwerke, die die negativen Folgen von Autoverkehr abmindern helfen?

Ich hatte die Idee, zwölf Vorschläge zur Transformation der Autoindustrie, des Nahverkehrs und der urbanen Veränderung von Mobilität in einem Post zusammenzutragen. Innerhalb weniger Minuten hatte ich dieses Dutzend von umfänglichen Studien zusammen. Das Engagement ist unglaublich, das da von extern investiert wird, um Teil der Lösung zu sein und Vorschläge und Szenarien zu entwickeln, die nur noch umgesetzt werden müssten. Von Fridays for Future über das Wuppertal-Institut, von Greenpeace zur Rosa-Luxemburg-Stiftung, von der IG Metall bis eben zum VCD mit diesem detailliert ausgearbeiteten Gesetz. Das Bundesmobilitätsgesetz ist ein konkreter Gesetzesvorschlag, so dass man ihn eigentlich nur noch übernehmen muss ins Bundesgesetzblatt.

Das Bundesmobilitätsgesetz sieht vor, auch den jetzigen Bundesverkehrswegeplan komplett zu ersetzen. Denn der lasse sich nicht reformieren. »Es ist grundsätzlich so, dass wir nach einem Klimabudget planen müssen. Es gibt den Rahmen vor, und innerhalb des Rahmens kann man dann vernünftig planen. Die meisten progressiven Jurist:innen sind sich einig, dass aus dem Staatsziel Umweltschutz in Artikel 20a Grundgesetz ein einklagbares Grundrecht wird, auf dass sich Bürger berufen können.«

In meiner Podcast-Episode mit Roda Verheyen, einer Juristin, die sich auf Umweltrecht spezialisierte, habe ich sie gefragt, was ich als einzelne Person tun kann, wenn die Politik mich nicht vor den Auswirkungen der Klimakatastrophe schützt. Wenn diese nicht dafür sorgt, dass meine Lebensbedingungen, aber vielmehr noch die von Vulnerablen angenehm bleiben. Roda unterstrich, dass der Klageweg immer wichtiger werde. Ihre Klagen gegen Volkswagen und RWE macht sie z.B. gemeinsam mit Umweltorganisationen, aber auch Betroffenen aus dem Globalen Süden oder jungen Menschen aus Deutschland, die in der aktuellen Politik eine Bedrohung ihrer Lebensgrundlagen sehen. Sie sieht hier eine der wenigen Möglichkeiten, zum einen Präzedenzfälle zu schaffen, zum anderen aber auch, die fossile Maschinerie zu stören oder temporär zum Stillstand zu bringen.

Diesem juristischen Schwerpunkt widmet sich auch ClientEarth, eine Umweltrechtsorganisation mit acht Standorten und Aktivitäten in über 50 Ländern. »Wir setzen bestehendes Recht durch, unterstützen unterschiedliche Akteur:innen in Umweltverfahren und wirken bei der Gesetzgebung mit«, erklärt ClientEarth-Juristin Lea Main-Klingst.

Einer der Beschwerdeführenden lebt in München und leidet an Asthma – er verlässt sein Haus oft nur mit Atemmaske. An der Messstation in der Nähe seiner Wohnung wurde 2022 an insgesamt 360 Tagen die Empfehlung der WHO überschritten, am Tag mit der höchsten Belastung hatte er ein um 106,4 Prozent erhöhtes Risiko einer Verschlimmerung seines Asthmas.

Im Klimabeschluss des Bundesverfassungsgerichts geht es um die Lebensqualität und Freiheiten zukünftiger Generationen. Luftverschmutzung ist ein riesiges Problem. Nicht nur in Städten, sondern generell in Europa. Wir Menschen haben keine Wahl: Wir müssen atmen. Luftverschmutzung führt zu unzähligen Krankheiten. Zu Zehntausenden vorzeitigen Todesfällen. Asthma, Krebs, sogar Demenz lassen sich auf ungesunde Luft zurückführen.

Ella Adoo-Kissi-Debrah war die erste Person im Vereinigten Königreich, bei der Luftverschmutzung als Todesursache auf dem Totenschein vermerkt wurde. Die Neunjährige litt an Asthma, das sich kontinuierlich verschlimmerte und 2013 zu ihrem Tod führte.[93] Ihre Eltern wussten weder von den Zusammenhängen zwischen Feinstaub und der Erkrankung, noch waren die damals gültigen Grenzwerte ausreichend, um Leben zu schützen. 40 000 Menschen, so die Schätzungen, sterben in London vorzeitig durch diese unmenschliche Belastung. Doch Ellas Tod erhielt nach vielen, die anonym an der Luftbelastung starben, Aufmerksamkeit und war mit ein Anlass für die WHO, neue Richtwerte zu entwickeln.

Haben solche Versäumnisse, solche Ignoranz System? Liegen dahinter Strukturen, deren Ziel es vielleicht sogar ist, dass die Alternativen keine mehr sind? Diesen Fragen widme ich mich im nächsten Kapitel.

Planungs- und Systemfehler, Lobbyismus und Industrie(politik)

Immer wieder wird betont, wie schwer das doch alles sei mit der Mobilitätswende. Es gäbe nun mal nicht überall Schienen und gute Busverbindungen. In meinen Ohren klingt das stets wie Hohn, da diese ja bewusst abgebaut worden sind. Denn es gab sie mal. Aber sie wichen dem Glauben an das Auto, während andere Länder, die weitaus schlechtere Ausgangslagen im Bahnverkehr hatten als wir, ihre Infrastruktur pflegten und ausbauten. Und jetzt kaum Probleme haben, klimagerechte Mobilität anzubieten. Natürlich stimmt es, dass Bahninfrastruktur nicht mal so eben wiederaufgebaut werden kann, von einigen Reaktivierungsprojekten abgesehen liegen manche Schienenstrecken schlicht nicht mehr vor. In Wuppertal entstand ein phantastischer Radschnellweg, der toll zu fahren ist, aber mitnichten die Transportkapazität der einstigen Bahnstrecke erreichen kann.

Zwei Herren, die sich hier sehr umtriebig als Lobbyisten eines ebenso vernachlässigten Verkehrsmittels betätigen, sind die Bus-Unternehmer Julien Figur und Finn Peters. Mit ihnen beleuchte ich die vielen Lösungsfacetten, die Busse in der Mobilitätswende abbilden können, aber auch die strukturellen Nachteile, die dieses Verkehrsmittel noch ausbremsen.

Julien weist auf einen weitgehend unbekannten Faktor hin: »Wenn wir den Reisebus in die Mobilität einordnen, dann ist er heute schon das nachhaltigste motorisierte Verkehrsmittel.« Nur wisse das eben niemand. »Der Autofahrer ärgert sich über den langsam anfahrenden Reisebus oder über den in der zweiten Reihe stehenden Reisebus. Aber dass wir ohne diesen Bus 50 Autos mehr auf der Straße hätten, fällt dem Autofahrer nicht auf.«

Julien ist davon überzeugt, dass der Reisebus als Angebot für ein Unternehmen im B2B-Kontext Teil der DNA werden muss, so wie es in Amerika oder auch an anderen Orten Standard ist. Mitarbeiter:innen nutzen dort den Bus morgens für den Weg zur Arbeit, um schon produktiv zu sein. »Das wird ein Teil der Zukunft sein. Egal, ob es jetzt nun der Shuttlebus zwischen Standort 1 und Standort 2 oder ob es der Arbeitsweg ist.« Finn Peters weist jedoch auf einen meist unbekannten Haken an der Sache hin: »Deutschland ist extrem teuer. Du bezahlst 10 000 Euro für den Reisebusführerschein, in der Regel aus der eigenen Tasche. Klar, du hast Verantwortung, du musst Leute transportieren, aber so was muss subventioniert werden.«

Die Bedeutung von offenen Daten[94] im Kontext der Tourismusbranche ist von unschätzbarem Wert. In offenen Daten liegen unzählige Potenziale verborgen. Sie ermöglichen es uns z. B., Besucher- und Verkehrsströme effizienter zu lenken, Frühwarnsysteme für extreme Wetterbedingungen zu entwickeln, klimagerechte Gebäudesteuerung umzusetzen oder das Buchungsverhalten differenzierter anzupassen. Diese Potenziale sind nicht nur wirtschaftlich wertvoll, sondern auch entscheidend für den Schutz unserer Umwelt und die Sicherheit der Reisenden.

Menschen sind laut Catharina Fischer zunehmend bereit, ihre Reisen nachhaltiger zu gestalten und die Auswirkungen auf die Umwelt zu minimieren. »Dennoch zeigt sich ein scheinbarer Widerspruch zwischen diesem steigenden Interesse und den tatsächlichen Buchungen nachhaltiger Angebote. Ein Hauptgrund liegt in der Unklarheit und der Vielzahl der Nachhaltigkeitskennzeichnungen. Obwohl es zahlreiche Siegel und Zertifikate gibt, die helfen sollen, nachhaltige Angebote zu identifizieren, sind sie für die Kunden oft verwirrend und wenig aussagekräftig. Wir brauchen klare und einheitliche Standards, die Vertrauen schaffen und den Kunden eine leicht verständliche Orientierung bieten.«

Die letzten Interviews zeigen auf, wie systemisch die Abhängigkeit vom Auto erschaffen und bis heute gestaltet wurde. Vor allem auch durch eine Verkehrspolitik, die von Beginn an als Autopolitik agierte. Wer ein bestimmtes Verkehrsmittel im Fokus hat, dieses vielleicht sogar persönlich auch als einziges umfassend nutzt, entwickelt einen Tunnelblick, der nach vorne gerichtet nur das weitere Steigern von Autoverkehr kennt und alle weitere Möglichkeiten defokussiert und vernachlässigt.

Ein Mensch, der die Autoindustrie seit Jahrzehnten kritisch begleitet, ist Jürgen Resch, Geschäftsführer der Deutschen Umwelthilfe (DUH). Sein neues Buch *Druck machen! – Wie Politik und Wirtschaft Umwelt- und Klimaschutz verhindern und was wir wirksam dagegen tun können* fasst 47 Jahre seiner Arbeit im Umwelt- und Klimaschutz zusammen. Und es zeigt die Machenschaften auf, die Jürgen nicht nur aufdeckte, sondern auch erfolgreich bekämpfte. Ein besonderer Fokus von ihm, aber auch der DUH liegt dabei auf besagter der Autoindustrie.

»In den vergangenen 30 Jahren sind die Automobilkonzerne immer einflussreicher geworden«, fasst Jürgen zusammen. Die Ausrichtung auf kurzfristige Gewinnoptimierung habe dazu geführt, dass in Deutschland – dem Land der Erfinder des Automobils wie auch der Elektromobilität – vor allem durstige Verbrenner-Stadtpanzer produziert würden. »Effiziente Elektro-Pkw für den Massenmarkt werden in China, Südkorea und den USA entwickelt. Audi, BMW, Mercedes-Benz, VW und Porsche konzentrieren sich zunehmend auf das Luxussegment. Und da sie mit der E-Mobilität derzeit keinen Gewinn machen, konzentrieren sie sich weiter auf schmutzige und klimaschädliche Verbrenner-Limousinen.«

Ich habe eine große Sehnsucht nach Politiker:innen, die Haltung über Machterhalt stellen. Der Markt Auto ist lange übersättigt, komplett dysfunktional und toxisch. Daher muss – auch ohne Klimakatastrophe – Schluss sein mit Straßenbau. Die Ressourcen sollten in alles von Fuß- bis Bahnverkehr gesteckt werden.

Aber was heißt das denn nun im Umkehrschluss? Wenn schon die Politik nicht in der Lage ist, einen Abbau des Autobestandes voranzutreiben, sondern die weitere Steigerung des Bestandes sogar noch auf ihren Social-Media-Kanälen bejubelt, wer könnte von außen betrachten und berechnen, welche Zielzahl an Pkw unsere Mobilität sichert? Hier bin ich bei meinen Recherchen dann auf den bereits zitierten Jacob Spanke gestoßen, der genau dieser Frage bei der Gestaltung eines eigenen Buches nachgeht.

»Was ich an Verkehrspolitik spannend finde, sind drei Punkte. Der eine, dass Verkehr so einen großen Einfluss aufs Klima hat. Der zweite, dass, obwohl es so viel offensichtliches Potenzial gibt, am wenigsten passiert. Und drittens ist mir inzwischen auch bewusst, was für ein Hebel für Lebensqualität in einer guten Mobilitätspolitik steckt. Meine Ausgangsfragestellung war daher, wie der Strukturumbau gelingt. Und warum die These falsch ist, dass die Wirtschaft in Deutschland den Bach runtergehe, wenn wir nur ein Auto weniger herstellen.

Daraufhin habe ich die Zahl von 10 Millionen Autos als Ausgangshypothese genommen. Weil 90 Prozent der Autos stehen. Das heißt: Selbst in der Rushhour werden nur 4,5 Millionen Autos gefahren. Und dann bin ich vom Doppelten ausgegangen. Wenn ich jetzt nur von den Verkehrsbedürfnissen komme, dann haben wir drei oder vier Quartile bei den Wegelängen. Die ersten 25 Prozent aller zurückgelegten Kilometer finden bis 15 Kilometer statt. Das ist ein Bereich, der gut mit Fuß, Fahrrad, mit E-Bikes bewältigt werden kann.

Mit Bussen, Bahn und Carsharing mache ich das zweite Quartil bis 35 Kilometer. Momentan wird jede Fahrt zu jedem Ort nur mit einem Drittel der Sitzplatzkapazität ausgelastet. Das heißt, wenn ich Fahrten gepoolt bekomme, sind dann noch mal ganz andere Sachen möglich. Das dritte Quartil wäre Auto und Bahn. Und das vierte Quartil Fernverkehr über 250 Kilometer. Hier machen Autos an sich sowieso nicht besonders viel Sinn, weil so eine Fahrt sehr anstrengend wird. Und wenn ich von dieser Betrachtung ausgehe, dann ersetze ich das Auto in dem ersten Quartil durch Fuß, Bahn, ein bisschen ÖPNV. In den zwei nachfolgenden Quartilen ersetze ich das Auto durch Carsharing und ÖPNV. Und im vierten ersetze ich es komplett durch die Bahn.« Hinzu kämen dann noch die Transporte. Die würde Jacob auf die Bahn, Carsharing oder geteilte Mobilität verlagern.

Damit können wir uns den Lösungen zuwenden, die am schnellsten ausbaufähig sind, weil sie bei Etablierung von Flächengerechtigkeit noch nicht mal großer Infrastrukturmaßnahmen und staatlicher Gelder bedürfen.

Als Einstieg in das Fahrradsegment wähle ich ein Zitat aus meinem Gespräch mit Andreas Røhl von Gehl Architects: »Seit ich für das Fahrradprogramm der Stadt Kopenhagen verantwortlich bin, habe ich immer wieder den Satz gehört, dass das Radfahren zu billig ist, um gut zu sein. Das bedeutet, dass es kein großes Geschäftsinteresse gibt. Es gibt keine großen Unternehmen, die dafür Lobbyarbeit leisten. Es gibt nicht genug Herren in Anzügen, die zu Premierministern gehen und Foren zu diesen Dingen veranstalten. Sind wir zu bescheiden?«

Je mehr ich diesen Hinweis sacken ließ, desto mehr verstand ich, wie er mit dem korreliert, was ich beobachte. Auch ich predige auf allen öffentlichen Terminen, dass wir endlich wahrnehmbarer und selbstbewusster werden müssen! Wir sind in dieser unfassbar emotionalen und lauten Debatte immer die, die nicht wahrgenommen werden, weil wir so faktentreu und höflich immer aufs Neue argumentieren, dass »weniger Wagen wagen« Chancen für eine gute Zukunft für alle eröffnet. Dabei liegen alle Vorteile auf unserer Seite, nur bei uns sind die Lösungen zu finden, die uns aus dem sozialen und klimatischen Dilemma führen können. Als da wären:

Nachhaltige Vorteile des Fahrrads werden in *Zukunft Mikromobilität* aufgelistet:

- Bis 5 km Reichweite ist man mit dem Rad (bzw. bis 10 km mit dem Pedelec) schneller am Ziel als mit dem Auto.
- Das Fahrrad schont Ressourcen (bis zu 100-mal geringerer Energie- und Rohstoffverbrauch bei der Herstellung im Vergleich zum Auto) und ist zudem viel besser recycelbar und kostengünstiger reparierbar.
- Das Fahrrad spart im Vergleich zum Auto satte 17 Cent pro km.
- Ein Kilometer Radweg kostet ein Fünfzigstel eines Kilometers Autobahn.
- 75 Minuten Rad fahren pro Woche reduziert die privaten Gesundheitskosten um bis zu 2000 Euro/Jahr, der Arbeitgeber spart bis zu 1200 Euro/Jahr.
- Es spart bis zu 27 % CO_2, in Deutschland.
- 20-mal mehr Platz benötigen Autos im Vergleich zu Fahrrädern in der Stadt.[95]

Der Traum vom autonomen Fahren – und wie er die Mobilitätswende ausbremst

In diesem Kapitel werde ich beleuchten, wie viel Glaube in Transformationsprozessen der Mobilität steckt – vor allem der Glaube an Wundertechnologien, die immer kurz davor sind, marktfähig zu sein – und das über Jahre, teilweise Jahrzehnte hinweg.

2018 hat der damalige Chief Digital Officer von Volkswagen, Johann Jungwirth, die Zukunft des Autos wie folgt skizziert: »Das autonome Fahren ist bald Realität. Die Frage ist längst nicht mehr ob und wann, sondern nur noch: Wo? 2021, in dreieinhalb Jahren, werden wir in zwei bis fünf Städten in den USA und vielleicht in Deutschland und anderen Teilen der Welt – in Abstimmung mit den Kommunen – selbstfahrende Autos ohne Lenkrad einsetzen. Dann können dort auch Blinde, Kranke und Kinder allein Auto fahren.«[96]

Vertiefend durch Expert:innenwissen und -hinweise möchte ich zeigen, warum es so einfach ist, Menschen wie mich, die direkt morgen etwas verändern wollen (raus aus allen Subventionen für das Auto, Flächengerechtigkeit in Städten, Mautsysteme für Einfahrten in urbane Räume…), als technikfeindlich zu framen. Wenn wir nämlich keine Lust haben, auf diese eine Technologie zu warten, die die Rettung bringen wird. Wann diese Technik kommt, kann niemand sagen. Welches Problem sie löst, auch nicht. Vor allem nicht, wenn die Lösungen Hyperloop oder Flugtaxi heißen.

Wenn von Letzteren geschwärmt wird, muss ich innerlich mit den Augen rollen. Ich sehe nicht, dass wir in Deutschland aufgebockte Luftbahnen benötigen, um eine lebenswerte

Zukunft zu gestalten. In all dieser Begeisterung für eine solche Technik spiegelt sich für mich Eskapismus in eine verheißungsvolle Technikzukunft. Verbunden ist das mit dem Risiko, dass sie vielleicht nie so um- und durchsetzbar sein wird wie erhofft, und der Tatsache, dass in der Zwischenzeit das Offensichtliche nicht geschieht. Und das Offensichtliche ist nun mal, dem Auto auf allen Ebenen seine Privilegien zu nehmen. In Deutschland traut sich da niemand ran. Und so ist es natürlich bequemer, die eigene Entscheidungsunwilligkeit und Führungsschwäche hinter einem technischen Versprechen zu verstecken.

Massiv dreht sich die öffentliche Debatte (zum wievielten Mal eigentlich?) um die Zukunft der Mobilität aktuell um das sogenannte autonome Fahren. Hier scheint die Lösung für alle Probleme zu liegen. Und es steht jedes Jahr kurz davor, sich endlich umfänglich durchzusetzen. Schon zum Start meiner Berufstätigkeit in Logistik und Verkehrsunternehmen war dieser Begriff präsent. Ein Ex-Chef von mir ließ sich gegen meinen Rat gar in einer großen deutschen Zeitung damit zitieren, dass es »bald keine Busfahrer:innen mehr braucht«. Super Sache, nach Erscheinen einer solchen Schlagzeile über den Betriebshof zu gehen. Vor allem wenn ich ein gutes Verhältnis zum Fahrpersonal habe und sie mich entgeistert fragen, was »bei uns da oben« eigentlich los sei.

Ein paar Jahre später – 2018 – fuhr dann auch mal ein autonomer Kleinbus in Schrittgeschwindigkeit auf einem abgezäunten Gelände. Schaut man in die Pressemeldungen 2021 und 2022 ist nichts mehr von autonomem Fahren zu lesen. Aber nicht nur aus dieser Anekdote heraus wollte ich im Rahmen von meinem Buch genauer wissen: Lohnt sich das Warten? Kommt da was? Oder sollten wir vielleicht doch eher morgen erst mal die Basis schaffen und klima- und sozial gerechte Mobilität zunächst ohne autonomes Fahren umsetzen?

Für die begriffliche Klärung zitiere ich das Fraunhofer-Institut, dass 5 Stufen zum autonomen Fahren unterscheidet.[97]

- Level 1 Fahrassistenz: Autos mit herkömmlichen Tempomaten.
- Level 2 Teilautomation: Fahrzeug kann selbständig die Spur halten oder bremsen. Einpark-Assistenten.
- Level 3 hohe Automation: Fahrzeuge können selbständig überholen, bremsen und beschleunigen, je nach Verkehrssituation. Fahrer darf in dieser Zeit sogar lesen, muss allerdings in der Lage sein, die Fahrertätigkeit wiederaufzunehmen, wenn ihm das System ein Signal dazu gibt.
- Level 4 volle Automation: Fahrzeuge übernehmen alle Fahraufgaben selbständig. Sie können auch auf die Autobahn auffahren, blinken und überholen.
- Level 5 autonom: Bei autonomen Fahrzeugen hat der Passagier keine Fahraufgabe und auch keine Möglichkeit mehr, in die Fahrsituation einzugreifen. Das Fahrzeug bewältigt auch sehr komplexe Fahrsituationen wie das Überqueren einer Kreuzung autonom. Diese Fahrzeuge können auch ohne Passagiere fahren.

Level 5 ist also das, worauf gewartet wird. Am häufigsten genannt werden gesparte Personalkosten bzw. Fahrer:innen-Mangel und die Chance, dort etwas als Lückenschluss zwischen eigener Haustür und Ziel oder Startpunkt und nächster Haltestelle fahren zu lassen und damit auch nicht so üppig ausgebaute ÖPNV-Systeme wieder konkurrenzfähig zu machen. Ganz abgesehen von der Diskussion, die ich gleich starten werde, ob und wann diese Fahrzeuge flächendeckend einsetzbar sein könnten, fehlt mir das Gesamtbild, wo ihr Einsatz Sinn macht für die Ziele Fahrgaststeigerung, massive Reduzierung Pkw-Zahl, Etablierung klima- und sozial gerechter Mobilität und die Standards ethischer Fragen, denn zu viele verbinden mit dem autonomen Fahren immer noch den privaten Pkw-Besitz.

Bei vielen technischen Neuerungen gab es nach einer Weile einen sogenannten Reboundeffekt, letztlich sogar beim Bau von Autobahnen: Eine anfängliche Entlastung durch neue Fahrspuren geht schnell verloren, da nach kurzer Zeit alle diese scheinbar entlasteten Teilstrecken nutzen möchten. Nachzuschlagen auch unter Braess-Paradoxon. Auch heute zeigt es sich schon in Studien, dass Menschen, die ein vollelektrisches Auto fahren und dieses vielleicht sogar zu Hause laden, mehr Kilometer zurücklegen, weil das gute grüne Gewissen ihnen das erlaubt.

Unter Expert:innen gibt es hier auch viele kritische Stimmen: »Erstens geben die Algorithmen die Annahmen der Programmierer und Datensätze wieder. Zweitens vertieft die Kategorisierung mittels Algorithmen Spaltungen. Und drittens erzeugen Algorithmen Filterblasen und von kommerziellen Datensammlern geschaffene Silos, das heißt, sie schränken den Kontakt der Nutzer mit einer größeren Bandbreite von Ideen und zuverlässigen Informationen ein und schalten den Zufall aus«, so Jeremy Rifkin. »Algorithmen stellen Effizienz über Korrektheit oder Fairness und schreiben im Laufe ihrer Entwicklung nur die Prioritäten fort, mit denen sie ursprünglich programmiert wurden.«[98] Auch Raul Krauthausen geht in seinem Text »Die trügerische Verheißung der Robo-Taxis« auf die wieder einmal fehlende Barrierefreiheit bei diesem Technikhype ein. Er fordert: »Neue Technologien müssen in einen gesellschaftlich verantwortungsvollen und inklusiven Rahmen eingebettet werden und ethischen und praktischen Anforderungen genügen. Um wahrhaft inklusiv zu sein, müssten alle Stufen einer Fahrt sowie Verkehrs- und Stadtbild für Menschen mit kognitiven, Entwicklungs-, Seh-, Hör- und Mobilitätsbehinderungen zugänglich sein.«[99]

Zwei konkrete Beispiele aus der Zeit, in der ich das Buch geschrieben habe, zeigen die Problematik voreiliger Technikgläubigkeit auf.

24. Oktober 2023
Wie die kalifornische Verkehrsbehörde am Dienstag mitteilte, hat sie die Genehmigungen für den Einsatz von Cruise und für fahrerlose Tests mit sofortiger Wirkung ausgesetzt. Damit wurde der Betrieb von Robotaxis der GM-Tochtergesellschaft für selbstfahrende Autos in San Francisco nur wenige Monate nach Erhalt der letzten erforderlichen Genehmigung für den kommerziellen Betrieb eingestellt. Das DMV (Department of Motor Vehicles) sagte, sie habe sich am 3. Oktober mit Vertretern von Cruise getroffen, einen Tag nach einem Vorfall, bei dem ein Fußgänger unter einem Cruise-Robotaxi eingeklemmt wurde.[100]

19. August 2023
Gegen den Widerstand der städtischen Verkehrsbetriebe und der Feuerwehr hat die kalifornische Regulierungsbehörde CPUC (California Public Utilities Commission) den Test ausgeweitet. Bereits kurz nach der Abstimmung blockierten zehn Robotaxis den Verkehr im Stadtteil North Beach. Später wurde bekannt, dass die Autos ein Verbindungsproblem hatten, da in der Nähe ein Musikfestival stattfand und das Netz dadurch überlastet war. Am vergangenen Donnerstag blieb ein fahrerloses Taxi in frischem Beton stecken. Cruise bestätigte, dass das Auto aus Beton geborgen werden musste.

Am vergangenen Samstag kam es dann zum derzeit gravierendsten Unfall. Ein Taxi von Cruise prallte mit einem Feuerwehrwagen zusammen. Cruise zufolge nahm das Fahrzeug die Sirenen wahr, konnte aber nicht rechtzeitig ausweichen.

Ein am Unfall beteiligter Feuerwehrmann beschrieb der Polizei hingegen, das Auto habe »getaumelt«, als es über die Kreuzung fuhr.[101]

Auch Stefan Carsten als in der Gegenwart fest verankerter Zukunftsforscher, schlägt eher nachdenkliche Töne an: »Gerade beim autonomen Fahren habe ich auch große Sorgen, dass die Vorteile des ÖPNVs tatsächlich überkompensiert werden und dann Tausende von Transportkapseln in den Straßen unterwegs sind. Dann hätten wir keine Taxen mehr, sondern billig zusammengebaute Fahrzeuge. Und dann säße der Mensch in so einer Kapsel und nähme vielleicht an einer Umfrage teil oder würde mit Werbung berieselt. Das stellt eine ›Riesengefahr‹ dar, auch weil es die Zersiedlung der Landschaft unterstützt, weil plötzlich noch mehr Fahrzeuge auf der Straße sein könnten als heute schon.

Ich finde dieses Bild wunderschön, dass ein Kind auf der Straße spielt – und keine autonome Kapsel an dem Kind vorbeifahren darf. Weil sie per Definition nicht dazu berechtigt ist. Und ich denke auch an ein Bild von einem Fahrradfahrer oder einer Fahrradfahrerin, die einen Rattenschwanz an 20 autonomen Kapseln hinter sich herzieht. Weil wir uns in einem Raum bewegen, der das Überholen unmöglich macht.«

Ich ertappe mich dabei, dass ich mich wundere, wie unhinterfragt sich der Auto-Status-quo auch bei vielen fortsetzt, die vom autonomen Fahren überzeugt sind. Mir fehlt das Innehalten, mir fehlen der große Plan, systemisches Denken und das Wagnis, manche Dinge weniger und andere gar nicht mehr zu tun. Es wird mir versprochen, dass es mit autonomen Fahrzeugen auch für mich sicherer wird. Aber ich will gar nicht, dass weiterhin überall Autoverkehre mitgedacht werden und sie meinen Bewegungs- und Aufenthaltsraum okkupieren. Zudem frage ich mich, wie der Übergang gestaltet werden soll, wenn das erste Drittel autonom fahren könnte, alle anderen aber nicht.

Mir drängt sich hier auf, über was ich täglich auch berichte: Automobilität ist eben nicht von A nach B kommen, sondern auch Teil von Lifestyle, verlängertes Wohnzimmer, für manche ein Teil der eigenen Persönlichkeit. Deswegen fällt es so schwer, auch das autonome Fahren »gesichtslos« zu denken. Denn dieses Produkt braucht keine Marken mehr, das Auto ist dann ein Gadget, eine Dienstleistung. Und damit weit weg von seinem Podest, auf dem es heute steht. Ist unsere Gesellschaft überhaupt bereit, so einen portablen Spiegel der eigenen Persönlichkeit aufzugeben? Ich sehe doch, wenn ich samstags an Waschanlagen vorbeifahre, wie liebevoll da poliert und gewienert wird. In der Kleinstadt meiner Eltern gibt es jetzt sogar eine Waschanlage mit rosa Schaum. Ich habe auf dem Fahrrad zwei Grünphasen verpasst, weil ich nicht glauben konnte, was ich sah. Was passiert da mit unserem Autodeutschland? Und sind sich die Fans des autonomen Fahrens wirklich bewusst, was dieser Schritt bedeuten würde? Automobilität wäre dann ein Gemeingut, die Verteidigung von Parkplätzen obsolet und Autofahrende hätten mehr Zeit und mehr Geld. Reicht das aus, Autobesitz aufzugeben? Und wie lange braucht es für den Entzug?

Und so, wie es auch die zuvor Zitierten sehen, erkenne ich keinen Willen der deutschen Autoindustrie, sich hier im Sinne des Hardwaredienstleisters zu beteiligen. Die Branche scheint seltsam unentschlossen oder auch überfordert, ihre Rolle in der Zukunft zu definieren. Zum Teil steigt sie sogar aus eigenen Softwareambitionen aus und arbeitet ausgerechnet mit einem riesigen US-Konzern wie Google zusammen, der nicht dafür bekannt ist, Daten für das Gemeinwohl zu sammeln. Ich selbst versuche, soweit es geht, ohne diese riesigen Techkonzerne auszukommen, auch weil ich mir immer schaudernd vorstelle, was geschähe, wenn Google für jede Suchanfrage 0,0000001 Cent verlangen würde. Die Ökonomie deutscher Autoindustrie funktioniert bis heute über

Stückzahlen, die verkauft werden. Danach haben die Konzerne keine Kund:innen-Kontaktpunkte mehr.

Diese Ausrichtung steht diametral zu dem, was von Dienstleistungsanbieter:innen gefordert wäre. Da wir uns aber über die Maße wie wahrscheinlich kein anderes Land mit der Autoindustrie wirtschaftlich, gesellschaftlich und politisch verwoben haben, fällt zunächst das Entwirren schwer, bzw. es hat erwiesenermaßen noch gar nicht begonnen, das zeigen die Lobbyaktivitäten auf EU-Ebene. Und damit kommt es auch nicht zum zweiten Schritt der Transformation vom Hersteller zum Anbieter von Automobilität. Weil das Auto zu hinterfragen unser Wirtschaftsmodell in Frage stellt. Politik und Gesellschaft sind so nah dran an dieser Industrie, dass sie sich in ihr »verwirklicht« sehen. Die Autoindustrie ist Basis von individuellen bis gesellschaftlichen Erfolgsgeschichten. Auch wenn diese allesamt auf Pump finanziert werden, weil die Verursachenden nicht für die Folgekosten ihrer Schäden aufkommen müssen und die Autos nicht bar bezahlt, sondern auf Leasing- oder Kreditbasis erworben werden können.

Wie schon gesagt: Ich mag Technik, wenn sie Probleme löst und nicht neue schafft. Im Moment habe ich das Gefühl, dass die Begeisterung für die Idee vom autonomen Fahren nur vom Wunsch nach Kostenersparnis getrieben ist, da kein Personal benötigt wird – und dieser Hype komplett davon ablenkt, dass wir zunächst wissen sollten, wie wir in Zukunft leben und mobil sein wollen, denn diese beiden Aspekte sind untrennbar, das zeigt die auf ein Minimum geschrumpfte Lebensqualität von Menschen, die in hoch frequentierten Autozonen leben müssen.

Dass Techkonzerne sich dem autonomen Fahren hoch begeistert widmen, ist Teil ihrer DNA, Daten zu sammeln und ihre Systeme zu trainieren. Nie im Leben stehen diese Firmen für das, was eine sozial und damit auch klimagerechte Mobilität angeht. Ihnen geht es um Geschäftsmodelle, Geschäftsmodelle kapitalistischer Firmen haben immer einen limitierten und hierarchisch nach Preis gestaffelten Zugang zu einem Produkt zur Folge. Bei völliger Ausklammerung der externalisierten Folgen. Auf dem Weg zum autonomen Fahren wird es eine sehr lange Zeit der parallelen Welt geben zwischen den Robotaxis und den Autos, die noch von Menschen gesteuert werden. Letztere sind spontan agierende Wesen, die intuitiv vor allem bei Gefahrensituationen reagieren. Also eben nicht zu 100 Prozent vorhersehbar, was gefährlich ist, da KI nur kann, was sie zuvor schon mal »durchlebt« und gelernt hat.

Wer hat dann Schuld? Der Mensch in seinem Auto? Weil wir ja so sehr an Technik glauben, dass wir sie als unfehlbar erachten? Ist der Aufbau der für diese Fahrzeuge notwendigen Infrastruktur Sache des Staates und damit unser Steuergeld, oder werden Techkonzerne zahlen müssen, weil sie »unsere« Straßen benutzen? Wem gehören die Daten, die heute schon zumeist von den Techgiganten eingesammelt wurden und dem öffentlichen Zugriff entzogen sind? Leo Roeks sagt: »Google mit dem Tochterunternehmen Waymo hat zum Beispiel ein großes Interesse am autonomen Verkehr und deshalb auch schon eigene Fahrzeuge und eine entsprechende Software entwickelt. Nicht, weil es Waymo um die Optimierung der Reise von A nach B geht oder das Auto neu erfunden werden soll, sondern weil der Google-Mutterkonzern Alphabet in den Nutzern der autonomen Autos eine wertvolle Zielgruppe für Werbung, Entertainment und andere onlinebasierte Angebote sieht.«[102]

Journalist Stefan Hajek blickt jedoch positiv auf autonomes Fahren und Effekte, die dieses bei umsichtiger Regulierung für die Mobilität bedeuten kann. »Meine Vision für das Auto von morgen ist diese: Ich habe eine App am Handy, über diese teile ich mit: ›Ich möchte von A nach B und spätestens um Uhrzeit X bei B ankommen.‹ Dann kommt ein Elektro-Kleinbus oder -Pkw. Den teile ich mit möglichst vielen Leuten. Ein Algorithmus fasst passende Fahrtwünsche zusammen und bündelt möglichst viele davon in einem Fahrzeug; wenn nicht die ganze Strecke, dann so viel davon wie eben möglich.«

Ein solches Fahrzeug könne bis zu 20 Pkw ersetzen, denn heute stehen Autos im Schnitt 22 bis 23 Stunden. Künftig könne so ein Shuttle realistisch bis 21 Stunden fahren und würde nur stehen, wenn es laden muss oder es keine Nachfrage gibt. »Laut einigen sehr interessanten Studien ließe sich so ein Service irgendwo zwischen dem (meistens hoch subventionierten ÖPNV) und dem Taxi bepreisen. Ein Kilometer im Taxi koste in den meisten Industrieländern inzwischen 2,50 Dollar, der ÖPNV meistens unter 30 Cent. Studien von McKinsey würden hochrechnen, dass solche Ridesharing-Dienste ab 2035 mehrere hundert Milliarden Dollar pro Jahr weltweit umsetzen werden. Ridesharing-Shuttles wären auch eine Riesenchance, bezahlbare Mobilität anzubieten etwa für körperlich eingeschränkte oder ältere Leute, die nicht Auto fahren können, aber auch keinen klassischen ÖPNV-Anschluss haben. Diese Angebote dürfen jedoch nicht den bestehenden ÖPV kannibalisieren.«

Für Wien wurden diese Sachverhalte als Prognosen bereits mal durchgerechnet. Bis 2050 zeigte sich hier: »Auch bei vollständiger Vernetzung und 100 Prozent Durchdringung ist der maximale Kapazitätseffekt kleiner als der Nachfrageeffekt des automatisierten Fahrens, d.h. die heutigen Auslastungsprobleme auf den Straßen dürften auch in einer voll automatisierten und konnektiven Verkehrswelt nicht gelöst sein.«[103]

Stefan Hajek meint, dass es keine Raketenwissenschaft brauche, um diesen Konflikt zu lösen. Eine Möglichkeit sei, solche Dienste nicht am ÖPV vorbei, sondern den ÖPV selbst betreiben zu lassen. Zwar gebe es noch viel Skepsis bei den

ÖPV-Betreibern. »Aber ich registriere, dass viele da allmählich umdenken.«

Er ist überzeugt, dass sich Ridesharing auf die Dauer durchsetzen wird. »Die Frage ist aber, und da sind wir wieder am Ausgangspunkt: Kann und will die Autoindustrie das anbieten, oder muss es von außen kommen?« In Bezug auf die etablierten deutschen Autohersteller ist Stefan eher pessimistisch. Denn die nötige Technik für ein klima- und gesellschaftsverträglicheres Auto werde nicht in Deutschland entwickelt, sondern in den USA und China. »Die Schlüsseltechnologie für eine nachhaltige Autonutzung ist KI. Sie muss die Passagiere intelligent bündeln, Strecken optimieren und mittelfristig auch die Autos steuern, denn so viele Fahrer und Fahrerinnen wird es niemals geben können.«

Ridehailing-Shuttles müssten langfristig autonom sein. Was zum nächsten Problem führt: In Deutschland fokussiere die Diskussion sich vorrangig auf die Probleme und unerwünschten Nebenwirkungen autonomer Fahrzeuge: Taxibetriebe wären die Verlierer, die Autohersteller würden langfristig weniger Autos absetzen, das koste Arbeitsplätze. Und die KI ist auch noch nicht perfekt.

Die traditionelle Autoindustrie beherrscht ohnehin keine KI. Stefan Hajek sieht daher die Gefahr, dass die deutsche Industrie eher in eine Art Abwehrhaltung geht und auch die Politik über das Totschlagargument »Arbeitsplätze« versuchen könnte, den langfristig unausweichlichen Wandel zu blockieren oder zumindest hinauszuzögern.

Auch im *Economist* gab es mit »Hands off the wheel«[104] dazu einen Artikel. Übersetzt sei dieser Passus genannt:

»Es wird noch lange dauern, bis der Sprung in ein Robotaxi alltäglich ist. Die Dienste sind an bestimmte Gebiete gebunden. Die 30 Fahrzeuge von Cruise in San Francisco müssen vorerst das geschäftige Finanzviertel meiden. Die Betriebszeiten können auf weniger verkehrsreiche Zeiten beschränkt werden, und es sind Sicherheitsfahrer oder Fernüberwachung erforderlich. Da die Kosten für die Technologie sinken, könnten sich Robotaxis weiter verbreiten. Die Bank UBS geht davon aus, dass der Markt bis 2040 einen Umsatz von 2,1 Mrd. Dollar pro Jahr erzielen könnte, auch wenn dies nur 6 % aller gefahrenen Kilometer ausmachen würde. Aber hohe Kosten und weit entfernte Gewinne in Verbindung mit der Ungewissheit über die Geschäftsmodelle bedeuten, dass die meisten Autohersteller weniger grandiose Pläne haben.«

Helmut Becker war 24 Jahre als Chefvolkswirt bei BMW tätig und leitet das Institut für Wirtschaftsanalyse und Kommunikation (IWK): »Das größte Risiko ist der Mischverkehr. Um Unfälle völlig auszuschließen, müssten sich die Roboterautos in einer abgeschotteten Infrastruktur bewegen, ohne Radfahrer und Fußgänger – und vor allem ohne nicht vernetzte Normalautos. Nach Eingeständnissen von Experten aus der Branche halten Roboterfahrzeuge so viel Sicherheitsabstand, dass sich die Verkehrsleistung einer Straße im Berufsverkehr glatt halbiert. Sie warten lieber stundenlang an einer Autobahneinfahrt, als sich gekonnt und nach allgemeinem Usus in den dichten Verkehr einzufädeln.«[105]

Noch eine eher düstere Prognose: Wenn es richtig schlecht läuft, haben wir irgendwann 49 Millionen Fahrzeuge plus X, mit denen alle in der Lage sind, sich vollautonom zu bewegen. Und dann wird das passieren, was immer passiert. Menschen nutzen diese Technologie für den größten Blödsinn. Pizza nicht mehr liefern lassen, sondern das Auto hinschicken, um die Pizza abzuholen. Mal angenommen, es wäre billiger, mein autonomes Fahrzeug zwei Stunden lang ziellos durch die Stadt cruisen zu lassen, um mir die Parkgebühren zu sparen, dann werden die Leute das machen.

Es muss klare Spielregeln geben, unter welchen Voraussetzungen autonome Fahrzeuge kommen und unter welchen sie nicht kommen. Die Frage ist zum Beispiel auch, ob vollautonome Fahrzeuge in die Hände von Privatpersonen gehören. Darüber könnte man eine Menge abfangen. Und wenn man sagt: »Autonomes Fahren wird nur im Rahmen von Mobilitätsdienstleistungen kommen«, dann hat man auch einen regulatorischen Hebel.

Wissenschaftler Jürgen Geuter (Internetpseudonym: tante) ist ein von mir hoch geschätzter Beobachter digitaler Strömungen und vor allem auch jemand, der den Finger in die Wunde legt, wenn vor lauter Technikbegeisterung die Realität außen vor gelassen wird, in die sich Technik einfügen muss.

»Ich fand es irritierend, wie blank man im Verkehrsministerium ist, es ist bei Verkehr ja das Schöne, dass man sich das alles gar nicht selber ausdenken muss. Andere haben das schon gemacht und machen das seit langem. Dann fährst du mal nach Holland rüber, guckst eine Großstadt, die sich auf Fahrräder einschießt, an und sagst, okay, ist interessant, passt das auf bestimmte Arten von Städten, die wir in Deutschland haben? Klar, eine Stadt ist historisch gewachsen, die hat bestimmte Strukturen, vielleicht klappt irgendwas nicht gut, aus was auch immer für Gründen, aber wenn wir fünf Typen von Städten haben, und bei drei funktionieren Fahrräder gut, bei zwei nicht, dann kann man sich halt die Frage stellen, warum nicht und können wir da was tun oder nicht? Oder brauchen wir da dann mehr ÖPNV? Das ist ja ein sehr lösungsorientierter Zugang, aber den haben wir an der Stelle nicht. Es wird auf Phantasietechnologien gesetzt: Keiner hat mehr selber Autos, sondern Autos fahren selber, und du rufst die einfach nur mit deinem Handy, und dann fährt dich das irgendwohin, keiner muss mehr parken und so weiter. Das klingt alles auch schön, aber es ist eben nicht echt. Aber wir reden darüber, als sei es echt.«

Seine Meinung zum autonomen Fahren fällt recht deutlich aus: »Diese Erzählungen in der Zukunft führen nicht weiter. Natürlich ist man immer der Spielverderber, wenn man fordert: Zeig mir das jetzt mal richtig, nicht auf der leeren Teststrecke, wie das Ding brav im Kreis fährt zwischen Puppen, die du aufgestellt hast. Das interessiert mich nicht. Ich möchte sehen, dass es nicht Leute, die ein Fahrrad über die Straße schieben, überfährt, weil es die nicht kennt und denkt, Menschen sitzen immer auf Fahrrädern. Solange wir das nicht gesehen haben, sind diese ganzen Innovationsversprechen für mich nicht wichtig. Das ist Werbung. Und Werbung darf man nicht glauben. Und das Problem ist, dass gerade im Verkehr, wo Menschen alles Mögliche tun, nicht alles vorab testbar ist. Natürlich kannst du bestimmte Verkehrssituationen testen. Das machen wir mit Autos auch schon lange, funktioniert das bei Aquaplaning, im Kalten, im Warmen. Aber es wird Situationen geben, die einzigartig sind und die niemand getestet hat. Diese Fahrzeuge können nur, was sie schon mal gesehen haben. Sie sind nicht in der Lage, etwas Neues zu machen. Sie brechen das Neue dann auf eine Situation runter, die sie kennen, so funktioniert deren Verhalten. Wir wissen, dass bei Teslas manchmal die Entscheidung war, durch etwas durchzufahren, weil für die Situation keine Regel vorgegeben war. Teslas haben auch nur die billigen Sensoren eingebaut, deshalb machen sie solche Fehler. Das würde wahrscheinlich bei den anderen nicht passieren. Aber darüber muss man sich einfach bewusst sein. Wenn ich mit Chat-GPT rede, und das schreibt Mist, dann ist das egal. So ein Auto ist aber nicht klüger als Chat-GPT, und die Fehler sind leider nicht egal.

Das heißt, sie nehmen das Vertraute – Autos –, das funktioniert. Jetzt setzt du einen Elektromotor ein und programmierst Selbstfahrt. Alle Probleme weg. Das wäre für Ingenieure schön, weil man setzt auf bestehende Standards auf. So ticken Ingenieure. Du versuchst, dich immer in Standards zu bewegen. So wie die Spurbreite von Autos heute und die Spurbreite von Zügen immer noch von der Spurbreite von alten römischen Wagen beeinflusst sind. Ingenieure sind tendenziell biased, Dinge, die es gibt, weiterzuverwenden und weiterzudenken. Wir haben aber das Problem, nach meinem Eindruck in einer Sackgasse zu stecken. Die Ingenieure sind an der Stelle einfach die falschen Leute. Das als ein Technikproblem zu framen, ist eigentlich Versagen. Wir sehen – ob wir diese Autos jetzt mit Elektromotoren antreiben oder nicht und ob wir selber fahren oder nicht –, das Verkehrsproblem wird dadurch nicht gelöst. Das ist auf eine gewisse Weise Prokrastination.«

Sven Altenburg leitet bei beim Analyse- und Beratungsunternehmen Prognos den Standort Hamburg und den Bereich Mobilität und Transport. Durch Studien und Einordnung aktueller Themen, aber auch durch seine Arbeit an der TU in Hamburg, Verkehrsplanung und Logistik, ist er nah an der deutschen Verkehrspolitik auf allen Hierarchieebenen und kennt alle Akteure.

»Autonomes Fahren ist vor zehn Jahren groß aufgeploppt. Vor zehn Jahren ist die Rechnerleistung und die Sensorik so stark geworden, dass es eine greifbare Alternative wurde. Die bisherigen Erfahrungen mit dem autonomen Fahren sind jedoch nicht so gut, wie viele glauben. Es existieren Videos von ›Freak-out-Modes‹ von autonomen Fahrzeugen, die hupend und blinkend auf der Straße stehen, weil sie nicht mit komplexen Fahrsituationen klarkommen. Natürlich kann man sagen, in den nächsten Jahren werde sich da was tun. Trotzdem bleiben aber große, politische Fragen. Was würde das mit unserem Verkehrssystem machen? Wie muss ein Umfeld aussehen, damit konfliktfreie Bewegung möglich ist? Und was bedeutet das für alle anderen?«

Sven sieht noch weitere offene Fragen: Über welches Geschäftsmodell des autonomen Fahrens sprechen wir? Sprechen wir von 49 Millionen Privat-Pkw, die eine autonome Fahrfunktion haben? Sprechen wir von autonomen Taxidiensten? Oder sprechen wir davon, dass die heutigen Busse fahrerlos fahren? »In dem Moment, wenn in Deutschland nur noch autonome Fahrzeuge unterwegs sind, wird die Haltung von Fußgängern, Ampeln oder Zebrastreifen zu nutzen, stark zurückgehen, weil sie die Erfahrung machen werden, dass autonome Fahrzeuge im Zweifelsfall immer anhalten.«

Und: Wenn ich ein autonomes Fahrzeug benutze, habe ich als Kunde den Anspruch eines Tür-zu-Tür-Verkehrs. Das bedeutet, dass überall Straßen sein müssen, die befahrbar sind. »Aber sollten wir beim Städteumbau zugunsten von Lebensqualität nicht Regionen einrichten, wo der Autoverkehr ausgesperrt bleibt?« Damit wären solche Geschäftsmodelle aber eher uninteressant. Denn wenn ich in einem autofreien Quartier wohne, was will ich dann mit einem autonomen Taxidienst?

Meike Jipp, Bereichsvorständin für Energie und Verkehr des Deutschen Zentrums für Luft- und Raumfahrt (DLR) ist skeptisch: »Ich glaube nicht, dass ich es noch erleben werde, dass mich ein autonomes fahrerloses Auto vor dem Haus abholen und zu meinem Zielort bringen wird. Anders als in der Luftfahrt, wo die Technik den Menschen unterstützt und seine Fehler ausgleicht, fehlt mir dieser Blickpunkt bei der Vision des autonomen Fahrens. Hier wird der Mensch komplett aus dem System genommen. Dabei machen wir nicht nur Fehler, sondern sind durchaus auch in der Lage, kritische Situationen zu retten. Das zeigen nur die Unfallstatistiken nicht.«[106]

Ich verrate an dieser Stelle nicht, wie erleichternd ich es fand, von mehreren Expert:innen in den Gesprächen zu hören, dass sie meine Skepsis teilen bezüglich der Umsetzbarkeit von autonomem Fahren. Es wird nicht so schnell kommen, dass es innerhalb der Pariser Klimaziele oder auch für die sozial gerechte Mobilitätswende eine Rolle spielen kann. Wir erinnern uns: Wichtigster Hebel der Transformation ist es, Wege zu vermeiden und zu verkürzen, dann kommt das Verlagern zum Beispiel von Flug auf Zug, von Auto auf Rad, und erst dann kommen technische Verbesserungen – als Part, der am wenigsten Impact hat, aber auch immer eine Rolle spielen sollte. Ich sehe hier vor allem die Antriebswende, die bei uns noch völlig am Anfang steht. Und nicht das autonome Fahren. Wir sollten dieses in unsere Pläne einbeziehen, wir sollten aber nicht so lange warten, bis dieser Traum endlich wahr wird. Sondern morgen beginnen. Mit ganz simplen Maßnahmen wie Flächengerechtigkeit, sichere Wege für alle, Temporeduzierung.

Zudem: Widerstand regt sich. Nicht alle in der Bevölkerung sind willens, den Auto-Status-quo mit autonomen Fahrzeugen fortzuschreiben. Die Gruppe Safe Street Rebel aus San Francisco legt autonome Taxis lahm, indem sie einen Kegel auf der Motorhaube des Fahrzeugs platziert. Die Safe Street Rebels wollen Autos von den Straßen bekommen, mehr Geld für den öffentlichen Nahverkehr und die Sicherheit von Fußgängern und Radfahrern gewährleisten.

»Autonome Autos brauchen immer noch breite Straßen, sie haben Reifenverschleiß und überall Kameras«, sagte der Organisator. »Es geht nicht nur um die Frage, ob sie sicherer sind als ein menschlicher Fahrer, sondern wir wollen gesunde Städte, in denen diese Hightech-Überwachungskapseln nicht herumfahren.«[107]

Safe Street Rebel ist mit der Skepsis gegenüber fahrerlosen Taxis nicht allein. Ende Juli forderte die Feuerwehrchefin von San Francisco, den Einsatz von fahrerlosen Autos auf den Straßen der Stadt rund um die Uhr nur langsam zuzulassen: Die fahrerlosen Autos blockieren Einsatzfahrzeuge und Busse. Im Januar 2023 war ein Feuerwehrmann gezwungen, die Scheibe eines Cruise-Fahrzeugs einzuschlagen, um es zu stoppen, nachdem das Auto fast über Schläuche gefahren war, die zum Löschen eines Hausbrandes verwendet wurden.

Darüber hinaus hat das kalifornische Department of Motor

Vehicles in diesem Jahr fast 70 Berichte über Kollisionen mit autonomen Fahrzeugen aufgezeichnet, darunter ein Vorfall vom 21. Mai in San Francisco, bei dem ein Hund von einem Waymo-Fahrzeug getötet wurde, das im autonomen Modus, aber mit einem Mitarbeiter auf dem Vordersitz, fuhr.[108]

Und ja: Ich kenne Menschen, die solche tödlichen Vorfälle als den Preis ansehen, den es für diese neue Technologie zu zahlen gilt. Mich trifft das ins Mark. Denn das ist eine ähnlich kalte Distanzierung, die wir aktuell zu den acht Todesopfern haben, die der Verkehr täglich in Deutschland fordert. Wir können persönliche Betroffenheit so lange verdrängen, bis es eine uns liebe Person oder eben unseren Hund trifft. Es ist furchtbar genug, dass menschliche Fahrer:innen töten, weil wir das aktuelle Verkehrssystem auf die Starken in ihren Stahlschachteln und nicht auf die Schwachen ohne Rüstung ausgerichtet haben. Das aber auch automatisiert so weiterzuführen, ist für mich undenkbar.

Fahrentscheidungen von Robotaxis werden von Computern getroffen. Hinter diesen Entscheidungen stehen Ethik, politische und regulatorische Maßnahmen, neue Rechtsvorschriften und technische Normen. Die zuerst da sein und final ausgehandelt sein müssen, bevor Robotaxis in unsere Realität dürfen. So zumindest sehe ich das. Denn auch Gerichte und die Gesellschaft müssen sich hier auf neue Rahmenbedingungen im Verkehr vorbereiten dürfen. Und ich habe schon an der ein oder anderen Stelle gelesen, dass Hersteller nur Geschäftsmodelle entwickeln können, wenn sie von der »Schuldfrage« befreit werden. Logisch, weil schwerverletzte oder getötete Fußgänger:innen viel kosten. Carpitalismus doing its thing.

Medien

Von der Technik kommen wir zu einem sehr wichtigen weiteren Part, der die Mobilitätswende ausbremst: Medien. Im Jahr vor der Coronapandemie war ich in Hamburg auf einer hochkarätig besetzten Veranstaltung im Publikum. Auf dem Podium: Vertreter:innen verschiedener Medien. Die damals einzige Zeitung mit Klimaschwerpunkt war die *taz*. Alle anderen diskutierten, wie wichtig die Klimakatastrophe im Vergleich zu anderen Themen sei. Wir sind da mittlerweile etwas weiter. Die Klimakatastrophe wird von ernst zu nehmenden Medien nicht mehr in Abrede gestellt und hat als Themenschwerpunkt auch Einzug in die Blätter und Beiträge gefunden. Damals meldete ich mich etwas verzweifelt ob der Diskussion auf der Bühne, dass ich faktentreuen und einordnenden Journalismus brauche, um mit meiner Mission der Mobilitätswende voranzukommen, ich mich aber Autojournalismus und unreflektierter Weitergabe von fossiler PR gegenüberstehen sehe. Ein leitender Redakteur sagte daraufhin: »Wir können uns von euch Aktivist:innen nicht vor den Karren spannen lassen, sondern müssen unabhängig und neutral berichten.« Das saß.

George Monbiot ist als britischer Wissenschaftsjournalist eine wichtige Stimme im Kampf gegen die Klimakatastrophe. Er äußert sich wie folgt: »Würde mich jemand fragen, welche Branche die größte Verantwortung für die Zerstörung des Lebens auf der Erde trägt, würde ich antworten: die Medien. Das mag erstaunlich erscheinen. […] Die meisten Medien haben sich über die Zeit hinweg den Maßnahmen widersetzt, die notwendig sind, um den Zusammenbruch unserer Leben erhaltenden Systeme zu verhindern. Sie haben Menschen angegriffen und diffamiert, die das Wirtschaftssystem, das uns in diese Katastrophe treibt, in Frage stellen, und sie haben ihre weitreichende polemische Macht genutzt, um zu ermöglichen, dass alles weiterläuft wie bisher. In vielen Fällen haben sie die Realität des Zusammenbruchs von Klima und Ökologie schlichtweg geleugnet. Mit anderen Worten, die Medien sind die Triebkraft der Meinungsbildung, die es ermöglicht, dass unser System der Erdzerstörung fortbesteht.«[109]

Bevor ich mit weiteren Gesprächspartner:innen vertiefe, warum die deutsche Medienlandschaft Teil globaler Strömungen ist und damit durchaus auch eine der Ursachen für die Verschleppung von Transformation und den Backlash, möchte ich eine Tatsache detaillierter platzieren, da diese augenscheinlich immer noch nicht die Bekanntheit hat, die sie verdient. Viele sehen im Axel Springer Verlag mit seinen Print- und Onlineprodukten *Bild* und *Welt* zu Recht eine Art der Berichterstattung, die auf Zuspitzung, Verkürzung und Faktenferne basiert, indem sie bewusst komplexe Sachverhalte auf Schlagzeilen verkürzt und somit wissentlich verfälscht. Solche Medien leben von der Empörung, von der Unterteilung der Gesellschaft in »wir« und »die anderen«. Das ist problematisch genug, in Sachen Klimakatastrophe wird es jedoch noch problematischer. Größter Anteilseigner[110] des Verlages und damit sogar erstmalig mächtiger als die Verlegerwitwe Friede Springer ist die Private-Equity[111]-Firma KKR, Kohlberg Kravis Roberts & Co.

Die Struktur von Private Equity ermöglicht, ohne langfristige Rechenschaftspflicht und Betrachtung der Folgen für Gesellschaft und Umwelt, große und schnelle Gewinne zu heben. KKR hat 78 Prozent ihrer Energieportfolio-Unternehmen in der fossilen Industrie. Damit arbeitet das Geld dieses Unternehmens für die Klimakatastrophe. Während KKR eine Handvoll Erneuerbare-Energien-Projekte hervorhebt und sich zu einer »Umweltverantwortung« verpflichtet erklärt, ist ihre vorherrschende Energieinvestitionsstrategie immer noch an Öl und Gas gebunden. KKR erhielt daher die schlechteste Note, die es innerhalb der Bewertung gibt: D.

In dem im Herbst 2023 erschienenen Bericht *Uncovering KKR's Environmental Responsibility Gap* wird untersucht, wie KKR drei Flüssigerdgas-(LNG)-Investitionen tätigte. Bei zwei dieser Projekte haben die Umweltschutzbehörden bereits wegen Verstößen Ermittlungen aufgenommen. »Projekte und Entscheidungen wie diese verschärfen nicht nur weiterhin unsere Klimakrise, sondern solche Investitionen von KKR und anderen Private-Equity-Firmen werden auch mit der Verschärfung der Klimakrise immer riskanter.«[112] Der Bericht ist Teil des Private-Equity-Klimarisiko-Projekts zur Untersuchung der Auswirkungen von Private Equity auf die Klimakrise. KKR hält eines der größten Portfolios an fossilen Energieträgern unter den Private-Equity-Firmen, neun Milliarden Dollar in mindestens 14 Projekten.

So würde alleine das Port-Arthur-LNG-Projekt die Produktion aller US-Erdgasexporte um 15 Prozent erhöhen, was zu einem Ausstoß von 7,7 Millionen Tonnen CO_2 pro Jahr führen würde, einem Äquivalent, das der jährlichen Treibhausgasemission von 17 Erdgas-Kraftwerken entspricht. Das Terminal würde auch die Schadstoffbelastung für die überwiegend von Schwarzen und Latinos bewohnte Küstenstadt erhöhen.

Lea Dohm von den Psychologists4Future findet hierzu deutliche Worte: »Ich finde es von einigen Medienhäusern alles andere als verantwortungsbewusst, dass sie befeuern, was ihre Leser:innen gerne hören möchten.« Das entspreche nicht dem Auftrag, den Medien haben, nämlich Informationsvermittlung und eine realistische Abbildung der Gegenwart. Was wir daher bräuchten, sei eine stärkere Medienkompetenz. »Viele Menschen wissen gar nicht, welche Zeitungen zum Beispiel zu Axel Springer gehören und wie die finanziert sind. Es fehlt an Informationen und dadurch auch an Einordnung – das ist ein riesengroßes Problem. Ich möchte darauf aufmerksam machen, dass Axel Springer in dieser Debatte erheblich mit drinsteckt und dass das in Klimafragen mehr beleuchtet werden sollte.«

Spannend bis erheiternd war es auch, in den Büchern von Susanne Kaiser den Männern zu begegnen, die immer wieder gegen mich agitieren – ich überlasse Susanne mal die Analyse:

»›Die Freiheit wird nicht am Tampon-Behälter in der Männertoilette verteidigt.‹ So schreibt Welt-Chefredakteur Ulf Poschardt erzürnt. […] Das soll die rechtskonservative Leserschaft mobilisieren, gegen ein verweichlichtes Männerbild aufzubegehren […]. Mit ironischer Häme und zynischen Pointen […] soll sich Poschardts Leserschaft maximal gedemütigt fühlen, damit sie zur Tat schreitet und das Patriarchat zurückerobert.«

Und weiter: »Poschardts größtes Feindbild ist eine Frau mit politischer Autorität. […] Höcke, Poschardt und Trump haben also etwas gemeinsam: Sie befinden sich im Krieg […] gegen Frauen mit politischer Autorität und gegen eine diverse Kultur, die Gender-Kategorien auflöst. Diese autoritären Männer wollen das Patriarchat wiederherstellen […] und die Rechte und Erfolge von Frauen, von People of Colour oder der LGBTQ+-Community zurückschrauben.«[113]

So sieht es auch Journalistin Annika Brockschmidt: »Wir haben ein Problem, wie deutsche Redaktionen zusammengesetzt sind. Das bestimmt natürlich, welche Themen besprochen, welche Dinge als gefährlich wahrgenommen werden und wem man zuhört und oder eben auch nicht. Aber gleichzeitig – und das ist in Deutschland und in den USA so – hat man in etablierten Medien durch erfolgreiche rechte Medienstrategie Panik davor, es könnte einem vorgeworfen werden, dass man zu links ist. Und um dem präventiv entgegenzuwirken, lässt man dann lieber irgendjemanden, der konservativ ist oder reaktionär ist, einen Essay schreiben, mitunter ohne Einordnung oder Überprüfung. Gut, Meinung ist Meinung. Aber dann ist die Frage, muss man jede Meinung drucken? Der Vorwurf zu ›links‹ zu sein, wird immer kommen, sobald was nicht in die politische Agenda von rechts passt.

Man sieht es in den USA ganz extrem am Beispiel der *New York Times*. Da gab es einen offenen Brief von Hunderten Contributors, einen Brandbrief gegen die transfeindliche Berichterstattung der *New York Times*. Das hat aber nicht zu einer Entschuldigung oder Veränderung geführt, stattdessen gab es interne Gespräche mit Unterzeichnern des Briefes. Und das ist fatal. Genau, wie es momentan großes Entsetzen darüber gibt, dass die AfD sehr viel offener problematische Dinge propagiert. Aber nichts daran ist rein inhaltlich neu. Es beweist nur, dass Leute, die davor gewarnt haben, die überwiegend zu marginalisierten Communities gehören, nicht ernst genommen wurden. Hier müssen sich Angehörige von Medien ganz grundsätzliche Fragen stellen: Wie geht man mit Rechten um? Wie gewährleistet man hier einen Faktencheck? In welchem Interviewformat kann man das überhaupt? Und wie strahlt man solche Interviews verantwortungsbewusst aus? Gebe ich Donald Trump eine Town Hall, oder lasse ich es? Interviewe ich Herrn Höcke, ohne dass ich jemanden dahin setze, der sich mit Rechtsextremismus auskennt? Das ist nicht der einzige Grund, warum die AfD bei 20 Prozent ist, aber es trägt mit zu ihrer Normalisierung bei.«

Eins eint den Anti-Fake-News-Blogger Thomas Laschyk von *Volksverpetzer* und sein mittlerweile zehnköpfiges Team: der Ärger und bisweilen auch die Wut darüber, wie dankbar Fake News aufgenommen und verbreitet werden. Es schwingt manchmal fast Erleichterung mit, wenn Desinformationen viral gehen, ein erleichtertes Aufatmen nach dem Motto: Wir müssen doch nix tun, es gibt für die Mobilität eine technische Lösung. Bei Thomas war es mehr die AfD, die ihn getriggert hat.

Warum haben Fake News so viel Reichweite, fragte sich Thomas. »Mein Einstieg in dieses Thema war 2015, als viele aus Syrien nach Deutschland flüchten mussten und so schlimme Narrative geprägt wurden, die sich bis heute halten, wie ›Flüchtlingswelle‹. Das Schlimmste: Es geht ja nicht nur im Netz viral, konservative Politiker wiederholten das: ›Oh! Wir müssen was gegen die Flüchtlinge machen, die Stimmung im Land kippt!‹ Aber die Stimmung im Land basierte zu 90 Prozent auf Vorurteilen und Lügen. Dennoch hat es eine Auswirkung auf die Politik.«

Aber auch Themen der Mobilitätswende wurden von Thomas und seinem Team durchleuchtet. Fahrverbote für Diesel waren etwa 2018 ein Thema, das man sich angeschaut habe. Erinnern Sie sich an die Stellungnahme von 107 deutschen »Lungenfachärzt:innen«, die den Gegner:innen von Feinstaub- und Stickoxidgrenzwerten wissenschaftliche Seriosität geben sollte? Der damalige Verkehrsminister Scheuer und auch die AfD waren darüber sehr erfreut. Doch *Volksverpetzer* zeigte: »So ein wissenschaftliches Statement, wie es am Anfang wirkte, war es gar nicht. Die Erklärung der Ärzte bezog sich auf keine wissenschaftlichen Studien, keiner der Unterzeichnenden hat auf dem Gebiet geforscht. Auch zwei der Initiatoren waren nicht einmal Lungenärzte, bei einem handelte es sich um einen Maschinenbauer, der bei Daimler gearbeitet hatte. Und dass sich nur knapp über 100 Unterzeichnende bei 3800 Mitgliedern der Deutschen Gesellschaft für Pneumologie fanden, sprach auch nur für eine Minderheitenmeinung.«[114]

Es könnte lustig sein, wenn es nicht so traurig wäre... Was aber sollen und können wir tun? Thomas hat Hinweise, wie ich das Aufräumen hinter dem Fake-News-Müll mancher Politiker:innen effizienter gestalten kann.

»Was hilft, ist klares Messaging, klare Feindbilder«, meint er. »Es tut mir ein bisschen weh, das so deutlich zu sagen, aber es funktioniert. Es ist wichtig, sich auf eine Sache, auf klare Ziele zu konzentrieren und so was Vages wie ›wir müssen den Verkehr transformieren‹ oder ›wir brauchen mehr Alternativen zum Auto‹ zu vermeiden.« Denn darunter könne sich niemand etwas vorstellen. Man müsse etwas Konkretes sagen wie »Ladesäulen in jeder Straße« oder so. »Etwas, das die Leute sich vorstellen können.«

Thomas sagt, er würde sich abschauen, was die Rechten kommunizieren. »Die sagen, Katja will dir dein Auto wegnehmen, sie will dir was verbieten, sie will dich weniger mobil machen. Und das musst du dann umdrehen. In Sachen Mobilitätswende also sagen, ich möchte, dass du billiger mobil, flexibler, schneller bist, es dir einfacher machen, dir persönlich helfen, deinen Alltag angenehmer machen.«

Oft rentiere es sich nicht, der FDP oder anderen hinterherzuräumen. Es rentiere sich vielmehr, die Kapazitäten zu sparen und Zeit zu nehmen, wenn man agieren kann. »Denn in den meisten Fällen erreichst du damit mehr. Das merke ich auch bei uns an der Reichweite: Wenn du das Thema selber setzt, kannst du mehr erreichen, als wenn du reagierst. Es sei denn, du inszenierst es wirklich als Auseinandersetzung: ›Katja Diehl zerstört die FDP‹ oder so was in der Art.«

Zu dieser gewünschten Schlagzeile, an der ich erst mal nicht arbeiten werde, über die ich aber sehr lachen musste, passt dieses Fundstück, das ich zuvor noch nicht so eingeordnet hatte.

Es stammt aus einem Buch von Greta Thunberg: »Meiner Ansicht nach war die für die Umwelt schädlichste Sendung, die je in einem Medium dieses Landes ausgestrahlt wurde, eine zweiteilige Dokumentation von 2006, die ohne jede Ironie den Titel trug: *The Truth About Climate Change*. Präsentiert wurde sie von ›dem Mann in Großbritannien, der das größte Vertrauen genießt‹, Sir David Attenborough, dessen Wort als Evangelium behandelt wurde. Irgendwie schaffte es die Dokumentation, die Industrie für fossile Brennstoffe gar nicht zu erwähnen, außer als Teil der Lösung. [...] Statt den Interessen der Industrie für fossile Brennstoffe wurde einer anderen Kraft die gesamte Schuld an der Beschleunigung der Treibhausgasemissionen zugeschrieben: den ›1,3 Milliarden Chinesen‹.«[115]

Jürgen Döschner war jahrzehntelang investigativer Journalist. Er nennt die Besetzung des Braunkohletagebaus Garzweiler durch »Ende Gelände« im August 2015 als Schlüsselerlebnis. 1000 Leute hätten gewaltlos, friedlich die Polizeiketten »umfließend«, wie sie ihre Taktik nannten, agiert – der Konfrontation ausweichen und die Polizeiketten umgehen. Jürgen selbst habe das aus der Ferne beobachtet. Ihm sei nicht von vornherein klar gewesen, was für eine Dimension das alles annehmen würde. Als er gesehen habe, was da passierte, sei in einem Kommentar von ihm der berühmt-berüchtigte Satz gefallen, »die Aktionen mögen vielleicht nicht ganz legal gewesen sein, aber sie waren angesichts der Bedrohung legitim«.

In den nächsten Tagen folgten investigative Recherchen von Jürgen, in denen er nachwies, dass RWE sehr eng mit der Polizei zusammengearbeitet hatte und die von RWE engagierten privaten Sicherheitsdienste zum Teil sehr aggressiv vorgegangen sind. Das habe RWE nicht gefallen. »Und diese Kombination, der Kommentar und die investigativen Berichte, haben zum ersten echten Shitstorm gegen mich geführt – per Brief, per Mail und online.« RWE habe die Facebook-Gruppe »RWE-Mitarbeiter gegen den WDR« gegründet. Dirigiert und orchestriert von RWE, der IGBCE, von Teilen der SPD und anderen Parteien. »Das ist ein besonderes Kapitel, denn in Nordrhein-Westfalen gibt es keine echte Kohle-Opposition bei den Grünen, immer nur dann, wenn sie in der politischen Opposition waren. Sowie sie in der Regierung waren, haben sie die Partei, die die Mehrheit hatte, in der groben Linie unterstützt. Etwas gegen die Braunkohle zu sagen, das war ein Sakrileg.«

Dass Journalist:innen angegriffen werden, ist gerade bei investigativen Geschichten oder auch Kommentaren laut Jürgen häufiger der Fall. »Wenn da ein Fehler drin ist, muss der natürlich korrigiert werden. Aber wenn sachlich alles korrekt war, dann sollte man als Sender oder Verlag die Schotten dicht machen und das abprallen lassen, den Autor/die Autorin schützen.«

Bei den Öffentlich-Rechtlichen rede man die ganze Zeit über Einsparungen. Es würden Kräfte umstrukturiert, ins Digitale gegeben. Das gehe so weit, dass man falsche Dinge, die in die Welt gesetzt werden, nicht mehr überprüfe. »Wenn zum Beispiel die Polizeistatistik hier in NRW sagt: ›Es gab soundso viele tausend Straftaten rund um den Hambacher Wald.‹ Und das dann vielfach einfach so abgedruckt oder gesendet wird.« Man müsse nicht unbedingt so alt sein wie er, sagt der 1957 geborene Journalist, um zu wissen, dass es selbst zu Zeiten der RAF keine »mehrere 1000 politische Straftaten« gegeben habe. Was eine Straftat ist, könne nur ein Gericht entscheiden.

»Am Beispiel der Besetzung von Garzweiler 2015 kann man das gut aufzeigen. Die Aktion ging mit mehr als 800 ›Straftaten‹ in die Statistik ein. Warum? Weil die Leute, die in den Tagebau gegangen sind, angeblich alle Hausfriedensbruch begangen haben. Am Ende stellte sich aber heraus: RWE hatte den Tagebau überhaupt nicht umzäunt, so dass es keinen Hausfriedensbruch geben konnte. Von den 800 wurden 200 angezeigt, dann wurden aus 200 gerade einmal 20 – und die sind alle freigesprochen worden. Aber das wird nicht von der Polizei korrigiert. Die Meldung mit den angeblichen 800 Straftaten seinerzeit hat publizistisch eine Welle gemacht, die man nicht mehr zurückholen kann.«

Jürgen sagt, er habe immer die Position vertreten, dass man als Journalist oder Journalistin eine Haltung brauche. In der öffentlichen Diskussion werde vieles durcheinandergebracht. Da würden Begriffe wie Haltung, Meinung und unabhängig in einen Topf geworfen. Doch man müsse fein unterscheiden. »Ich bin Journalist geworden, weil ich der Meinung war, dass man in diesem Beruf eine übergeordnete Aufgabe hat.« Das sei nicht irgendein Job, nicht irgendeine Art, Geld zu verdienen. »Ich habe das aus einer Motivation heraus gemacht, weil ich glaube – und das glaube ich bis heute –, dass Information die Basis ist für Demokratie.« Wer nicht Bescheid weiß, könne nicht mitreden.

Für ihn habe das zeit seines Berufslebens bedeutet, ein besonderes Augenmerk auf jene Wesen zu haben, die sich selbst nicht oder nur schlecht gegen Bedrohung oder Unrecht wehren können. Beispielsweise Kinder, Minderheiten, Tiere, Natur. »Ein Baum kann nicht vor Gericht ziehen. Der kann sich nicht dagegen wehren, wenn er abgeholzt wird. Und das Gebot zur Haltung gilt selbstverständlich und in besonderem Maße, wenn es um den Schutz des Lebens und unserer Lebensgrundlagen, also auch um das Klima geht.« Das Bundesverfassungsgericht habe das mit dem sogenannten Klimaschutzurteil unmissverständlich klargemacht. »Aber für manche bist du in dem Moment nicht mehr Journalist. Du bist Aktivist – weil du eine Haltung hast. Dieses Framing wird auch gegenüber Wissenschaftler:innen immer häufiger eingesetzt.« Interessierte Kreise in Politik und Wirtschaft würden damit versuchen, die Professionalität der betroffenen Personen zu beschädigen oder gar zu zerstören.

Der mediale Umgang mit der Klimakrise hat sich in den letzten Jahren durchaus verändert, der Widerstand gegen effektive Klimaschutz-Politik wurde subtiler. Jetzt bestreitet man die Dringlichkeit. Schiebt Entscheidungen und Maßnahmen auf die lange Bank. Oder – wie etwa beim Heizungsgesetz – man bezweifelt die Wirksamkeit, organisiert und orchestriert. »Das konnte man zuletzt sehr gut am Verlauf der Debatte über die Wärmepumpen und das GEG beobachten. Es war eine regelrechte Kampagne – gespickt mit falschen Behauptungen, irreführenden Zahlen und schlichten Unwahrheiten.« Die Gasindustrie hatte laut Jürgen zweifellos ihren Anteil daran. Denn die hatte viel zu verlieren. Immerhin geht es um den Bestand ihres Gasnetzes im Wert von fast 300 Milliarden Euro. Da sei jedes Jahr, in dem man dieses Netz über die Zeit bringt, Millionen wert. Dass wir jetzt beim Klimaschutz die »Brechstange« bräuchten, liege an dem massiven Einfluss der fossilen Industrie und den dadurch bewirkten Versäumnissen der politisch Verantwortlichen in den vergangenen zwanzig Jahren. »Nichtstun ist keine Option. Das ist meine Haltung – als Journalist, als Bürger und nicht zuletzt als Vater.«

Haltung ist ein gutes Stichwort, um sich Clara S. Thompson zuzuwenden, die aktuell den Journalismus verlassen hat, vielleicht auch, weil sich bei jungen Menschen wie ihr diese Lebenswelten mittlerweile schlicht nicht mehr trennen lassen – das behäbige Mediensystem aber mit grundlegend anderen Haltungen wie der ihren nicht umgehen kann. »Das Problem ist, dass derzeit ein ›Kulturkampf‹ über das Auto inszeniert wird, u. a. von der FDP. Rechte und anti-progressive Stimmen nutzen das, um gegen Klimaschutz Kampagne zu machen und ihre eigene Wachstumslogik, die auf der Zerstörung unseres Planeten basiert, in den Vordergrund zu stellen. Dabei geht es in der Verkehrswende überhaupt nicht darum, Leuten etwas wegzunehmen – es geht darum, gesamtgesellschaftlich zu schauen, was wir als Gesellschaft für das gute Leben für alle brauchen, und wie wir dahinkommen. Da ist Potenzial, auch durch das Klimaschutzgesetz. Gleichzeitig ist die große Herausforderung der Mobilitätswendebewegung, dass wir derzeit nicht eine große Kohlegrube haben, bei der wir uns alle treffen können, sondern viele verschiedene Baustellen. Aber wenn wir es schaffen, es als unsere Stärke auszulegen, dass wir überall sind, dann kann das richtig stark sein.«

Sara Schurmann ist Journalistin aus Berlin und Journalismus-Trainerin. Sie hat ein Workshop-Programm entwickelt, um die Klimakrise in den Redaktionen zu verankern. Im September 2020 schrieb sie einen offenen Brief an ihre Kolleg:innen mit dem Titel: »Journalist:innen, nehmt die Klimakrise endlich ernst!« Seitdem habe sie mit Kolleg:innen das »Netzwerk Klimajournalismus Deutschland« gegründet, das Klima-Briefings und Austausch anbietet und unter anderem einen sehr erfolgreichen Newsletter veröffentlicht. »Onboarding Klimajournalismus« hat mittlerweile mehr als 2500 Abonnent:innen.

Sara spricht eine Einladung aus, indem sie ganz bewusst ihren eigenen Verdrängungsprozess beschreibt. Denn obwohl sie Zugang zu allen notwendigen Informationen hatte, gelang es ihr bis vor ein paar Jahren, die Wucht der Bedrohung und den Druck der notwendigen Veränderungen zu ignorieren. »Ich hatte im Sommer 2020 einen Moment, in dem ich begriffen habe, was das bedeutet, was ich in den zwei Jahren zuvor jeden Tag gelesen habe. Ich hatte es bis zu diesem Zeitpunkt nur nicht mit meinem eigenen Leben in Verbindung gebracht.«

In dem Workshop-Programm von Sara sind drei Punkte wesentlich. »Als Erstes erzähle ich eine Stunde lang schonungslos, wo wir stehen und was die Zusammenhänge bedeuten. Dann erkläre ich, welche strukturellen Probleme im Journalismus dafür sorgen, dass wir die Situation nicht adäquat abbilden.« Das sei ein wichtiger Punkt, denn er habe psychologisch die Funktion, den Journalist:innen die »individuelle Schuld« von den Schultern zu nehmen. »Anschließend gehen wir in eine Arbeitsphase, in der wir gemeinsam besprechen, wie ganz normale Themen journalistisch behandelt werden können, wenn man die Klimakrise wirklich mitdenkt. Etwa bei einem Service-Journalismus-Stück, das behandelt, was Menschen beachten müssen, wenn sie sich ein Haus kaufen.«

Bei so etwas gebe es Muster, nach denen berichtet wird. »Wenn ich vorher aber rausgezoomt und erklärt habe, was Kipppunkte sind, was das CO_2-Budget ist, worin der Unterschied zwischen 1,5 und 2,0 Grad besteht, dann können Journalisten umschalten: Sie stellen sofort andere Fragen, sie setzen andere Prioritäten, sie wollen oft mit anderen Expert:innen sprechen.«

Clara arbeitet mittlerweile für Greenpeace, Sara hat die Erkenntnisse rund um ihre eigene Reise in Workshop-Formate gegossen. Der Weg von Raphael Thelen ist vielleicht der radikalste der bisher skizzierten. Er ist mittlerweile nicht mehr als Journalist tätig, sondern hat sich der Letzten Generation angeschlossen. Und auch er gibt offen zu: Die eklatante Lage war ihm lange nicht bewusst.

Wie es dazu kam, beschreibt Raphael so: »Ich wollte eine Geschichte über die Klimakrise in Marokko machen, über ausrottende Oasen, und dann habe ich es begriffen. Weltbankbericht, ›Turn down the heat, the world at four degrees‹. Eine halbe Milliarden Menschen im Mittelmeerraum von Dürre bedroht, wenn wir da nichts tun? Das war der Einstieg und das Buch von Gretas Eltern, *Szenen aus dem Herzen*. Die große Ebene und die kleine verknüpfen: Wie betrifft diese große Krise uns und was können wir tun? Ich verstand immer mehr: das ist eine Systemkrise, es geht nicht um CO_2 oder Solarpanele, sondern darum, dass wir in einem System leben, das auf Gewalt basiert. Wenn wir das System nicht grundlegend umbauen, dann wird es uns erwischen. Je mehr ich begriff, desto mehr kam Gegenwind aus der Redaktion.

Wenn Journalismus sich der deutschen Verfassung verpflichtet sieht, dann gelingt ihm das gerade nicht. Wir steuern auf den Kollaps unserer Lebensgrundlagen zu, auf einem toten Planeten gibt es keine Demokratie, die fossile Lobby verarscht uns alle weiterhin. Und der Journalismus kriegt nicht auf die Kette, das radikal offenzulegen. Solange der INSM und RWI als Thinktanks zitiert werden, läuft da was schief. Es gibt Menschen, die wussten 1981, dass sie unseren Planeten für Profit verfeuern. Das ist eine riesige Ungerechtigkeit, die nicht ungesühnt bleiben sollte. Ich will, dass diese Menschen vor Gericht stehen. Das ist mein Motivator. Ich will Gerechtigkeit auch in der Transformation: Die, die es verursacht haben, sollen zahlen. Die Redaktion hat mir misstraut, wollte eine Entscheidung: Bist du Aktivist oder Journalist? Ich wollte radikalere Sachen schreiben und konnte nicht. Wenn du dich auf den wissenschaftlichen Standpunkt stellst, bist du raus aus dem Mainstream-Diskurs, denn letztlich sagt die Wissenschaft: Wir müssen raus aus dem aktuellen Wirtschaftssystem. Und dann habe ich Henning Jeschke von der Letzten Generation auf einem Panel getroffen und war beeindruckt. Die haben mir ihren Plan zugeschickt. Das war so eine doppelte Bewegung: immer mehr Reibung mit den Redaktionen und einen Akteur kennenlernen, der mir kulturell sehr entspricht.

Es geht mir so gut wie seit Jahren nicht, weil ich das Gefühl von Selbstwirksamkeit habe. ich tue etwas. Ich stehe mit all meinen Fähigkeiten für eine Sache zur Verfügung, die größer ist als ich. Da sind lauter richtig coole, tolle Leute um mich. Wenn man rauskommt aus der Verdrängung, dann noch aus dem Dreckssystem und eine Aufgabe findet, die den eigenen Fähigkeiten entspricht, dann macht das Bock. Ich leide gerade nicht darunter. Die Klimakrise ist jetzt da und wir müssen mit ihr umgehen. Ich habe sie nicht verschuldet, aber ich habe eine Verantwortung, sie anzugehen.«

Gehirnschranken

Wir betrachten uns gerne als vernunftorientierte Wesen, als rational und überlegt handelnd. Wohl auch deswegen ist es vielen, denen meine Gedanken und Hinweise zur Mobilitätswende nicht gefallen, so wichtig, mich als emotional und irrational zu diffamieren. Wähnen sie sich selbst doch aufseiten des realitätsnahen Praktikers. Ist dem so? Ist es zudem überhaupt möglich, ohne Emotionen in Handlung zu treten? Haben wir die Instinkte, die wir aus dem Neandertal mitgebracht haben, in den letzten Jahrzehnten wirklich umfänglich abgelegt?

Jesse Ausubel, Leiter des Program for the Human Environment und Senior Research Associate an der Rockefeller University in New York City: »Der wichtigste Instinkt besteht darin, sich an das Zeitbudget zu halten, das für die Fortbewegung vorgesehen ist. […] Der zweite Instinkt liegt darin, am Abend nach Hause zurückzukehren. […] Im Instinkt, nach Hause zurückzukehren, liegt der Erfolg von Fluggesellschaften begründet. Airbus fand in einer Studie heraus, dass 60 Prozent der Fluggäste ihre Geschäftsangelegenheiten und ihren Rückflug am selben Tag erledigen. […] der dritte Instinkt: das Reisegeldbudget. Familien geben zwölf bis 15 Prozent ihres verfügbaren Einkommens für Mobilität aus. Der vierte Instinkt kommt daher, dass Menschen wie andere Tiere auch ein Territorialverhalten aufweisen. […] Für den Menschen bedeutet ein großes, zugängliches Territorium mehr Freiheit bei der Wahl der drei Schwerpunkte unseres Lebens: dem Wohnort, dem Arbeitsplatz und der Bildungseinrichtung. Vier Fünftel aller Wege haben diese drei zum Ziel.«[116]

Dass die dringend notwendige, faktisch basierte und überfällige Mobilitätstransformation Instinkte weckt, bemerke ich jeden Tag in der Reaktion auf meine Arbeit. Aber auch in manchen der Bücher, die ich bewusst gelesen habe, um mal in die Denkweisen der Anders-Lenkenden reinzuschauen, habe ich jede Menge von diesen »Ad-hoc«- und fast instinktiven Reaktionen gefunden.

Eine Lady, die sich vertieft wissenschaftlich mit dem »Gap« beschäftigt, der aktuell zwischen vorliegenden Fakten, Wissen in der Bevölkerung und Handeln gegen die Klimakatastrophe besteht, ist Neurowissenschaftlerin Maren Urner: »Studien zeigen, dass konservative Transformationsverweigerer die Zustimmung in der Bevölkerung für Klimaschutz unterschätzen. Sie wollen zudem, dass wir uns als Teil einer Minderheit sehen. Und damit sind wir bei dem großen, wichtigen Ding der sozialen Norm. Jeder und jede will dazugehören. Das Hirn liebt Gruppen, sie sind ein Stück von Sicherheit und Identität.«

Am Anfang neuer Ideen und Ansätze sei es einfach, Freund:innen und Feind:innen zu statuieren. Das sei ein wunderbares psychologisches Konzept, dem Hirn in Millisekunden zu signalisieren, wer dazugehört und wer nicht. Was uns fehle, sei die Verbundenheit. Ein Auto ist eine Art Begegnungs-Vermeidungsraum, der zwar keine Verbundenheit, aber das Gefühl von Sicherheit vermittelt. »Das Hirn mag keine Unsicherheit – auch die Suche nach Verbundenheit ist Teil des Hirndrangs nach Sicherheit und Geborgenheit.«

Die vermeintlichen Sicherheiten suche der Mensch auf vielen gesellschaftlichen Ebenen: Dazu gehöre die Durchtaktung unseres Alltags, unserer Fortbewegung, zig Termine an einem Tag. Da bleibe keine Zeit für spontane Begegnungen oder den kleinen Moment, in dem wir Vögeln zuhören oder uns mit Menschen austauschen – Sicherheit übertrumpft Verbundenheit. Gleichzeitig fehlen dann sowohl die körperliche Bewegung als auch das Innehalten. Beides aber kann uns nicht nur unzufrieden, sondern auch krank machen.

Die vermeidungs- und angstdominierte Haltung, dass mir gefühlt immer und überall jemand etwas wegnehmen will, sei häufig das Narrativ derer, die Machtpositionen innehaben und diese nicht verlieren wollten. »Sie selbst sind also häufig angstgetrieben und sind einen Großteil ihrer Lebenszeit von den evolutionsbiologisch ältesten Gehirnteilen dominiert, die damit beschäftigt sind, uns am Leben zu halten.«

Und das ist einer der zentralen Punkte, die ich durch Maren gelernt habe: Angst ist zum einen keine gute Beraterin, aber zum anderen nehme ich bei oberflächlicher Betrachtung all jene, die so am Auto hängen und es auf gar keinen Fall hinterfragt sehen wollen, nicht als ängstlich wahr. Sondern als übergriffig, gegen Fakten agierend, fast schon in Hybris gekleidet. »Hier zu verstehen, dass es Ängste sind, die zu dieser Gegenwehr führen, ist wichtig. Denn Angst lässt keine Visionen zu, Angst verhindert, sich eine gute Zukunft auch nur auszudenken. Angst lässt verharren und erstarren.«

Doch neben diesen auf das kurzfristige Überleben gerichteten Mechanismen haben wir Menschen Maren zufolge auch eine Fähigkeit, die uns von allen anderen Lebewesen auf diesem Planeten unterscheidet: Unsere Vorstellungskraft. Wir sind in der Lage, uns etwas auszudenken, das noch nicht existiert. Manche singen Lieder darüber, wie John Lennon in »Imagine«, andere nennen das Ergebnis davon »Innovation«. »Doch Vorstellen in Angst funktioniert nicht, weil die Gehirnbereiche, die unsere Vorstellungskraft ermöglichen, nicht aktiviert werden können.

Die positive Nachricht: Wir alle tragen diese Vorstellungskraft in uns und sind in der Lage, uns an der Veränderung zu erfreuen. Wir müssen uns nur Strukturen schaffen, in denen das möglich ist. Einen Entscheidungsfindungsprozess schaffen, wo auch denen, die angstgetrieben sind, ein Vorstellungsraum offensteht.«

Nicht so positiv analysiert Maren den Status quo des realen Wissens über die Dringlichkeit der Klimakatastrophe. Was wiederum auch an die Medienklimakrise anschließt, die neben Politiker:innen, die sich nicht an Gesetze halten und den fossilen Konsum nicht eindämmen, eine gewichtige Rolle am Kenntnisstand der Bevölkerung einnimmt. Doch was können wir tun, wenn wir vielleicht selbst auch sehr viel Angst und Sorgen haben, wenn wir nicht wissen, was der nächste Schritt auch persönlich sein kann? Zumal uns Politik und bestimmte Medien ja immer wieder Hintertüren öffnen, dass schon alles nicht so schlimm ist. Was hilft, die Hilflosigkeit zu überwinden?

Maren bringt es auf eine sehr einleuchtende Formel: »Das Gute und Richtige zu tun muss sich endlich lohnen! Aktuell wird um die Kosten des Deutschlandtickets mehr gerungen als um die zweistelligen Milliardenbeträge, die jährlich in die Autosubvention fließen! Wir brauchen Belohnungsstrukturen bei der Mobilität, nicht nur auf individueller Ebene, sondern gesamtgesellschaftlich auf allen Ebenen. Es muss das Günstigste, Angenehmste, Schönste sein, sich nachhaltig fortzubewegen. Punkt.«

Wir brauchen laut Maren auf der Entscheider:innen-Ebene Menschen, die wissenschaftlich, faktisch und persönlich begriffen haben, dass unser aller Wohlergehen auf dem Spiel steht. Ihnen dürfe und müsse die Verantwortung zukommen, es uns und ihnen leicht zu machen, sich so zu verhalten, dass wir auch übermorgen noch ein gutes Leben auf diesem Planeten führen können.

Wir alle sind soziale Wesen. Egal wie sehr wir vielleicht denken, es lieber allein »schaffen« zu wollen. Vielleicht sind wir nicht der nächste Gandhi oder die nächste Rosa Parks, aber wir können einander die Tür aufhalten, eine Blume reichen, wenn Unterstützung gebraucht wird. Und vielleicht werden wir unsere Bedeutung und Rolle niemals erfahren. »Aber allein durch die ein oder andere Begegnung könnte vielleicht etwas Großartiges passieren«, sagt Maren.

TEIL 3
GESTALTER:INNEN

»Wir brauchen mehr Diensträder als Dienstautos,
mehr Fahrradwege als Autobahnen und wir sollten nicht
durch die Pendlerpauschale belohnen, dass Millionen jeden
Tag lange Auto fahren und im Stau stehen.«

Dr. Eckart von Hirschhausen

Den schwersten Part des Buches haben Sie geschafft! Gratulation. Das war an manchen Stellen bestimmt bedrückend. Aber es braucht die Anerkennung der Größe des Problems, das der Verkehrssektor für jedes Leben darstellt, die Analyse, warum genau in diesem Bereich nicht nur nichts geschieht, sondern im Gegenteil industriell und politisch zukunftsfeindlicher Mobilitätskonsum, Autoabhängigkeit und Exklusion gesamter gesellschaftlicher Gruppen in Kauf genommen werden, um nicht das Autoverhalten hinterfragen und neu gestalten zu müssen. Es fehlen politischer Wille und eine kreative Automobilindustrie, die unterschriebene völkerrechtliche Verträge und eine lebenswerte Zukunft für kommende Generationen als Kern ihrer Arbeit sehen.

Und damit kommen wir zum hocherfreulichen Teil dieses Buches. Denn nicht erst seit der Veröffentlichung meines ersten Buches bin ich immer wieder inspirierenden Menschen begegnet, die es als ihre Aufgabe ansehen, die Welt zu verbessern. Und die sich auch nicht scheuen, dieses Ziel laut zu formulieren. Hätte ich das so in meiner Konzernzeit getan, dann wäre ich ausgelacht worden. Mir wäre gesagt worden, dass sich damit keine wirtschaftlichen Erfolge schaffen lassen. Doch es ist einer der größten Fehler, dass in zu vielen Köpfen von Menschen in Macht der Gedanke verankert ist, es geht nur eines von beiden. Entweder nachhaltig zu agieren und damit ökologisch oder wirtschaftlich erfolgreich und damit ökonomisch. Bullshit!

In einer Zukunft, in der Naturkatastrophen, Hitze und Trockenheit unseren Alltag bestimmen, weil wir auch 2023 nicht damit begonnen haben, endlich radikal zukunftspositiv zu agieren, lassen sich viele der heutigen Geldbringer nicht mehr verkaufen. Es braucht nicht weniger als eine wirtschaftliche, politische und industrielle Revolution, die sich ökologisch und ökonomisch auszahlen wird. Wenn politische Rahmenbedingungen endlich enkeltaugliches Handeln von Unternehmen belohnen. Dazu anregen, einen Lebensstil innerhalb planetarer Grenzen zu führen. Gerade Industrien wie die Autoindustrie haben hier eine enorme Verantwortung. Heute stoßen sie noch das CO_2-Äquivalent von Kontinenten aus. Warum darf das sein, und warum bleibt das ungestraft? Stünde es unter Strafe, ich bin mir sicher, dann führte das zu Mobilitätsangeboten, die uns allen ein besseres Leben ermöglichten. Auch jenen 26 Millionen Kindern und Erwachsenen ohne Führerschein und jenen, die nicht Auto fahren können oder wollen, es aber heute müssen, weil sie ihr Leben ohne einen eigenen Pkw nicht gestalten könnten.

In diesem Teil des Buches möchte ich Ihnen Menschen vorstellen, die sich nicht aufhalten lassen in ihrem festen Willen, Teil der Lösung und nicht des Problems zu sein. Diese Menschen stecken an, etwas zu tun. Denn genau das ist gerade das Wichtigste und zugleich Wohltuendste, was wir machen können: In Aktion gehen, und sei diese noch so klein, denn wenn alle sich etwas bewegen, raus aus der Komfortzone, gerät etwas richtig Großes in Bewegung. Und ich verspreche Ihnen: Es fühlt sich sehr viel besser an, in diesen schwierigen Zeiten etwas zu tun, als diese Zeiten einfach nur auszuhalten, zuzusehen, wie alles immer dunkler zu werden scheint.

Im eigenen Handeln steckt unfassbar viel Licht, für eine:n selbst, aber auch für die Menschen um uns herum, die bemerken werden, wie gut Aktion tut. Ich bin seit Februar 2022 bis Dezember 2023 nahezu ununterbrochen auf Lesungen und

Vorträgen mit meinem ersten Buch unterwegs gewesen. Viele stimmen mir durchaus zu, dass etwas geschehen muss, am besten radikal und schnell, weil die Zeit so drängt, aber auch weil die klima- und sozial gerechte Mobilitätswende auch ohne die Klimakatastrophe enorm wichtig ist für ein besseres Miteinander, für Wahlfreiheit, für lebenswerte Räume.

Ich habe mit meinem ersten Buch Menschen angesteckt. Ich ließ sie Dinge sehen, die sie zuvor als »Norm« empfanden und nicht in der notwendigen Deutlichkeit hinterfragten. Ich stellte ihnen Menschen vor, die unter dem Auto-Status-quo leiden. Aber ich habe es nicht in dem Maße geschafft, sie auch wahrnehmbar in Lautstärke und Aktion zu bewegen, wie ich es mir wünschte. Das versuche ich mit diesem Buch. Ich stelle Ihnen inspirierende Macher:innen vor, die eine innere Vision haben, die sie verfolgen. Die nicht verschweigen, dass es der schwierigere Weg ist, ausgetretene Pfade zu verlassen und das Richtige zu tun, was sich oft abseits von Routinen und liebgewonnenen Momenten täuschender Sicherheit befindet. Denn diese Sicherheit gibt es schon lange nicht mehr. Die Sicherheit einer lebenswerten Welt kann nur in der Veränderung liegen.

Die Autoindustrie ist in der Defensive. Schon vor über einem Jahrzehnt gab es den ersten Autogipfel im Kanzlerinnenamt, bei dem die Elektromobilität im Fokus stand. Danach legte sich diese Industrie wieder schlafen, weil sich immer größere Verbrenner sehr gut verkaufen ließen und weit mehr Marge aus den gewohnten Produktionsprozessen erbrachten, als der vollelektrische Antrieb es mit seinem sehr viel weniger Teile umfassenden Motor konnte. Auch die Zulieferindustrie war daran interessiert, am Vertrauten festzuhalten. So lähmten sich diese beiden Partner gegenseitig.

Beispiele aus anderen Industriebereichen, die vielleicht sogar noch viel verzweigtere und problematischere Lieferketten aufweisen als die Autoindustrie, zeigen vorbildhaft auf, dass es mit intrinsischer Motivation gelingen kann, zum Teil der Lösung zu werden. Dr. Antje von Dewitz hat das Familienunternehmen VAUDE von ihrem Vater übernommen. Ihre Vision? Nachhaltigster Hersteller von Outdoorprodukten werden. Ein Ding der Unmöglichkeit, sagten viele. Denn natürlich ist gerade auch die Textilbranche für ihre unfassbar große Umweltzerstörung bekannt. Davon ließ sich Antje jedoch nicht beeindrucken. »Unsere nachhaltige Transformation haben wir 2009 intern und extern gleichzeitig begonnen. An unserem Firmenstandort Obereisenbach mit heute 650 Mitarbeiter:innen und eigener Manufaktur sowie entlang unserer globalen Produktions- und Lieferkette.«

Man habe EMAS, das europäische Umweltmanagementsystem eingeführt. Im ersten Schritt wurden alle Verbräuche und Emissionen erhoben und daraus Ziele und Strategien abgeleitet sowie Verantwortlichkeiten und Prozesse etabliert, um z. B. Klimaziele zu erreichen. Es wurde auf Ökostrom umgestellt, große Solaranlagen installiert, der Papierverbrauch reduziert und energieeffiziente Lösungen auch in der IT eingeführt.

»Höchste Priorität hatte unsere Mitarbeitermobilität, die einen großen Anteil der Emissionen am Standort verursacht. Wir sind in einer ländlichen Gegend, da kamen die meisten mit dem eigenen Auto, und es wurden Jahr für Jahr weitere Parkplätze gebaut. Wir haben beschlossen, wir wollen keine Parkplätze mehr bauen, sondern das Geld in grüne Mobilität investieren. Als wir unseren Firmensitz 2015 komplett umbauten und erweiterten, beschlossen wir, unseren Innenhof mit 60 Parkplätzen umzuwandeln. Wir haben daraus einen begrünten Campus mit Kletterwand, Terrasse und vielen Sitzgelegenheiten gemacht.

Dazu haben wir E-Bikes zum Ausleihen angeschafft, überdachte Parkplätze für Fahrräder und dezentrale Duschen gebaut, Jobrad eingeführt. 280 Mitarbeitende nutzen Jobrad bereits. Wir haben alles dafür getan, dass Leute motiviert werden, Fahrrad zu fahren. Das war richtig ansteckend. Bei uns bekommen auch nicht die Führungskräfte die besten Parkplätze, sondern diejenigen, die sich zu Fahrgemeinschaften zusammentun. Gemeinsam mit anderen Unternehmen und dem Busunternehmen haben wir es geschafft, eine neue Buslinie im Stundentakt zu initiieren, die vernetzt ist mit dem nächstgelegenen Bahnhof in Meckenbeuren.

Wir nutzen die Pendla App, die vom Landkreis in unserer Region etabliert wurde, um Arbeitsfahrgemeinschaften zu fördern. Für uns war das Thema Mobilität eine Art Wendepunkt, weil wir uns bis dahin schwergetan haben, Begeisterung für unser Nachhaltigkeitsengagement am Standort zu wecken. Als wir das Thema Mobilität angepackt haben, war es zum ersten Mal spürbar, dass es Spaß macht und dass es sich gut anfühlt, seinen Beitrag zu leisten: Ich tue etwas Gutes für die Umwelt, ich komme auf dem Fahrrad. Wir haben strenge Richtlinien für Geschäftsreisen eingeführt; es dürfen keine Inlandsflüge und keine Flüge in die angrenzenden europäischen Länder gemacht werden. Generell gilt Bahn first. Zugleich treiben wir die Umstellung unserer Firmenautos auf Elektro an. Bis Jahresende 2023 haben wir zwei Drittel unseres Fuhrparks umgestellt. Wir haben 30 E-Tankstellen, die noch erweitert werden, so dass unsere Mitarbeitenden kostenlos Strom bei uns tanken können, den wir über unsere Solaranlage generieren.

Wir hatten uns das Ziel gesetzt, Europas nachhaltigster Outdoorausrüster zu werden. Wir stellten uns vor, dass wir irgendwann auf dem Gipfel stehen und sagen können: Wir haben es geschafft. Doch in der Realität ist das ein langer Weg, der immer neue Herausforderungen bringt und nie abgeschlossen ist. Du schaust zurück und denkst, super, richtig Strecke gemacht. Und dann schaust du voraus und denkst, oh wow, da warten schon die nächsten Aufgaben. Es ist eine never ending story, und je besser du dich auskennst, desto mehr Baustellen tun sich auf.«

Was viele unterschätzen, ist die große positive Macht, die Arbeitgebende auf das Mobilitätsverhalten ihrer Angestellten ausüben können. Berufliche Pendelwege sind eine hoch routinierte Mobilität, die nur zu durchbrechen ist, wenn positive Irritationen eintreten. Berufliche Pendelwege mit dem Auto sind zudem eine große und sich steigernde Umweltbelastung, 60 Prozent der sozialversicherungspflichtig Beschäftigten haben Wohn- und Arbeitsort in unterschiedlichen Kommunen. Gegenüber dem Jahr 2011 stieg die Zahl um 18,9 Prozent.[1]

Pendelverkehr verursacht ein Fünftel des gesamten Personenverkehrs, mit einem im Vergleich zu anderen Mobilitätszwecken deutlich höheren Autoanteil von 74 Prozent der Kilometer. Weiteres Manko: Diese Autos fahren völlig ineffizient mit nur 1,075 Personen je Pkw. 22,4 Prozent der klimarelevanten Emissionen des Personenverkehrs entfallen auf das Berufspendeln und zu 95 Prozent auf Pkw-Verkehr. Zudem hat Autoverkehr eine massive Auswirkung auf Flächenverbrauch und Versiegelung, die den Räumen Klimaresilienz und Lebensqualität gleichermaßen raubt.

Zur Verdeutlichung: Auf einer Fahrbahnbreite bis vier Metern können je Stunde 900 Personen im Pkw befördert werden (Besetzungsgrad 1,3), bis 7000 Fußgänger:innen sowie 8400 Personen mit Standard-Linienbussen, 22 000 in Straßen- oder Stadtbahnen und bis zu 36 000 Menschen in S-Bahnen. Dabei ist es vor allem auch die zeitliche Homogenität von Arbeitsbeginn, die durch die Spitzenzeiten, zu denen alle fahren, für Flächenfraß sorgt. 44 Prozent des Berufsverkehrs finden zwischen 6.30 bis 8.30 Uhr sowie 15.30 bis 17.30 Uhr statt. Da Autostraßen genau für diese Ausnahmesituation entworfen werden, sind sie zu weiteren Zeiten völlig überdimensioniert angelegt.[2]

Und es mangelt nicht an Beweisen, wie ökologisch, ökonomisch und gesundheitlich die Belegschaft gewinnt – und damit das Unternehmen –, wenn Mobilität aktiv gestaltet wird:

»Eine Studie des Niederländischen Verkehrsministeriums hat nachgewiesen, dass radfahrende Mitarbeiter im Schnitt einen Tag pro Jahr weniger krank sind als Pkw-Pendler [...] Da jeder Ausfalltag eines Mitarbeiters den Betrieb 200 Euro oder mehr kostet, machen sich fittere Mitarbeiter schnell bezahlt – und sind obendrein leistungsfähiger und motivierter. [...] Auch die betriebliche Klimabilanz wird bei der Fahrradnutzung deutlich verbessert. Durch 5000 Fahrradkilometer pro Jahr werden bis zu 400 Liter Diesel, 500 Euro und eine Tonne CO_2 eingespart.«[3]

VAUDE hat mit dem Übergang in die nächste Unternehmer:innen-Generation etwas getan, was Industrie und Politik in Sachen Mobilitätswende fehlt: der intrinsische Wille, Teil der Lösung zu sein, Probleme größtmöglich aus der Welt zu schaffen. Dabei ist die Mobilitätswende durch die Klimakatastrophe mittlerweile so immens wichtig geworden, dass sogar in völkerrechtlich bindenden Gesetzen steht, dass etwas getan werden muss. Das gilt für Unternehmen wie VAUDE mittlerweile auch, war aber zum Start von ihrem Engagement keineswegs gefordert oder absehbar. Mitwelt-gerechte Pionier:in sein lohnt sich. Ökologisch und ökonomisch.

Bevor wir von der industriellen Sicht der Transformation in einer Welt in der Klimakatastrophe zu den Regionen, Städten, Menschen kommen, die für die menschengerechte Veränderung stehen, werde ich übergreifend auf Systeme schauen und verschiedene Aspekte der Mobilitätstransformation betrachten.

Der dänische Stadtplaner Jan Gehl macht sich seit Jahrzehnten für die fußgänger- und fahrradfreundliche Stadt stark. In seiner Heimatstadt Kopenhagen belebten sich städtische Bereiche neu, nachdem der Autoverkehr zurückgedrängt und Raum für Fußgänger:innen und Radverkehr geschaffen wurde. Fußverkehr ist die einfachste Fortbewegung, die aber im Laufe des autozentrierten Gestaltens von Räumen politisch gewollt immer mehr an Bedeutung verlor. Gibt es mehr Platz für Fußwege, so wie in Kopenhagen, wo gestaltete Raumabfolgen statt homogener Fassaden existieren, werden Treppen, Unterführungen und Brücken vermieden und akzeptable Weglängen geschaffen, laufen die Menschen wieder mehr zu Fuß. Kopenhagen ist nicht autofrei, aber den Radfahrer:innen wird ein Netz durchgehender Radwege mit ausreichend breiten Fahr- und Abbiegespuren geboten, die »grüne Welle« gilt hier für die Zweiräder und nicht für Autos. Je mehr Raum für ein Leben ohne Auto in der Stadt bereitgestellt werde, je mehr sich die Planung am Bewegungsspielraum der Menschen orientiere, so Gehl, desto lebendiger werde die Stadt. Bereits 1962 wurde auf sein Betreiben hin die erste Fußgängerzone in der dänischen Hauptstadt eingerichtet. In den folgenden dreißig Jahren hat sich der Fußgängerverkehr im Stadtzentrum vervierfacht.[4]

Andreas Røhl hat als hochrangiger Berater für Städte wie Vancouver, Riga, München und Wien fungiert. Bevor er zu Gehl kam, war Andreas für das Fahrradprogramm der Stadt Kopenhagen verantwortlich. Während seiner Amtszeit als Leiter des Referats für Mobilität und öffentlichen Raum in Kopenhagen stieg der Radverkehr in Kopenhagen auf den höchsten Stand seit mehr als 50 Jahren.

»Wir arbeiten daran, eine Zukunft zu schaffen, in der Gemeinschaften die Kontrolle über ihre Gesundheit und ihr Wohlergehen haben; in der integrative Nachbarschaften und Orte so gestaltet sind, dass sie ein Gefühl der Zugehörigkeit fördern und es den Menschen leichter machen, gezielte Klimaschutzmaßnahmen zu ergreifen. Egal, ob man schnell oder langsam vorankommt, es ist sehr wichtig, dass es ein Erfolg wird.« Der Schlüssel sei immer das nächste Projekt. »Das heißt, wenn ein Projekt scheitert, wird es von allen benutzt, um zu sagen: Es funktioniert nicht. Der Rat an diejenigen, die schwierige Entscheidungen treffen müssen, lautet: 85 Prozent sind sicher. Es wird funktionieren. Machen Sie es. Es wird schmerzhaft sein, aber wir werden es tun. Für mich ist es sehr wichtig, dass sowohl die Politiker, die die Entscheidung treffen, als auch diejenigen, die sie beraten, diese Art von Dynamik verstehen. Es geht nicht um das aktuelle Projekt. Es geht darum, ob es ein Baustein für das nächste Projekt ist oder nicht.«

Eine interessante und sicher sehr valide Beobachtung. Es geht zum einen darum, in der Transformation die eigene Ungeduld, dass alles viel zu langsam geht (was aufgrund der Klimakatastrophe gerade auch für die deutsche Mobilitätswende gilt), zu zügeln, aber auch darum, genug Mut und Umsetzungsgeschwindigkeit mitzubringen, dass der Prozess in Balance bleibt und nicht abgebrochen werden muss. Hier hemmt in Deutschland vor allem noch der z. T. mehr als ein Jahrhundert alte Unterbau von gesetzlichen Grundlagen, die bewirken, dass gegen Veränderungen geklagt werden kann. So geschehen in der Friedrichstraße in Berlin und beim Verkehrsversuch »Ottensen macht autofrei« in Hamburg. So beliebig wie brachial die Veränderung unserer Lebensräume hin zu Lebensräumen für Autos auch war, diese Fehler wieder zurückzunehmen ist ungleich schwerer, da aktuelle Gesetzgebung und die Köpfe zu vieler handelnder Personen immer noch Autos statt Menschen denken.

Leon Legeland aus Kopenhagen zeigt im Gespräch auf, dass diese Denke sich auch auf die Datenlage auswirkt. Leon ist Projektmanager bei Gehl Architects, mit einem interdisziplinären Hintergrund in Stadtplanung, Nachhaltigkeit und Umweltwissenschaften. Er unterstützt eine Stadtgestaltung, die soziale Interaktion erleichtert und lokale, ökologische und wirtschaftliche Aspekte berücksichtigt, mit einem Auge auf Anpassungsfähigkeit an globale Trends, strukturelle Veränderungen und technologischen Fortschritt. »Normalerweise erhalten wir Datensätze über geparkte Autos und das Verkehrsaufkommen auf den Straßen, aber wir erhalten nie oder nur selten Fußgängerdaten oder Daten darüber, wie bewusst Menschen den öffentlichen Raum nutzen.« In den meisten Projekten beginne man daher in der Tradition von Jan Gehl damit, die Aktivitäten und die Bewegung von Fußgänger:innen und Radfahrer:innen in den verschiedenen Gebieten zu untersuchen. Dadurch könne man Argumente untermauern, dass es bereits eine Menge Fußgänger:innen und Radfahrer:innen gibt, aber der Raum nicht optimal genutzt wird.

Andreas Røhl berichtet: »Wir haben einen Wettbewerb ausgeschrieben, und jetzt haben wir ein Team, das ausgewählt wurde, um diesen Plan auszuarbeiten. Und ein großer Teil unseres Plans war es, die Stadtplanung zu integrieren, wo man seine sozialen Einrichtungen, seine Schulen, seine Einkaufsmöglichkeiten, all diese Dinge, die den Verkehr stark beeinflussen, ansiedelt. Und das nicht nur in der Innenstadt, nach dem Konzept der 15-Minuten-Stadt, sondern auch in den Vorstädten und auf dem Land, denn es gibt einen Zusammenhang zwischen all diesen Entscheidungen, die wir in Dänemark über die Zentralisierung verschiedener Dienstleistungen treffen, und unseren Verkehrsmustern.«

Ein wunderbarer Ansatz, da er die Veränderung systemisch angeht. Denn die Mobilität in der Stadt verändert sich nicht, wenn der Speckgürtel und die ländlichen Räume, die als Einzugsgebiet der Stadt gelten, nicht mitgedacht und ebenfalls verändert werden. Deswegen ist auch die Haltung, dass sich auf dem Land nichts verändern ließe an der Autoabhängigkeit, fatal für Menschen in der Stadt. Denn obwohl 75 Prozent der Autowege auf dem Land innerörtlich sind, 10 Prozent der Wege unter einem und 50 Prozent unter fünf Kilometern[5] – und somit nicht in die Stadt führen –, so sind die verbleibenden Wege meist jene in die Zentren, die mit einem hohen Autoaufkommen zu kämpfen haben. Es gilt laut Andreas, eine Art Heatmap einer Region zu zeichnen, einen Status quo der Mobilitäts-Abhängigkeiten aufzunehmen, der auch analysiert, warum z.B. trotz guter Angebote Menschen im Auto sitzen bleiben.

Wir müssen anerkennen: Während wir in Deutschland noch nicht mal an echte Transformation denken, handeln andere bereits seit Jahren. Ich habe mich aufgemacht zu den Menschen, die auch für die Mobilitätswende stehen, vor allem aber dafür, dass sie erkannt haben, dass die Lebensräume, die wir für das Auto zu Transiträumen gemacht haben, menschenunfreundlich sind, in der Klimakatastrophe unbelebbar werden. Weil sie versiegelt wurden, ohne schattenspendende Bäume und Aufenthaltsmöglichkeiten. Die Reise zu den Transformierer:innen beginnt in Paris, der Stadt, die wohl gerade am radikalsten den Raum den Menschen zurückgibt, der zuvor exklusiv dem Auto gegeben wurde.

Carlos Moreno wurde 1959 in Kolumbien geboren und kam im Alter von 20 Jahren nach Frankreich. Heute ist er Universitätsprofessor und der »Mastermind« hinter der Vision der Oberbürgermeisterin von Paris, Anne Hidalgo, Paris zu einer Stadt der Nähe, einer 15-Minuten-Stadt umzubauen.

»Mein Antrieb für die Entwicklung meiner akademischen Forschung und die Entwicklung der verschiedenen Projekte in den Städten ist generell die Frage, wie wir die Lebensqualität der Stadtbewohner verbessern können. Das ist nicht nur mein Antrieb. Das ist meine Besessenheit.

Es ist von entscheidender Bedeutung zu erkennen, dass neben dem Wohnen auch der Bedarf an Arbeit, Versorgung, Betreuung, Bildung und Vergnügen im öffentlichen Raum entscheidend ist. Und dafür brauchen wir eine starke Interdisziplinarität. Dies ist die Signatur meiner Tätigkeit in den Städten: Interdisziplinarität, systemischer Ansatz und ganzheitliche Betrachtungsweise.

2015 fand in Paris die internationale Verhandlung zum Abschluss des Pariser Abkommens statt, die COP21. 2016 habe ich in Paris einen neuen Ansatz der Stadt vorgeschlagen, der auf dem polyzentrischen Ansatz, der Nähe, den Mehrzweckfunktionen, der angenehmen Dichte und einer stärkeren lokalen Wirtschaft basiert.

Wir haben in Paris das Glück, eine Frau wie Anne Hidalgo zu haben. Das Schwierigste ist es, einen Bürgermeister zu finden, der für eine große Stadt verantwortlich ist und sagt: ›Ich möchte die Stadt auf diese Weise verändern. Ich bin bereit, mich der Autolobby, der Lobby der fossilen Energien und der Lobby der Immobilienwirtschaft entgegenzustellen, die weiterhin sehr alte Infrastrukturen bauen.‹ Anne Hidalgo setzt sich voll und ganz für das Gemeinwohl ein.

In vielen Städten sind sich die Bürgermeister bewusst, wie wichtig es ist, die Mobilität, die Natur, das Wasser in den Städten zu fördern und die Städte menschlicher zu machen. Aber sie haben oft Angst, ihre Popularität zu verlieren und abgewählt zu werden. Eine Bürgermeisterin wie Hidalgo ist nicht auf den Machterhalt fixiert, sondern sie dient ihrer Stadt. Ich habe Kollegen und Freunde darauf hingewiesen, dass es wichtig ist, Paris nicht nur durch unsere neue Mobilität wahrzunehmen. Zu vielen Tageszeiten ist Paris ein Spiegelbild von Amsterdam, wo es Tag und Nacht von Fahrrädern wimmelt, selbst im Winter. Selbst bei null Grad Celsius ist das Radfahren vorherrschend. Gleichzeitig ist auch zu beobachten, wie sich Paris in eine gemischte, dezentralisierte Stadt zurückverwandelt, die soziale und wirtschaftliche Dienstleistungen in der Nähe fördert.

Im September 2023 hat der Pariser Stadtrat einen neuen lokalen Klimaplan gebilligt, der Normen für die nächsten zwei Jahrzehnte festlegt, die einen der wirkmächtigsten urbanen Wandlungsprozesse in Europa ermöglichen.

Mein Optimismus für Paris ist ungebrochen, denn selbst

angesichts eines möglichen Bürgermeisterwechsels bei den bevorstehenden demokratischen Wahlen ist der neue lokale Stadtplan als vorherrschende Leitlinie fest etabliert. In den kommenden Jahren werden wir die zunehmenden Auswirkungen des Klimawandels erleben. Das Zusammentreffen dieser beiden Elemente wird uns meiner Meinung nach in eine positiv verändernde Richtung treiben.«

Was heißt das in der Praxis?

Paris hat seine sozialistische Bürgermeisterin, die für die Mobilitätswende steht, wiedergewählt und im Amt bestätigt. Anne Hidalgo setzt ihre Wahlversprechen täglich um – und davon profitieren nicht nur die Einwohner:innen, die eine völlig neue Lebensqualität in ihren Vierteln erhalten. Auch die 35 Millionen Tourist:innen, die die französische Metropole jährlich besuchen, sind begeistert von der neuen Stadt der Nähe, wie Anne Hidalgo ihre Paris-Version manchmal benennt. Seit dem 30. August 2021 gilt hier flächendeckend Tempo 30, nur auf Straßen, die gänzlich dem Autoverkehr vorbehalten sind, sind Ausnahmen erlaubt. Weitere Pläne werden Dieselfahrzeuge im Großraum Paris bis 2025 und alle benzinbetriebenen Fahrzeuge bis 2030 verbannen. Die lokalen Anbieter:innen rüsten dementsprechend ihre Flotten um und steigen auf Elektrobusse, -fahrzeuge und -fahrräder um. Paris hat einen neuen Plan Velo aufgesetzt, mit einem erhöhten Budget von 250 Millionen Euro. Die aufgestockten Mittel werden in Bereiche fließen, deren gemeinsames Ziel es ist, den motorisierten Verkehr in der Stadt zu reduzieren und das Radfahren, Zu-Fuß-Gehen und den öffentlichen Verkehr als neue Normalität zu fördern.

Das Pariser Hauptradverkehrsnetz soll bis zum Ende der Amtszeit von Anne Hidalgo 2026 fertig sein. 180 Kilometer neue, getrennte Zweirichtungsradwege sind Teil des Plans und sollen »neuen Radfahrer:innen« die Angst nehmen, Rad zu fahren. 120 000 neue sichere Fahrradabstellplätze sollen zudem vor Diebstahl schützen, 40 000 davon an öffentlichen Verkehrsknotenpunkten wie Bahnhöfen zur Gewährleistung von intermodalen Wegen. 1000 der neuen Abstellplätze sind dabei speziell für Lastenfahrräder vorgesehen.

Es wird ein neuer Straßenkodex entwickelt, an den sich alle Straßenbenutzer:innen halten müssen und der aktiven Verkehrsarten wie Gehen und Radfahren Vorrang einräumt. Anne Hidalgo will auch die Radfahrausbildung an Pariser Schulen verbessern. Außerschulischer Unterricht soll sicherstellen, dass alle Kinder von klein auf lernen, wie man sicher Fahrrad fährt und grundlegende Wartungsarbeiten durchführt.

Die Pariser Métro wird oft zu den besten U-Bahnen der Welt gezählt. In Paris und seinen Vorstädten gibt es 16 Métro-Linien von 214 Kilometern Länge und an die 350 Buslinien. Das regionale Schnellbahnnetz (RER) hat fünf Linien und 587 Kilometer Schienen, die die Stadt mit den entfernten Vororten verbinden. Die Straßenbahn kehrt mit neun Linien zurück, nachdem viele davon Mitte des letzten Jahrhunderts stillgelegt wurden. Die Instandhaltung des gesamten Systems erfordert eine jahrelange Planung und Milliarden von Euro. Und schon diese wenigen Details zeigen: Auch in Paris hat man sich politisch und gesellschaftlich viel zu lange auf das Auto fokussiert. Auch hier ist viel an Investition notwendig, um die Infrastruktur der Alternativen zu erhalten und auszubauen. Renovierung und die Finanzierung wurden früher größtenteils vom Staat übernommen, was zu großen Verzögerungen führte, wenn es politische Konflikte oder Haushaltsprobleme gab.

Doch mit einer klaren Vision, die Prioritäten sortiert, ist dies möglich. 2,5 Milliarden Euro sind allein zur Finanzierung des Grand Paris Express geplant, eines der größten Métro-Ausbauprojekte der Welt, mit Bau von 200 Kilometern Gleisen und mehr als 70 Bahnhöfen. Die letzte Nachricht, die mich aus Paris vor Drucklegung des Buches erreichte: SUVs dürfen nicht mehr in die Stadt.

Im Gespräch mit Maria Vassilakou, der ehemaligen Wiener Vizebürgermeisterin, fand ich einen Aspekt hoch spannend: Das, was ihre politischen Gegner:innen zu instrumentalisieren versuchten, gereichte ihr am Ende zum Vorteil: Da sie mit den Menschen sprach und nicht über sie, verlagerte sich die Aushandlung über den städtischen Raum in den städtischen Raum – und zwar unter jenen, die dort wohnten. Denn sie sind es, die am meisten Gewinn von autobefreiten Lebensräumen haben, während jene, die nur schnell durchfahren wollen, natürlich das Gefühl von Verlust haben, wenn sie mit dem Auto einen Umweg fahren müssen, der sich durch den Schutz einer vorherigen Transitzone ergibt.

Richtig spannend fand ich die Hinweise von Maria zu den Grenzen von Demokratie in Sachen Befragungen zu Veränderungen. Zum einen weil wir in Sachen Auto-Dominierung keine Menschen befragt haben, die zu Tausenden umsiedeln mussten, Enteignungsverfahren für Autobahnbau erlitten oder sich auf einmal an stark frequentierten Autostraßen wiederfanden, wo zuvor gesunde urbane und ländliche Räume existierten. Zum anderen aber auch, weil es in der Vergangenheit zu oft geschah, dass nur jene befragt wurden, die Vorteile von autozentrierter Planung hatten, aber nicht jene, die mit den Folgen vor ihrer Haustür im Anschluss leben müssen.

Chris und Melissa Bruntlett haben in ihrer Heimat Kanada, genauer in Vancouver, angefangen, für eine gesunde Mobilität für alle zu lobbyieren. Zunächst nebenberuflich, dann mit Vorträgen und Büchern, letztlich zog die Familie sogar in die Niederlande um und ist von dort aus nun hauptberuflich für diese Mission tätig. Im Fokus – wie könnte es anders sein – das Fahrrad.

»Für uns ging es von Anfang an um Lebensqualität und darum, zu vermitteln, dass man nichts aufgibt, wenn man das Auto abgibt, dass das kein Opfer ist. Weniger Autos in unserem Leben bedeuten mehr Autonomie in der Kindheit, Freiheit und Unabhängigkeit für Menschen mit Behinderungen. Wir sind nicht hier, um autofreie Städte zu bauen. Wir sind nicht hier, um eine komplette Verkehrsverlagerung zu erreichen. Selbst in den niederländischen Städten gibt es 20 Prozent der Bevölkerung, die niemals auf ein Fahrrad steigen werden, und das ist auch in Ordnung. Sie werden weiterhin mit dem Auto fahren. Aber dadurch, dass die anderen 80 Prozent alternative Verkehrsmittel nutzen, werden die Städte selbst zu viel besseren Orten zum Leben, Arbeiten, Spielen, Aufwachsen und Altwerden. Und das war schon immer unser Ziel, und zwar von Anfang an in Vancouver. Aber als wir in die Niederlande kamen, sahen wir, dass die niederländischen Politiker und Planer das auf ein ganz anderes Niveau gebracht hatten. Und wir haben einfach Glück, hier leben und arbeiten zu können.

Wir kämpfen nicht um jeden Quadratzentimeter Straßenraum. Es geht vielmehr um ein größeres Bild und darum, Gespräche zu führen, bei denen es nicht um verlorene Parkplätze geht, sondern um die Frage, wie mehr Kinder sicher zur Schule gebracht werden können. Wie lässt sich die Lebensqualität der Menschen verbessern? Wir müssen wertebasierte Gespräche führen, anstatt uns über alberne kleine Details zu streiten. Ein Drittel aller Autofahrten sind kürzer als drei Kilometer. Ein Drittel aller Flugreisen sind weniger als 750 Kilometer lang. Es gibt ein enormes Potenzial für eine Verkehrsverlagerung. Wenn wir uns nur auf diese kürzeren Fahrten konzentrieren. Ich bin zu dem Schluss gekommen, dass wir mehr Fahrräder und Züge und weniger Autos und

Flugzeuge brauchen. Wir können nicht alles elektrifizieren. Aber es ist ein Paradigmenwechsel erforderlich. Und gleichzeitig ein sehr wichtiger Infrastrukturwechsel in Bezug darauf, wo wir unsere Investitionen tätigen und welche Art von Mobilität wir mit welchen Mitteln fördern. So können wir uns auf die kurzen Strecken konzentrieren und unser Portfolio an Mobilitätsmöglichkeiten diversifizieren.«

Mit Filip Watteeuw, Mobilitätsbürgermeister von Gent, saß ich auf einem Panel auf der Velo, einer großen internationalen Radverkehrskonferenz, die 2023 in Leipzig stattfand. Er ist schon lange in der Politik und hat »sein Gent« als Verkehrsdezernent und stellvertretender Bürgermeister autofrei gestaltet. Trotz massiver lauter Gegenreaktion von Statusquo-Fans, aber – so erlebte er es nach der Umsetzung – wohl dennoch mit einer breiten Zustimmung zu diesen Plänen in der Bevölkerung. Denn mit dem ersten Tag des Umbaus von Gent zu einer menschenfreundlichen Stadt sind die lauten Gegenstimmen kaum noch wahrnehmbar.

»Einer der wichtigsten Gedanken, den ich in all den Jahren hatte, ist, dass man jeden Tag etwas tun kann. Jeder Tag kann der letzte Tag sein. In dem einen Moment ist man der mächtigste Mann oder die mächtigste Frau, und am nächsten Tag ist es vorbei. Und wenn man das akzeptiert, dass es nicht um eine lebenslange Karriere geht, dass es nicht um mich geht, sondern um etwas, das man jeden Tag tun kann. Wenn man das akzeptiert, dann kann man entspannt Politik machen. Weil man weiß, dass man es lieber mit Ergebnissen macht als ohne. Was nützt es, 30 Jahre in der Politik zu sein, wenn man keine Ergebnisse vorweisen kann? Das ist einer der wenigen Vorteile des Alters. Das ist auch deshalb wichtig, weil ich eine langsamere und tiefere Politik verfolge.

2017 habe ich den Verkehrsplan umgesetzt. Und bei der Wahl 2018 habe ich einen Zuwachs an Stimmen um das Vierfache bekommen. Das war in dem Moment ein Mandat, die

Leute wollten, dass wir uns weiter mit Mobilität und Stadtplanung beschäftigen. Es gab viel Widerstand, aber ich kann immer sagen, was ich versprochen habe, habe ich eingehalten.

Ein politischer Führer sollte einen Ruf haben, der stärker ist als die anderen. Wenn du einen hast, dann ist das der erste Schritt. Und dann kommt es auch darauf an, ein gutes Team und Verbündete zu haben. Bei einer Vision geht es um das Erleben, um das Gefühl, was es ist. Und vielleicht nicht für Ingenieure, Politiker und Mobilitätsexperten, aber für die Menschen geht es um Gefühle. Es geht um Geschichten. Was wir also versuchen sollten, ist, die Menschen spüren zu lassen, was der Wandel sein kann.«

Eline Oftedal ist als Generalsekretärin des norwegischen Radfahrverbandes eine Lobbyistin für die Abkehr vom autozentrierten Denken und Gestalten. »Die meisten Dinge, mit denen wir zu tun haben, sind von Menschen gemacht und können von Menschen korrigiert werden«, fasst sie zusammen. Die meisten Menschen, die die Dinge wirklich in Ordnung bringen wollen, würden eine Karriere als Politiker:in machen. Nur ändere sich ihre Motivation mit der Zeit – von dem Wunsch, die Welt zu einem besseren Ort zu machen, zu der Frage, wie sie wiedergewählt werden. Mutige Politiker:innen seien daher schwer zu finden. Eline ist skeptisch, was die Politik und die Politiker:innen angeht, ob sie sich trauen, die Veränderungen vorzunehmen, die wir als globale Familie brauchen, um in 300 Jahren noch hier sein zu können. Mutig zu sein, Stellung zu beziehen, sich zu äußern, wirklich etwas zu verändern – das verlange viel Kraft, und man sei leicht zu Fall zu bringen, wenn man auf sich allein gestellt ist.

Eline findet interessant, was in Großstädten passiert: »Die Menschen möchten die Stadt so gestalten, dass sie einen guten Lebensstil haben können, in der Lage sind, ihre Kinder großzuziehen und in der Stadt Lebensmittel anzubauen. Sie wollen eine schöne Umgebung, in der sie leben und ihren Alltag bestreiten können.« Es gehe nun darum, auszuprobieren, Erfahrungen zu sammeln, um so den Bewegungsspielraum für Führungskräfte und politische Entscheidungsträger:innen erweitern können. Es brauche konkrete Beispiele dafür, wie es sein kann. Politiker:innen können den Leuten sagen, dass sie bis 2027 nicht erwarten könnten, in die Stadt zu ziehen und ein Auto zu haben. Und diese Regel ist für die Politiker:innen heutzutage sehr schwer umzusetzen, weil sie nicht wissen, ob das beliebt oder unpopulär sein wird. Also wagen sie es nicht, weil sie nicht die nötige Führungsstärke haben.

Eine recht klare Analyse, die ich so unterschreiben kann. Ich bewege mich zum Beispiel auf den Messen der Mobilität und sehe, dass es langsam beginnt, etwas bunter zu werden, weil nicht alle graue Anzüge tragen – aber es wäre der blanke Hohn, hier von einer Diversität zu sprechen, die unsere Gesellschaft widerspiegelt. Die Räume der Macht sind in der Mobilität immer noch sehr homogen besetzt. Gesunde weiße, mittelalte Männer bestimmen, wie wir alle unterwegs sein sollen. Und da unterscheiden sich die Auto- nicht von den Rad- und ÖPNV-Gremien.

Einer, der sich der Veränderung von genau diesen Räumen widmet, ist der Berater Robert Franken. Ihn habe ich um eine Status-quo-Analyse gebeten, da er schon seit Jahren beruflich an der Diversifizierung in Unternehmen und Konzernen arbeitet. »Wir sind weitergekommen und gehen gleichzeitig rückwärts«, fasst Robert zusammen. Die Vehemenz der Widerstände nehme zu, es gebe einen Backlash. Und jetzt komme es darauf an, dass Menschen, die eine kulturelle Transformation in Organisationen voranbringen wollen, am Ball bleiben.

»Einer der großen Trugschlüsse ist die Annahme, Diversität macht total Spaß. Vielfalt ist kein Ziel, sondern Fakt. Und entweder habe ich als Organisation oder als Individuum Zugang zu Vielfalt, oder ich habe diesen Zugang eben nicht.«

Diversität ist nachweislich Garant für bessere Ergebnisse, vor allem in einer Zeit der multiplen Krisen, die nur mit multiplen und damit unterschiedlichen Sichtweisen zu bewältigen sind und nicht mit dem »Weiter-so« von gestern. In einer von der Credit Suisse durchgeführten globalen Analyse von 2400 Unternehmen wiesen Unternehmen mit mindestens einem weiblichen Vorstandsmitglied eine höhere Eigenkapitalrendite und ein höheres Wachstum des Nettogewinns auf als Unternehmen, die keine Frauen im Vorstand hatten. Schon 2015 führte McKinsey eine Studie an über 366 börsennotierten Unternehmen durch, die ergab, dass Unternehmen, die im obersten Quartil Vielfalt im Management aufwiesen, mit 35 Prozent höherer Wahrscheinlichkeit eine Finanzrendite erzielten, die über dem Branchendurchschnitt lag, und dass Unternehmen, die im obersten Quartil der geschlechtsspezifischen Vielfalt lagen, mit 15 Prozent höherer Wahrscheinlichkeit eine Rendite über dem Branchendurchschnitt erzielten.[6]

In den letzten Jahren hat eine Reihe von Untersuchungen einen weiteren, differenzierteren Vorteil der Vielfalt am Arbeitsplatz aufgezeigt: Die Zusammenarbeit mit Menschen, die anders sind als ich, kann mein Gehirn herausfordern, seine veralteten Denkweisen zu überwinden und seine Leistung zu steigern. Wer Diversität ernst nimmt und nicht nur als Feigenblatt nutzt, lässt kontraintuitive Einwände bei Entscheidungsfindungen zu. Diverse Teams, die aufrichtig miteinander arbeiten können, kennen das anstrengende »Warum« oder »Aber«, das jedoch zu einer Entschleunigung und damit sorgsameren Betrachtung führen kann.

Was bedeutet Diversität für die Stadtplanung? Welche Perspektiven fehlen hier, und wie bekommen wir sie schon von Beginn an hinein in Prozesse? Mit Stadtforscherin Mary Dellenbaugh-Losse habe ich darüber gesprochen. »Fast die Hälfte aller Wege-Zwecke von Frauen zwischen 30 und 50 in Deutschland sind unabhängig von Kommunen, Größe und

Typus für Care-Arbeit. Was uns bei den Mobilitäts-Angeboten fehlt, ist die Komplexität. Und das, was ich frustrierend finde über Gender-Mainstreaming, ist, dass wir damit einen Ist-Zustand bedienen, ohne diesen zu hinterfragen. Was für mich als Feministin nicht befriedigend ist.«

In NRW gibt es das beste Radverkehrsnetz in Deutschland, es gibt dort auch die höchste Schienendichte. Trotzdem werden 60 Prozent aller Wege mit dem Auto erledigt. Das zeige, dass das Angebot nicht reicht. »Wenn wir uns dann die Dunkelfeldstudie zur Sicherheit angucken, sagen in NRW über 75 Prozent aller Frauen, sie haben Angst im öffentlichen Nahverkehr im Dunkeln. Und wenn wir überlegen, wann im Winter Dunkelheit anbricht, dann heißt das, ich werde einen Teufel tun, den Zug auf dem Hinweg zu nehmen, wenn der Rückweg im Zug im Dunklen gemacht werden muss. Also nehme ich lieber das Auto.«

Swantje Day ist kommunale Gleichstellungsbeauftragte in Viersen. »Die Städte sind nicht für Frauen gebaut, und das fällt uns jetzt auf die Füße«, sagt sie. Jahrelang habe man das hingenommen. Heute erkenne man jedoch viele der Versäumnisse. »Es beginnt schon mit den Lastenfahrrädern, die nicht mehr aneinander vorbeikommen. Buslinien, die fehlgeplant sind, im Ort nicht mehrere Stadtteile anfahren, sondern sternförmig aus dem Stadtzentrum herausfahren, so dass viele Wege nicht abgedeckt werden können, weil man dann ins Stadtzentrum zurückfahren muss.« Auf der anderen Seite seien Supermärkte und andere Ziele nicht auf Fahrräder ausgelegt. Man müsse über riesengroße Parkplätze und durch Autoschlangen fahren, was sich gefährlich anfühle.

Um etwas in der Stadt zu verändern, versuche sie, mit der Stadtplanung ins Gespräch zu kommen. Damit Fahrradwege breiter werden, es Abstellmöglichkeiten für Elektrofahrräder und für Lastenfahrräder gibt. »Das ist eine Herausforderung. Man kommt mit dem Rad in die Stadt, aber wo stellt man es hin? Die normalen Fahrradständer sind oft nicht auf Lastenräder oder E-Räder ausgerichtet.

Wir hatten in meiner Heimatstadt (Wegberg) die Idee, Tempo 30 für das gesamte Stadtgebiet einzuführen. Das ist jedoch an der Gesetzgebung gescheitert. Für die Fahrradschutzstreifen, die wir gerne hätten, sind nach deutschem Recht die Straßen zu schmal. Es gibt viele tolle Ideen, die man umsetzen könnte, wenn die Gesetzgebung ein bisschen mehr mitspielen würde.«

Und da sei noch eine Sache, die ihr als Gleichstellungsbeauftragte wichtig sei: »Dass man gerade in den Bereichen von Bahnhöfen die Angsträume abschafft. Unterführungen freundlicher und besser macht und Servicepersonal hat. Das ist an vielen Bahnhöfen ein ganz großes Problem.« Genau das wolle sie im Herbst angehen, wenn es wieder ein bisschen dunkler wird. »Ich glaube, dass das den Städteplanern und -planerinnen nicht immer so bewusst ist. Sie zeichnen das auf Papier, und wenn man dann tagsüber davor steht, denkt man: ist toll geworden. Die gehen ja abends nicht noch mal gucken, wie es dann aussieht. Und dementsprechend bin ich da ganz guter Dinge, dass wir da auch ein bisschen was hinkriegen.«

»Die Studie *Mobilität in Deutschland 2017* hat ermittelt, dass 34 Prozent aller Wege und 42 Prozent aller Personenkilometer berufsbedingt für Arbeitswege und Dienstreisen entstehen und davon ein Anteil von etwa zwei Dritteln auf PKW-Fahrten entfällt. Somit kommt Unternehmen in diesem Kontext eine besondere gesellschaftliche Verantwortung zu, da sie für einen nicht unerheblichen Teil der CO_2-Emissionen sowie für sonstige negative Umwelteinflüsse dieser Mobilität verantwortlich sind«, führen Dieter Brübach und Natalia Astrin aus. »Überdies ist hier zu berücksichtigen, dass private und berufliche Mobilität eng miteinander verknüpft sind, was bei der Gestaltung neuer Mobilitätskonzepte bedacht werden muss. Der überwiegende Teil der Fahrzeuge in Deutschland wird zunächst gewerblich zugelassen, bevor diese in den Gebrauchtwagenmarkt übergehen. Somit bestimmen Unternehmen maßgeblich die Auswahl und die Verfügbarkeit von Fahrzeugen und Technologien auf dem Markt mit.«[7]

In meinem ersten Buch habe ich darüber berichtet, was es noch vor einem Jahrzehnt an Erdbeben bedeutete, einen Dienstwagen auszuschlagen – denn ich war die erste Abteilungsleiterin, die das tat. In meinem vorherigen Job in der Logistik war es komplett normal, innerdeutsch zu fliegen. Bahnfahren wurde noch nicht mal ansatzweise in Betracht gezogen, weil alle einen Dienstwagen hatten und alle Kosten des Parkens übernommen wurden. Ich habe es schlicht gehasst. Flog dabei enorm wenig, aber dann war es umso anstrengender. Nachts um vier Uhr raus, im schlimmsten Falle um halb sechs im Flieger, dann noch den Unternehmenseigentümer mit an Bord, der mich in seine vierreihige Businessclass einlud. Ich noch nicht mal ansatzweise wach und er komplett energetisch auf Smalltalk-Suche. Kaum hob der Flieger ab, landete er auch schon wieder. Kaum berührte ein Reifen die Rollbahn, standen die uniform in Hellblau gekleideten Herren auf, entsperrten ihre Telefone, es galt, keine Zeit zu verlieren.

Erst im letzten Jahr meiner Tätigkeit in diesem Konzern wurde eine Stelle für das Reisemanagement geschaffen, weil bei einem Restrukturierungsprozess aufgefallen war, dass die Reisekosten im Konzern explodiert waren.

Michael Stödter, Verkehrsplaner in einer norddeutschen Großstadt, ist fest davon überzeugt, dass neben dem arbeitsbedingten Reisen auch die Mobilität in ländlichen Räumen einen großen Hebel darstellt, die Belastungen durch klimazerstörerische Wege zu minimieren. Ich habe mich darüber mit ihm unterhalten. Mit ihm habe ich auch einen Podcast aufgenommen, um gemeinsam mit Heiner Monheim auf den

Die Bewohner:innen ländlicher Räume sind immer stärker von einem eigenen Auto abhängig geworden...
...weil der Nahverkehr im ländlichen Raum zusammengespart wurde.
Oh Mann, der nächste Bus kommt erst wieder in einer Stunde!
Aus tollen Bussystemen wurden Schülerbusverkehre, die nur zweimal am Tag fahren.
Es wäre schon schön, im Bus gefahren zu werden und den Tag entspannter zu beginnen.
Unsere Fahrgemeinschaft ist ein guter Kompromiss, wir sparen sogar Geld.

So schön könnte es sein...
CO-WORK
H
Co-Working Spaces
Rückkehr kleiner Supermärkte und Cafés für Begegnungen
Leihräder
Pendeln per E-Bike
Sichere Radwege in die Städte ermöglichen
Reaktivierung vom Postbus
On-Demand-Busse

Unsinn der Einstellung der erfolgreichen Bäderbahn im Norden hinzuweisen.

On-Demand-Verkehr ist laut Michael nur ein Baustein von vielen, die wir für eine Verkehrswende brauchen. »Bei vollkommen fahrplanlosen On-Demand-Verkehren haben Fahrgäste im ländlichen Raum oftmals das Nachsehen, wenn aufgrund der räumlichen und zeitlichen Bindung der On-Demand-Busse in einem bestimmten Teilgebiet nachfragenden Fahrgästen in einem anderen Teilgebiet wiederum keine Fahrmöglichkeiten angeboten werden können. Da gilt dann in der Alltagspraxis das Prinzip ›Wer zuerst kommt, mahlt zuerst‹, beziehungsweise ›Der frühe Vogel fängt den Wurm‹.«

Michael meint: »Man muss so mutig sein, auch in ländlichen Räumen in einen Angebotsausbau zu investieren. Bis in den kleinsten Ort, wie wir es aus der Schweiz, den Niederlanden kennen, einen gut getakteten Busverkehr und keine Alibiangebote.« Ein guter On-Demand-Verkehr könne Teil eines integralen Taktfahrplans sein. Etwa an einem Bahnhof in einer Mittelstadt mit 20 000 bis 30 000 Einwohner:innen, wo sich alle halbe Stunde Züge aus allen Richtungen treffen und ein fahrplangebundener On-Demand-Verkehr, der in zeitlicher Hinsicht verlässlich sei, den Anschluss bietet.

Michael wünscht sich außerdem, dass auf vorhandener Infrastruktur das Angebot der Bahn verbessert wird. »Die Reaktivierung von Bahnstrecken wäre ein wichtiger erster Schritt – vereinfacht wie beim Straßenbau. Denn: Bei der Begründung für eine neue Autobahn muss nur drinstehen: ›Entlastet das vorhandene Straßennetz.‹ Schon wird sie gebaut. Bis eine neue Eisenbahnstrecke gebaut oder eine alte Bahnstrecke reaktiviert wird, sind dagegen viele Planungsschritte nötig. Hintergrund sind verzerrte Bewertungsmaßstäbe bei der Nutzen-Kosten-Untersuchung.«

Momentan sei es so, dass auf dem Land keine Wahlfreiheit vorhanden ist – man werde ins Auto gezwungen. Eine

Zukunftsvision wäre laut Michael, dass dem Auto nur noch eine ergänzende Rolle zukäme. »So viel Auto wie nötig, nicht so viel Auto wie möglich. Und man freier, selbstbestimmter, selbst bis in den kleinsten Regionen leben und sich das Mobilitäts-Angebot aussuchen kann, das am besten zu den Lebensumständen passt.«

Es gibt somit unfassbar viele Gründe, am bestehenden Status quo nachhaltig etwas zu verändern. »Die CO_2-Bilanz von Haushalten in weit verstreuten Vorstädten ist zwei- bis viermal größer als die der Haushalte in dichtbevölkerten Stadtzentren«, so Ben Wilson. »Wir sind eine urbane Spezies, und unser Wunsch nach gemeinschaftlichem Leben wird sich weiterentwickeln und neue Formen annehmen. Die neue Metropole wird aus vielen lokalen urbanen Zentren bestehen – eine Stadt aus lauter autarken Dörfern.«[8]

Nicht wenige sagen mir gegenüber mittlerweile, dass sie bewusst in Gebiete mit guter Nahverkehrsanbindung ziehen, um nicht durch den Wechsel von Stadt auf das Land vom Auto und damit vielen Verpflichtungen und Kosten abhängig zu werden. Aber auch wer aktuell vielleicht den Alltag auf dem Land nur mit dem Auto gestalten kann, hat viele Möglichkeiten, sich für Verbesserungen einzusetzen. Weil alle Lösungen vorhanden sind.

Beispiel? Bei meinen Eltern gab es eine gute Nahversorgung, die mittlerweile komplett verschwunden ist, weil alle mit dem Auto zu entfernteren Zielen fuhren. Für den Lebensmitteleinkauf, die Kultur, die Bildung, den Sport. Dorfläden erfreuen sich wieder mehr Beliebtheit, weil die Menschen begreifen, dass es hier nicht nur um den Einkauf, sondern auch um die Begegnung und das Mitmenschliche geht. Dabei sind aktuelle Konzepte nicht mehr das, was wir einst als Tante-Emma-Läden kannten. Vielmehr werden sie multifunktional aufgebaut, in brachliegenden Dorfkneipen oder anderen Gebäuden, die sich für eine solche Nutzung eignen, oder sie werden als Container von Supermarktketten aufgestellt und völlig ohne Personal konzipiert. Es kehren mit ihnen nicht selten das Café, die Post und die Bankfiliale zurück, die einst eingespart wurden, oft genossenschaftlich von den Einwohner:innen vor Ort gemeinsam organisiert. Auch Landärzt:innen machen sich hier auf den Weg zu ihren Patient:innen und nutzen solche Räumlichkeiten, um größere Patient:innengruppen versorgen zu können. Bibliotheken, Bäckereiwagen – vieles bewegt sich mittlerweile kreativ auf die Kund:innen zu, anstatt auf diese zu warten.

Ein paar Beispiele aus dem von Christian Krajewski und Claus-Christian Wiegandt herausgegebenen Band *Land in Sicht: Ländliche Räume in Deutschland zwischen Prosperität und Peripherisierung* verdeutlichen die Dynamik, die diese Revitalisierung ländlicher Räume mittlerweile aufgenommen hat: »Der ›Laden für alles‹ im hessischen Frankershausen (880 Einwohner) sollte zudem eine Beschäftigungsmöglichkeit für Menschen mit Behinderungen schaffen. Für die Akteure in brandenburgischen Klockow (370 Einwohner) war es demgegenüber wichtig, einen Gemeinschaftsgarten und eine Dorfküche aufzubauen und in das Nahversorgungs-Projekt zu integrieren. Mit seinem äußerst erfolgreichen Kunst- und Kulturprojekt ist Kyllburg als ehemaliger Kurort in der Eifel (890 Einwohner) ein Beispiel dafür, dass sogenannte Zwischennutzungen leerstehender Häuser durch Kreative auf das Land übertragen werden können – eine soziale Innovation, die zuvor vor allem in Großstädten bekannt geworden ist. Deprimiert von Leerständen, insbesondere von leeren Schaufenstern der ehemaligen Läden in ihrem Ort, eigneten sich Kyllburger Akteure die Schaufenster einfach an und nutzten sie, um Kunstwerke Studierender zu präsentieren. Immer mehr Aktivitäten rund um die Themen Kunst und Kultur schlossen sich an (die Organisation einer Kulturstraße, von

Lesungen etc.) und lockten sogar Großstädter aus Düsseldorf und Köln nach Kyllburg. Schnell interessierte sich ein Investor für die aktive Gemeinde, renovierte Häuser und richtete Ferienwohnungen für Städter ein, die sich im Kyllburger Wandergebiet erholen möchten.«[9]

Was erst mal nach Projekten für Erwachsene klingt, hat auch große Vorteile für Kinder und Jugendliche, die aufgrund mangelnder Spiel- und Kulturorte im Ländlichen stark von ihren Eltern und deren Fahrdiensten abhängig sind. Werden Ortskerne erst mal wieder attraktiv und lebendig gestaltet, folgen oft auch Möglichkeiten, durch Sportstätten und andere Hobbyangebote den führerscheinlosen Menschen vor Ort Angebote zu machen.

Jemand, der sich mit lebenswerten Orten auf dem Land auskennt und diese bewusst in bestehende Strukturen der Einwohner:innen eingliedert, ist Frederik Fischer. Frederik glaubt wie ich sehr stark daran, dass es ländlichen Regionen zu neuer Lebensqualität verhelfen kann, wenn auch hier die Distanzen zwischen den täglichen Zielen minimiert und vielleicht mit dem Rad statt dem Auto zurückzulegen sind.

»2007 bin ich zum ersten Mal nach Berlin gezogen und habe erlebt, dass Vermieter Kaffee und Kuchen bereitgestellt haben und dankbar waren, wenn irgendjemand aufgetaucht ist. Dann bin ich fürs Studium ins Ausland gegangen. 2011 war Berlin, so wie ich es kannte, verschwunden. Ich bin mit meiner Frau in der Zeit viel durch Brandenburg geradelt und habe dort in den Kleinststädten das Berlin wiederentdeckt, das mich damals so angesprochen hat. Diese tollen alten Gebäude. Und das war der Moment, da habe ich den roten Faden erkannt: Neustart auf dem Land zum gemeinschaftlichen Erlebnis machen.

Es entstand die KoDorf-Idee. Der Summer of Pioneers. Und jetzt entwickeln wir gerade den KoCampus mit der Hochschule für Technik und Wirtschaft aus Berlin, ermöglichen studentisches Wohnen in ländlichen Räumen, die keine eigene Hochschule haben. Das KoQuartier ermöglicht den Einzug in Einfamilienhäuser, die kaum ausgelastet werden. Auch um zu gucken, wie kann man die Vereinsamung von alten Menschen in ländlichen Räumen auf der einen Seite, die Wohnungsnot auf der anderen Seite zusammen lösen.

In Herzberg haben wir ein altes Bahnhofsgebäude als Coworking-Space umgenutzt. Und da ist die Busverbindung schwierig. Da haben die Pioniere sofort eine Mitfahrbank eingerichtet. In Lichtensteig in der Schweiz sind wir erstmals von einer Stiftung beauftragt und bezahlt worden: ›Zukunft Bahnhof‹. Die wollen ein gesamtes Bahnhofsareal in ein enkeltaugliches Quartier umgestalten. Die Pioniere helfen, dass Menschen aus der Bahn aussteigend sofort mitbekommen, dass hier einiges anders und schöner ist in Lichtensteig. Da gibt's im Bahnhofsgebäude einen Raum mit Kunstinstallationen von einer der Teilnehmer:innen. Die Pioniere haben dort ihr Wohnzimmer und laden immer wieder zu Veranstaltungen ein. Das Konzept in Lichtensteig heißt Mini-Stadt. Das ist doppeldeutig, auf Schweizerdeutsch bedeutet mini auch ›mein‹, meine Stadt, Mini-Stadt. 2000 Einwohner. Man hat nicht 50 Leihfahrräder, aber zehn. Man wird begrüßt von einer Elektroautoladestation für alle. Auch da gibt's eine Mitfahrbank. Du läufst eine Minute um diesen Bahnhof rum und denkst, warum ist das nicht überall so?

In Wittenberge hat einer der Pioniere das erste Bikesharing nach Brandenburg geholt. Ansonsten ist für uns Mobilität insofern ein ganz großes Thema, weil wir der Überzeugung sind, dass zumindest durch die gute Anbindung an Schienennetze – für uns eine sehr förderliche Vorbedingung für unsere Ansätze – Basis sein sollte. Mobilität bleibt ein wichtiges Thema. Und deswegen bleiben eben auch Orte mit Bahnhöfen für uns wichtig. Das ist jetzt aber das Schöne, das man wirklich sehen kann. Das KoDorf in Wiesenburg ist direkt gegenüber

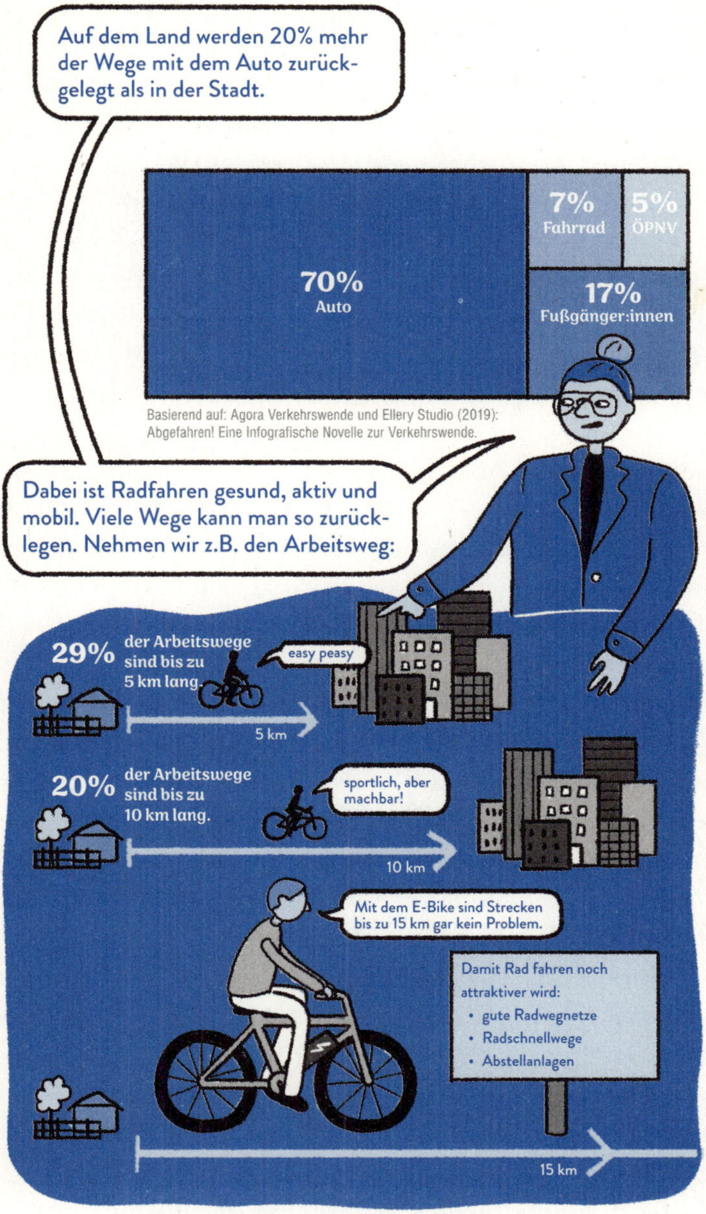

Basierend auf: Agora Verkehrswende und Ellery Studio (2019): Abgefahren! Eine Infografische Novelle zur Verkehrswende.

vom Bahnhof. Da ist von Anfang an klar gewesen, bei uns wird's ein autofreies Dorf. Da gibt's nirgendwo Parkplätze. Die Parkplätze teilen wir uns mit der Kommune. Da ist von Anfang an klar gewesen, da muss es Carsharing-Angebote geben. Und dadurch, dass die Bahnstation direkt gegenüber ist, funktioniert das auch. Es gibt die Idee der Dableibpauschale. Genau der richtige Ansatz! Statt steuerlicher Anreiz für lange Pendelwege im Auto Incentives für die Leute, die Lust haben, neue Strukturen aufzubauen und klimagerechte, regionale Mobilität zu nutzen. E-Bikes, Cargo-Bikes-Förderung verstetigen und strukturell dauerhaft denken. Was Herzberg gemacht hat, fand ich auch sehr nett, Mobilitätsfestivals, wo das Open-Air-Kino übers Fahrrad angetrieben wird. Die Veränderung mit Spaß zu verbinden.

Ich fände es gut, so was wie Uber kommunal zu denken. Wir wissen alle, wir werden die gesamte abgebaute Schiene nicht mehr reaktiviert bekommen. Lasst uns vor Ort Leute anständig bezahlen, die Mobilität als Service anbieten. In kommunaler Hand.«

Das klingt nach einem Ort, an dem ich wohnen möchte. Wo der Unterschied zwischen Stadt und Land vielleicht weniger auffällt, weil die Stadt grüner und ruhiger und das Land weniger autoabhängig ist, weil es tolle Mobilitäts-Alternativen und eine gute Nahversorgung gibt.

Uta Bauer begleitet am Deutschen Institut für Urbanistik viele Transformationsprojekte als Forscherin, so auch die Hinwendung von öffentlichen Räumen zum Menschen – weg vom Auto. Durch sie habe ich viel darüber gelernt, dass meine Einschätzung stimmt, »ländlicher Raum« sei mehr Gefühl als statistischer Wert. Das Gefühl von mangelnder Nahversorgung, mangelnden Alternativen zum Auto und ein Abgehängtsein von kulturellen, sportlichen und Bildungsangeboten in der Nachbarschaft – das ist ländlicher Raum für mich.

Wirklich abgelegene ländliche Räume sind laut Uta jedoch eher die Ausnahme in Deutschland. »Die meisten Leute leben in verstädterten Regionen. In den Städten wiederum gibt es durch die Autodominanz eine enorme Flächenkonkurrenz – auch in Sachen Sicherheit. Wo Veränderungen dauerhaft eingerichtet werden, ändert sich das Verkehrsverhalten der Leute signifikant. Es wird deutlich mehr zu Fuß gegangen, deutlich mehr Fahrrad gefahren. Gent hat 2018 die Innenstadt verkehrsberuhigt. Die konnten inzwischen nachweisen, dass die Autobesitzquote in der gesamten Stadt zurückgeht. Das bedeutet nicht unbedingt, dass die Haushalte komplett autofrei sind, aber der Zweitwagen wird abgeschafft. Es braucht den Anreiz von außen.«

80 Prozent aller Wege beginnen zu Hause, hier liegt die größte Kraft der Veränderung: Wohngebiete (das sagt ja schon das Wort) sind mittlerweile jedoch so monothematisch ausgerichtet, dass es vieler Wege benötigt, um Alltägliches zu erledigen und zur Arbeit zu kommen. Somit wäre schon der erste Schritt, an den Wohnorten der Menschen Alternativen zum Auto anzubieten, ein wichtiger erster Denk- und Handlungsanstoß. Auch die räumliche Trennung von Autoabstellplätzen und Wohnung – ja der Abschied vom »Parkplatz vor der Tür«! – hilft, die Räume aufzuwerten, da Platz frei wird. »Dadurch werden Infrastrukturkosten im Neubau gesenkt, ein Durchmischungs-Zwang mit Betrieben und Geschäften kann den Energieaufwand massiv reduzieren. Fußgänger, Radverkehr und ÖV erhalten Chancengleichheit. Der Mobilitätswandel ist mit Beibehaltung der derzeitigen Mobilitätsmuster nicht möglich. Für eine gesamtheitliche Änderung ist eine Strukturänderung notwendig.«[10]

Das Perfide an den aktuellen Rechtssystemen von Straßenverkehrs- bis zur Bauordnung ist deren Verankerung in längst vergangenen Zeiten, als die Klimakatastrophe noch nicht thematisiert wurde und unser überbordender Autokonsum sowie das Wirtschaftswachstum mit immer mehr fossiler Verbrennung als »gut für die Wirtschaft« geframt wurde. Aus zum Teil wirklich finsteren Zeiten stammen Vorgaben wie die Reichsgaragenverordnung, wer neu baut, wird fast überall gezwungen, Parkplätze und Tiefgaragen zu bauen, obwohl diese sowohl ökologisch als auch aufgrund ihrer hohen Kosten ökonomisch keinen Sinn ergeben.

Björn Hiss ist u.a. Geschäftsführer der Capiterra Development und arbeitet mit der »Deutsche Siedlungsbau« zusammen. Die Unwägbarkeiten, die ihm hier durch Verordnungen in den Weg gelegt werden, sind überbordend. »Wir sind Quartiersentwickler«, erklärt Björn. »Das heißt, wir haben maßgeblichen Einfluss darauf, wie Menschen im besten Fall sogar Jahrhunderte in einem Quartier leben.« Er stelle sich daher auch die Frage, wie das Quartier der Zukunft aussehen müsste, damit sich Menschen darin uneingeschränkt wohlfühlen. Das führte schnell zu dem Ergebnis, dass nicht rund ums Auto geplant werden darf. Dafür müssten Alternativen kommen, die von den Menschen nicht als Bevormundung, sondern als wirklich attraktive Alternative wahrgenommen würden. Das heißt beste Anbindung an die S-Bahn, perfekte Anbindung an den Reisebus. Zum Einkaufen ein Lastenfahrrad, zur S-Bahn auch mal ein Roller, Fahrradwege, die sicher, Kreuzungen, die gut gestaltet sind, möglichst wenige Barrieren.

»Wir revitalisieren Industrie- oder Gewerbebrachen und schaffen Wohnraum. Ein wichtiger Ansatz dabei ist, den Bestand zu nutzen, auch wenn Abreißen das Einfachste wäre. Ein Beispiel ist eine unterirdische Halle, die zu einer Tiefgarage umgebaut wird. Da sparen wir bares Geld und 200 000 Tonnen CO_2 ein, weil wir weder Abriss noch Neubau finanzieren müssen.«

Kommen wir von den Rahmenbedingungen, die die autozentrierte Vergangenheit geschaffen hat, zu den Veränderungen, die die Gegenwart gerade so anstrebt. Teilweise mit einer

Begeisterung für Technologie, die mir persönlich zu unreflektiert ist. Denn ich habe großen Respekt vor der Aufgabe, eine Künstliche Intelligenz zu erschaffen, die all die -ismen in unserem Alltag so ausmerzt, dass sie in der Anwendung alle Menschen mitdenkt, die Teil unserer Gesellschaft sind. Ob das gelingen kann? Denn unsere Welt wurde und wird von bestimmten Gruppen von Menschen gesteuert, anderen sind die Zugänge zu Kabinetten, Leitungsjobs, Mitgestaltungsmöglichkeiten verwehrt. Wie kommen diese unsichtbar gemachten Menschen zurück in unseren Fokus und in den Gestaltungsprozess einer diskriminierungsfreien KI? Und wie wirken sich zu sehr auf Technik fokussierte Veränderungsprozesse auf unser Zusammenleben aus?

Definitiv neugierig ist Kwathaman Abele. Mit ihm hatte ich ein sehr quirliges Gespräch über seine Einschätzung all dieser Entwicklungen. Kwathaman erzählt: »Wir haben uns mit Park-Suchverkehr befasst. Brauchen wir so viele Parkflächen? Warum fahre ich stundenlang durch die Stadt, um einen Parkplatz zu finden? Hier wollen wir mit Technologie versuchen, einen Mehrwert zu schaffen.« Smart City sei ein Buzzword, das unterschiedlich genutzt wird. Er selber habe einen human-centric Design-Ansatz: »Für mich ist eine City smart, die den Bedürfnissen der Menschen gerecht wird, die in der Stadt leben.

Wir haben jetzt mit der Verkehrsgesellschaft ein erstes Projekt, bei dem wir eine Park-and-Ride-Anlage so ausgestattet haben, dass sie in den ÖPNV-Apps zu finden ist.« Denn Menschen geben in Google Maps ein, wie sie am schnellsten an ihr Ziel kommen. Die Antwort laute dann etwa: Du kannst mit dem Bus fahren, der alle Stunde fährt – das dauert 50 Minuten, oder du fährst mit dem Auto in 20 Minuten. »Wir ergänzen das um die Park-and-Ride-Anlage. Aussage: Das kostet dich nur fünf Minuten, um dann mit der S-Bahn direkt in die Stadt fahren.«

Ein zweites Thema seien Ladesäulen-Stellflächen: Hier soll Technologie helfen, dass ein Ladesäulen-Stellplatz nicht von einem Verbrenner blockiert wird. »Wir bringen unsere Sensoren an dem Stellplatz an und können dann sagen, die Ladesäule ist tatsächlich frei. Und wenn nicht, weiß das Ordnungsamt, dass es Maßnahmen ergreifen muss.

Bei uns versteht von 30 Leuten niemand Technologieoffenheit so, wie der Begriff aktuell genutzt wird«, ergänzt Kwathaman. »Genauso Künstliche Intelligenz und Smart City, Digitalisierung: Da werden Begriffe durch die Gegend geworfen, die überhaupt nicht passen oder sinnvoll genutzt werden.« Er selber sei Technik-Geek, finde den Hyperloop technisch gesehen »supercool«. Doch die Agenda, dass die Technologie irgendwann alles lösen wird, die sei Quatsch. »Warum muss ich auf neue Technologie warten, die vermeintlich irgendwie ein Problem löst, das wir heute auch schon ohne Technologie lösen könnten?«

Arne Semsrott von FragDenStaat: »Das wird auch in Bezug auf die zukünftige Stadtpolitik relevant. So droht in der von zahlreichen Tech-Unternehmen beworbenen vernetzten ›Smart City‹ von morgen die Privatisierung gesellschaftlicher Daten, ob mit Sensordaten in Ampeln oder in ›smarten‹ Verkehrsleitsystemen, die von Unternehmen an Kommunen verkauft werden. […] Die informationelle Souveränität der Gesellschaft hängt auch mit der technologischen Souveränität der Infrastruktur zusammen. Wer Macht über die Daten hat, hat Macht über die Gesellschaft.«[11]

Ähnlich sieht es übrigens Katharina Schlüter, Geschäftsführerin von Changing Cities in Berlin: »Lärm, schlechte Luft, Hitze, kaum Grün, wenig Platz: Die Probleme vieler Städte ähneln sich, und der Klimawandel verschärft die Situation weiter.« Die Wirtschaft biete technologische Lösungen, die unter dem Schlagwort »Smart City« die Städte für die Herausforderungen von morgen fit machen sollen. »Doch kann

Immer, wenn Veränderung gewagt wird, stellt sich heraus: Die lauten Gegenstimmen verstummen. Wenn erlebt werden kann, wie viel Gewinn die Abkehr von der Autozentrierung bedeutet, sind alle zurieden!
Wie möchtest DU in Zukunft leben?
H

Smart City mehr sein als ein geschickter Marketing-Schachzug von IBM und anderen, um Städte als neues Geschäftsfeld zu erschließen? Und wie lösen wir wirklich die Herausforderungen, vor denen wir stehen?«

Ich bin im Beirat Mobilitätsdaten des baden-württembergischen Verkehrsministeriums. Einmal im Quartal sitzen wir hier mit den Menschen zusammen, die im Ministerium sehr viel dafür tun, dass wir von kommerziellen Lösungen und Anbieter:innen wegkommen. Dass gewährleistet wird, dass Basisprodukte Menschen Informationen und Buchungsmöglichkeiten für ihre Mobilität darbieten. Skalierend auf diesen kann dann ja ggf. eine kommerzialisierte Nutzung erfolgen, im ersten Schritt sollte die Souveränität der Nutzenden gewährleistet werden.

Katharina beschäftigt sich seit zehn Jahren aus verschiedenen Perspektiven mit Themen der städtischen Transformation. »Ein zentraler Aspekt war dabei für mich immer, die Stadtverwaltungen zu stärken, so dass sie auf Augenhöhe mit der Privatwirtschaft über Lösungen diskutieren können. Und dass sie den Nutzen der technischen Lösungen stärker aus einer Wirkungsperspektive betrachtet. Der Druck aus der Privatwirtschaft ist enorm. Ein gutes Beispiel hierfür ist der Smart City Index von Bitkom.«

Einmal im Jahr zeichnet der Branchenverband deutsche Großstädte aus – nach selbst gewählten Kriterien. Wenig erstaunlich ist, dass der Einsatz technologischer Lösungen Städte im Ranking nach vorne bringt. Es gibt inzwischen sogar Beratungsunternehmen, die Städten dabei helfen, ihr Ranking zu verbessern. Es geht also um Plätze auf dem Treppchen und nicht um lokale Analyse der Bedürfnisse. Es geht um Gewinne der Privatwirtschaft und nicht um die Bevölkerung.

Transformation von Städten und Regionen

Ich habe bereits erwähnt, dass ich u.a. auch bei Winfried Hermann, Verkehrsminister in Baden-Württemberg – einem der von der Autoindustrie stark abhängigen Bundesländer – im Beirat sitze. Durch das Ehrenamt bekomme ich mit, wie hier ein Politiker seit über einem Jahrzehnt an der Transformation arbeitet. Wie kam er dazu, in die Politik zu gehen?

»Meine Generation hat sich politisch aus Empörung und zur Veränderung engagiert, Politik als Beruf war nicht unser Ziel. Unsere Ziele waren, Umweltzerstörung und Aufrüstung zu verhindern und die Welt besser, das heißt sozial und umweltgerechter, demokratischer und friedlicher zu machen. ›Wir haben die Welt von unseren Kindern geborgt‹ – die Verantwortung für das Leben zukünftiger Generationen war und ist uns Verpflichtung. Dafür wurde auch der Begriff der Nachhaltigkeit entwickelt. Für mich wurde Nachhaltigkeit zur Leitidee in allen Politikfeldern, besonders in der Verkehrspolitik.

Und natürlich habe ich in jeder Phase – ob im Landtag und Bundestag oder als Minister – gelernt, die parlamentarischen Möglichkeiten auch in der Opposition auszuschöpfen, sich in neue Themenfelder einzuarbeiten, tragfähige zukunftweisende Konzepte zu entwickeln und Mehrheiten zu organisieren. Als Minister musste ich besonders in der Anfangszeit vermitteln, dass man für die gesamte Regierung steht und die Regierung aller Menschen im Lande ist, nicht nur der grünen Wählerschaft. Gerade die Mitglieder und Aktivwähler:innen drängen darauf, dass man im Sinne des grünen Programmversprechens handeln soll. Hier musste ich immer wieder klarmachen, dass man zwar einen grünen Kompass und grüne Werte als Orientierung hat, aber zugleich die Koalitionsvereinbarung zu berücksichtigen hat. Politik ist für mich auch deshalb spannend, weil Lernen und Gestalten gleichzeitig erfolgt und alles unter dem wachsamen Auge der Öffentlichkeit, alles in einem Dialog, manchmal zäh, manchmal aber auch so, dass sich Blockaden durch kluges Handeln und Kompromissfähigkeit lösen lassen.

Vor allem in den letzten Jahren wird die Dringlichkeit des Klimaschutzes für mich immer mehr handlungsleitend. Klimaschutz und Mobilität müssen Hand in Hand gehen. Dass es uns trotz zahlreicher Erfolge beim ÖPNV-Ausbau und beim Ausbau des Rad- und Fußverkehrs nicht gelungen ist, die Treibhausgasemissionen im Verkehrssektor zu reduzieren, empfinde ich als das größte Ärgernis und zugleich als Stachel, engagiert weiterzumachen.

Im Verkehrssektor werden die Klimaschutzziele noch nicht erreicht, der Ausstoß von Kohlenstoffdioxid hat sich seit Jahrzehnten kaum verändert. Um die Folgen des Klimawandels einzudämmen, sind deutlich größere und schnellere Anstrengungen nötig als bislang vereinbart. Bis 2030 soll der CO_2-Ausstoß bereits um 55 Prozent gegenüber 1990 reduziert werden.

Wir orientieren uns dabei an unseren fünf Verkehrswendezielen:

- Jedes zweite Auto fährt klimaneutral.
- Jede zweite Tonne wird klimaneutral befördert.
- Ein Fünftel weniger Kfz-Verkehr in den Kommunen.
- Jeder zweite Weg wird selbstaktiv mit dem Rad oder zu Fuß zurückgelegt.
- Verdopplung des Öffentlichen Verkehrs.«

Das gesamte Interview lässt sich – wie alle weiteren auch – online in der Verlängerung dieses Buches im Internet nachlesen. Ich nenne daher nur ein paar der Highlights, die Winfried Hermann für sein bisheriges Schaffen genannt hat:

»Baden-Württemberg hat: Den Ausbau und die Verbesserung des ÖPNV-Angebots im ganzen Land vorangetrieben, den Takt verdichtet, Regio-Busse eingeführt und ein günstiges Jugendticket ermöglicht. Und jetzt? Mit der Mobilitätsgarantie wollen wir, dass alle Ortschaften in Baden-Württemberg von fünf Uhr früh bis Mitternacht mit dem öffentlichen Verkehr, inklusive bedarfsorientierter Angebote, erreichbar sind. So wollen wir den Öffentlichen Verkehr im ganzen Land verdoppeln.

Wir haben den Wettbewerb im Schienenpersonenverkehr fahrgastorientiert gestaltet und die Wagenflotte vollständig erneuert. Das Land ist Eigentümer von über 300 neuen Zügen im attraktiven Landesdesign. Wir haben die Zugkilometer im SPNV um ein Viertel erhöht. Und ein Jugendticket für 364 Euro im Jahr eingeführt und in das Deutschlandticket integriert. Und jetzt? Der SPNV soll so in allen Regionen des Landes als komfortable, verlässliche Mobilitätsalternative in der öffentlichen Wahrnehmung etabliert und für die Fahrgäste noch attraktiver werden. Dafür werden wir auch unser Konzept zur Reaktivierung stillgelegter Strecken weiter ambitioniert umsetzen. Die Resonanz und das Interesse entlang der Strecken sind großartig.

Eine Radverkehrsstrategie entwickelt, die Radwege massiv ausgebaut und die Radkultur im ganzen Land belebt. Wir fördern den Radverkehr systematisch als wesentlichen Teil einer Mobilität der Zukunft. Das RadNETZ in BW hat mittlerweile eine Länge von 8000 Kilometern und schließt 700 Kommunen an. Und jetzt? Unser Ziel ist es, den Anteil der mit dem Rad zurückgelegten Wege in Baden-Württemberg bis zum Jahr 2030 auf 20 Prozent zu erhöhen. Dafür bauen wir das RadNETZ weiter systematisch aus und planen derzeit 20 Radschnellwege im ganzen Land. War Radwegebau anfangs öfter als ›grünes Hobby‹ kritisiert, haben wir dank kontinuierlicher Arbeitsweise Unterstützung.

Nicht zuletzt haben wir bundesweit führend Antriebswende gemacht, die E-Mobilität gefördert und die Chancen für reFuels- und Wasserstoffantriebe erhalten. Dabei wurde ich vor allem anfangs als Feind der Automobilindustrie und Totengräber der Arbeitsplätze etikettiert. Und jetzt? Inzwischen gibt es die breite Einsicht, dass die Antriebswende kommen muss. Ziel ist eine weitere Verdichtung des Netzes öffentlicher Ladepunkte und Schnellladesäulen im ganzen Land. Beim Ausbau setzen wir Schwerpunkte dort, wo der Bedarf an öffentlichen Ladepunkten und Schnellladesäulen besonders groß ist. In Siedlungs- und Gewerbegebieten soll der nächste öffentliche Ladepunkt möglichst fußläufig erreichbar und die nächste Schnellladesäule maximal fünf Kilometer entfernt sein. Alle öffentlichen Ladepunkte und Schnellladesäulen sollen einheitlich zugänglich gemacht werden.«

Für mich ist es immer ein Geschenk, Menschen zu treffen, die recht unbefangen an die Veränderung der Autoabhängigkeit gehen, weil sie noch nie mit den massiven Emotionen der Abwehr umgehen mussten, die diese Transformation immer mit sich bringt. Ich erlebe zum Beispiel, dass Menschen, die im ÖPNV arbeiten, durch zum Teil jahrzehntelange Abwertung und Zusammensparen ihres Produktes sehr strikt im Rahmen ihrer Möglichkeiten bleiben, anstatt das Unmögliche zu fordern und davon zumindest 80 Prozent zu erhalten. Diese Menschen haben sich schon so oft die Köpfe an finanziellen und politischen Wänden eingeschlagen, dass sie unbewusst leider dazu neigen, nicht mehr so vehement für ihr Produkt einzustehen. Dabei bräuchte es genau das!

Berlin

Natürlich kann ich meine Interviews nicht führen, ohne auf unsere Hauptstadt zu blicken: Unsere Hauptstadt, die gerade mehr und mehr zur Provinz degradiert wird, weil die aktuelle Stadtpolitik Autos wichtiger findet als Menschen und ihre Lebensqualität vor Ort. Während andere Metropolen erkannt haben, was für große Vorteile »weniger Wagen wagen« sowohl für Einwohner:innen als auch Tourismus bedeutet, haben vor allem die Berliner:innen der Außenbezirke für ganz Berlin entschieden, die Partei der Grünen und damit die progressivere Verkehrspolitik abzuwählen. Jetzt regiert Schwarz-Rot.

Das Fatale: Es war die SPD, die 2018 für das Berliner Mobilitäts-Gesetz stimmte und nun den Autokurs der CDU stützt. In Berlin fand Deutschlands erster Radentscheid statt, über 100 000 Stimmen wurden gesammelt. Es entstand daraus das erste Mobilitäts-Gesetz Deutschlands. Ziele: Unter anderem ein lückenloses Radnetz stadtweit bis 2030 und der Umbau von 30 Kreuzungen pro Jahr für mehr Sicherheit. Dieses eh schon in seiner Umsetzung verstolperte Gesetz wurde ab 2023 durch eine von der CDU eingereichte Novellierung zahnlos. Nur konsequent, kommentierte doch der verkehrspolitische Sprecher im Wahlkampf, das Gesetz sei »Kulturkampf gegen das Auto«. Was auf zwei Arten interessant ist: Zum einen geht es um das »Ding« und nicht den Menschen im Auto, zum anderen setzt die CDU das Auto als »Default«, also als die Mobilität, die unserer Natur entspricht. Ich wiederum sehe hier eher einen Kulturkampf gegen die tägliche freie Entscheidung von Menschen, sich selbstbestimmt und ohne Gefährdung von Leib und Leben durch Berlin bewegen zu können. Zumal 76 Prozent der Wege, die in Berlin zurückgelegt werden, ohne Autos stattfinden.

»Benachteiligungen oder Verbote für einzelne Verkehrsträger, insbesondere den motorisierten Individualverkehr, gilt es zu vermeiden.« Das ist vielleicht der entscheidende Satz, den die CDU neu in das Gesetz einbringen möchte. Grenzt es doch an magisches Denken, vom heutigen privilegierten Status quo für den Pkw ausgehend die Situation für andere Verkehrsarten zu verbessern, ohne dass die Autoprivilegien von üppigen eigenen Fahr- und Abstellspuren fallen.

Selbstkritisch schaut Monika Herrmann als damalige Bezirksbürgermeisterin von Friedrichshain-Kreuzberg dabei auch auf die grüne Politik und die Fehler, die gemacht worden sind. »Wir müssen an unserer Sprache arbeiten«, sagt sie in diesem Zusammenhang. Beim Begriff »Entsiegelung« etwa wisse man in der Bubble sofort, was los sei. Der Großteil der Menschen jedoch habe keine Vorstellung, was sich dahinter verbirgt. Hinzu komme in Deutschland noch ein weiteres großes Problem: »Die Leute können sich Neues nicht vorstellen! Was heißt denn das, wenn wir eine Verkehrswende machen, was heißt denn das, wenn wir die Städte grüner machen, was heißt denn das, wenn wir gucken, dass mehr Bäume stehen, dass weniger Autos fahren. Sie sehen nur ihren aktuellen Status quo.« Wenn diese Menschen nach Barcelona fahren, dann würden sie lieben, was sie da erleben. Wenn sie nach Paris fahren, dann fänden sie es großartig, dass da so wenig Autos fahren. Aber die Übertragung auf Berlin oder auf deutsche Städte, die falle den Leuten wahnsinnig schwer, daher hielten sie lieber an dem Schlechten fest, weil sie das beurteilen können – beim Neuen wüssten sie nicht, was auf sie zukomme.

Als ich mit Monika sprach, war sie gerade mit ihrem Rad auf einer langen Tour durch Europa und sammelte dort viele

Eindrücke, wie andere die Mobilitätswende gestalten – und warum es in Deutschland so ein schwergängiges Thema ist. »Es geht die ganz Zeit um Privilegien«, fasst sie zusammen. Sie habe sich in den Niederlanden angeguckt, wie dort die Verkehrswende gestaltet wurde. »Ich kann nicht sagen, dass jeder Radweg ein Traum war, ich war auch auf gemalter Infrastruktur, 50 cm breit, mit Schlaglöchern unterwegs. Aber das Grundprinzip dort ist, dass sie die Verkehrsverteilung anders denken. Du merkst, dass dieser Grundsatz des Denkens bei uns komplett fehlt.« Das gelte in der Wohnungsfrage, in der feministischen Frage, in der Inklusionsfrage: Immer fühle sich derjenige beeinträchtigt, der alles hat und etwas abgeben soll. »Alles, wogegen Konservative und Neoliberale gerade Sturm laufen, ist das Gefühl, dass ihnen was weggenommen worden ist. Was gar nicht stimmt.«

Nach Monika Herrmann sind mittlerweile Menschen wie Dr. Almut Neumann auf Bezirksebene für die Mobilitätswende in der Hauptstadt aktiv. Almut ist für Bündnis 90/Die Grünen Bezirksstadträtin und Leiterin des Geschäftsbereichs Ordnung, Umwelt, Natur, Straßen und Grünflächen.

»Ich bin immer schon begeisterte Fahrradfahrerin. Aber ich fahre auch Auto, nehme den ÖPNV und bin zu Fuß unterwegs. Als ich 2011 nach Berlin gezogen bin, bin ich auch einfach deshalb viel mit dem Fahrrad gefahren, weil ich das eine tolle Möglichkeit finde, um die Stadt kennenzulernen. Ich habe mich dann irgendwann gefragt: Wie ist eigentlich der Raum in Berlin aufgeteilt?

Davor hatte ich mir noch gar nicht so viele Gedanken darüber gemacht. Was mir zudem aufgefallen ist: Wie krass unsicher das in unseren Städten ist, wenn man mit Kindern unterwegs ist, die über eine Straße gehen wollen – und dann sind die ganzen Kreuzungen zugeparkt. Oder man ist mit dem Kinderwagen unterwegs und weiß selbst gar nicht, wie man über die Straße kommen soll, weil da so viele Autos stehen, und das meist gerade da, wo der Bordstein abgesenkt ist. Vor allem aus dieser Kinderperspektive betrachtet, fand ich ziemlich absurd, was wir da eigentlich mit unserem öffentlichen Raum tun.

Ich habe den Eindruck, dass ich mit meiner Arbeit als Stadträtin auf einem guten Weg bin. Ein Aspekt, der mir das zeigt: Wir konnten viele neue, junge Verkehrsplaner:innen einstellen, die gemerkt haben, Mitte will was bewegen. Das ist sehr motivierend. Ich hatte außerdem das Glück, im Straßen- und Grünflächenamt eine relativ neue Amtsleitung zu haben, die die gleichen Ziele verfolgt wie ich und den Mut mitbringt, mit mir Dinge neu anzugehen. Ich glaube, das ist wichtig in einer Verwaltung, in der es viele eingeübte Mechanismen gibt.

Eins meiner verkehrspolitischen Ziele für Berlin-Mitte ist die Einrichtung von Kiezblocks, also mehr Verkehrsberuhigung in Wohnvierteln zu erreichen. So wollen wir dem Effekt entgegenwirken, dass zu viele Autofahrende sich von ihren Navisystemen den schnelleren Weg durch die Wohnviertel leiten lassen. Wir arbeiten hier teilweise auch mit Teileinziehungen, wenn wir größere Abschnitte haben, die für den Fuß- und Radverkehr und gegebenenfalls den ÖPNV reserviert sind. Das ist vom Verwaltungsverfahren her etwas mühsamer als einfache straßenverkehrsrechtliche Anordnungen. Aber gleichzeitig ermöglicht das Straßenrecht einem teilweise mehr Flexibilität als das Straßenverkehrsrecht. Mir kommt hier zugute, dass ich Juristin bin und vorher als Richterin am Verwaltungsgericht gearbeitet habe. Zum einen fällt mir die rechtliche Einordnung von Sachverhalten dadurch oft leichter. Zum anderen sind Gerichtsverfahren für mich nichts Ungewohntes oder Angsteinflößendes. Vielmehr sehe ich sie als Chance, entweder eine Bestätigung für unser Tun zu bekommen oder eben Hinweise, wie wir es beim nächsten Mal besser machen können.«

Stadt und Region Hannover

Nach den schlechten und niederdrückenden Nachrichten aus unserer Hauptstadt möchte ich die Hauptstadt der Mobilitätswende direkt anschließen, um zu zeigen, was möglich ist, wenn Politiker:innen sich nicht der Aufgabe des individuellen Machterhalts widmen, sondern sich als Repräsentant:innen aller verstehen, die sie gewählt haben, aber auch darüber hinaus den Menschen bessere Lebensumstände, gesündere Räume und Lebensqualität schaffen wollen, die in ihrer Wahlregion wohnen. Ich schrieb darüber sogar meine Kolumne im Magazin t3n, weil hier zudem auch Stadt und Region Hannover zusammen agieren. Hier wird Mobilitätswende von dem, was sonst so trennend positioniert wird, gemeinsam nach vorne gebracht.

Als Erster ging im Herbst 2023 Belit Onay mit seinem »2. Wunder von Hannover« in die Öffentlichkeit. Das erste Wunder von der Leine, das es auf ein *Spiegel*-Cover brachte, war der autogerechte Umbau der niedersächsischen Hauptstadt nach dem Zweiten Weltkrieg. Hannover wurde dem Auto brutal untergeordnet, Häuserzüge, sogar Kirchen wurden abgerissen, um freie Bahn für freie Bürger:innen zu gewährleisten. 2023 startete in der niedersächsischen Hauptstadt die Rückgabe der Stadt an die Menschen, die in ihr wohnen. Und wie erwartet, war die SPD »gegen die Pläne« des grünen Bürgermeisters, ohne eigene Ideen einzubringen. Onay ist es bewusst, dass mit diesem Kurs auch seine Abwahl geschehen kann, er hat aber auch genug Zeit, um bis zur nächsten Wahl die Veränderungen spürbar zu machen.

Stellplätze für Autos im öffentlichen Raum der Innenstadt sollen weitgehend wegfallen und die Autos in den zahlreichen Parkhäusern abgestellt werden. Tempo 20 oder maximal Tempo 30 wird dort eingeführt, wo Rad- und Fußverkehr dominieren, um Menschen, die so unterwegs sind, mehr Raum zu geben. Bis 2030 will die Stadtverwaltung das Konzept umsetzen.

»Mobilität ist elementar für alle Menschen«, sagt Belit Onay. »Wenn ich mich bewegen kann in einer Stadt, kann ich teilhaben am Arbeitsleben, am Bildungsleben, am sozialen Leben. Ob Kind, ob Alt, ob mit Einschränkungen, ohne Einschränkungen – Mobilität betrifft alle. Deshalb haben alle eine Meinung dazu.«

Die Struktur in Hannover und in anderen Städten ist laut Belit Onay darauf ausgelegt, dass die Menschen vermeintlich aufs Auto angewiesen sind. »Ich bin mit der Vision einer autofreien Innenstadt in den Wahlkampf gegangen. Mir war klar, dass das polarisiert.« Aber er habe eine Vision für diese Stadt, und es bereite ihm Freude, dass immer mehr Menschen diese teilen. »Ohne pathetisch zu werden: Wir sind in einem Jahrzehnt, in dem die Transformation alternativlos ist. Die fortschreitende Klimakrise, deren Folgen wir bereits heute in unseren Städten spüren, und die notwendige Klimafolgenanpassung sind Herausforderungen, die wir hier entschlossen angehen.«

In der Innenstadt wurde die Transformation mit sogenannten Experimentierräumen bereits erlebbar gemacht. Man habe Autoverkehre rausgenommen, um den Menschen Raum für Freizeit, Kultur, Gastronomie, Spiel, Aufenthalt und Begegnung zu geben. Schon jetzt sind 70 Prozent der Menschen, die zum Einkaufen kommen, ohne Auto unterwegs. Und für diejenigen, die mit dem Auto kommen, gibt es Parkhäuser, in denen aktuell die Auslastung bei nur 50 Prozent liegt. »Wir brauchen den öffentlichen Parkraum und auch die Durchgangsverkehre nicht.«

Belit Onay möchte, dass die Hannoveraner*innen mitreden, wenn es darum geht, wie ihre Stadt gestaltet sein soll. »Ich wünsche mir, dass wir eine angenehme Stadt haben – vor allem mit Blick auf Klimaresilienz.« Wie angenehm der

Aufenthalt in der Stadt ist, wird gerade für Menschen mit Vorerkrankungen, für Ältere und für Kinder entscheidend sein. »Wie grün wird die Stadt, wie viel Wasser können wir nutzen, wie viele Anlässe schaffen wir für soziale Begegnungsformen? Das sind entscheidende Fragen der Transformation. Und diese wollen wir gemeinsam schaffen!«

Bei seinem Fraktionspartner SPD, der zuvor sieben Jahrzehnte lang den Oberbürgermeister gestellt hatte, trafen diese progressiven Pläne nicht auf Widerhall. Die Fraktion ist mittlerweile aufgelöst, es ist damit an den Hannoveraner:innen, Belit Onay wahrnehmbar die Unterstützung zukommen zu lassen, die manche zuverlässig nur Autofahrenden gewähren. Parteikollegin Swantje Michaelsen aus Hannover lässt auf ihrer Webseite daher auch ein deutliches Urteil da: »In den letzten drei Jahren gab es einen großen Innenstadtdialog unter Einbeziehung zahlreicher Stakeholder sowie an unterschiedlichen Orten Experimentierräume, um sehr viele Menschen in Hannover teilhaben zu lassen. Die aktuelle SPD-Forderung nach mehr Beteiligung umfasst inzwischen nicht nur alle 13 Bezirksräte, die Region und die Üstra, sondern auch alle Umlandkommunen. Die Region wurde bereits vorab über das Konzept informiert, ebenso die Üstra, die es positiv aufgenommen hat. Denn weniger Autos bedeuten auch ein besseres Vorankommen der Busse.«[12]

Wie dem auch sei. Meine Begeisterung für das Vorgehen in Niedersachsens Hauptstadt ist auch deswegen so groß, weil Mitte Oktober der Aufschlag der Region Hannover folgte, deren Mobilnetzwerk-Botschafterin ich bin. Hier soll sich der Autoverkehr bis 2035 halbieren, die Fahrrad- und ÖPNV-Nutzung verdoppeln. »Kulturkampf« für ein klimagerechtes und in Sachen Mobilität sehr viel wahlfreieres Leben im ländlichen Raum, als es aktuell überall in Deutschland der Fall ist – und mit Zähnen und Klauen verteidigt wird. Ein Highlight: Das On-Demand-Bussystem Sprinti, das ab Dezember 2023 in zwölf Regionskommunen fährt und somit für 360 000 Einwohner:innen eine echte Alternative bereitstellt. 120 Fahrzeuge sind dann auf einer Fläche von der doppelten Größe des provinziellen Berlins im Einsatz. Damit wird Sprinti zum deutschlandweit größten On-Demand-System mit Integration in den Nahverkehr. Leider gab es von Seiten des Bundes bei Drucklegung meines Buches eine Absage an eine weitere Förderung dieses hoch erfolgreichen und von der Bevölkerung massiv nachgefragten Angebotes – die Region Hannover ist aber fest entschlossen, Sprinti auch alleine zu unterhalten, damit alle Menschen mobil sein können. 100 Stadtbahnen werden angeschafft, Park-&-Ride-/Bike-Stationen an Bahnhöfen etabliert, so dass auch die Fahrt in die Stadt Hannover ohne eigenes Auto erfolgen kann. Systemisches Denken nenne ich das! Denn nur gemeinsam können Regionen und Städte die Mobilitätswende gestalten, da viele Verkehre ineinander verschränkt sind.

Noch in diesem Jahr wird mit dem Bau eines Radschnellweges nach niederländischem Standard (was so ungefähr dem Gegenteil des aktuellen Berliner Standards entspricht) am Mittellandkanal begonnen. 54 Kilometer entlang des Wassers durch die gesamte Region. Pendeln per Rad? Kein Problem mehr! Vor allem durch die Elektrifizierung des Radverkehrs sind hier ganz andere Strecken möglich, gegebenenfalls kann sogar das Abo vom Fitnessstudio gekündigt werden, weil die sportliche Betätigung nun in den Alltag integriert werden kann.

Es beschwingt mich, dass in Hannover visionäre, mutige Politiker:innen und Verwaltungen Zukunft ohne Wagen wagen. Chapeau an alle Beteiligten und herzliches Beileid an alle Berliner:innen.

Hamburg

Als Person, die auf dem Papier ihren Lebensmittelpunkt in Hamburg hat, weil das mein Hauptwohnsitz ist, habe ich beizeiten traurig wenig mit dem zu tun, was dort geschieht. Während ich diese Zeilen schreibe, streiken gerade Angestellte der Volkswagen-Tochter MOIA, die bei uns in Hamburg einen On-Demand-Rufbus-Dienst organisiert, für bessere Bezahlung. Der Dienst startete auf Strecken, die parallel zu Nahverkehrsstrecken lagen, mit Fahrzeugen, die allesamt nicht barrierefrei waren. Mich ärgert das, weil es eine privilegierte Haltung ist, es als unproblematisch zu betrachten, dass sich das alles mit der Zeit ergibt. Säße ich im Rollstuhl, hätte ich für eine solche Haltung null Verständnis. Mittlerweile gibt es ein paar umgebaute Fahrzeuge mit einer Rampe. Andere Anbieter:innen nutzen von Beginn an geeignete Fahrzeuge. Aber da Volkswagen solche nicht baut, was ich auch nicht verstehe, weil ich hier einen Weltmarkt zwischen dem starren Linienbussystem und dem sehr flexiblen privaten Pkw sehe, müssen diese Kompromisse geschlossen werden.

Wenn Hamburgs Verkehrswendesenator Dr. Anjes Tjarks und ich uns austauschen, dann erläutert er mir sehr offen die Hintergründe, die ein solches Vorgehen bestimmen. Aber ich denke, auch er braucht so Ungeduldige wie mich, damit sich etwas bewegt. Ich wäre nicht geeignet für dieses politische Schachspiel, das in Hamburg sehr erfolgreich gespielt wird. Große Kongresse wurden nach Hamburg geholt, ebenso riesige Fördervolumina zum Umbau der aktuell autozentrierten Stadt.

Für ihn sei zu Beginn die grundsätzliche Richtung wichtig, sagt Anjes. Die habe darin bestanden, seine Behörde für Verkehr und Mobilitätswende umzubenennen und eine Senatskommission für Klimaschutz und Mobilitätswende zu etablieren. »Dadurch hatten wir eine grundsätzliche Richtung, und dann gliedert sich das in Fußverkehr, Fahrradverkehr, öffentlichen Nahverkehr.« Aber auch die Straßen seien wichtig, also Infrastruktur-Sanierung, Brücken, das Parkthema. Vieles hänge davon ab, die richtigen Personenkonstellationen zu haben. So eine Behörde könne man nicht alleine leiten, man brauche Leute, die mitmachen. »Martin Bill und ich brüten seit 20 Jahren über Plänen von Straßen, wie wir sie umbauen wollen, und haben ein Gefühl für das, was wir machen.«

Außerdem brauche man Partner. »Henrik Falk von der Hochbahn ist ein kongenialer Partner. Weil der eine Vision hat, wie der öffentliche Nahverkehr nach vorne geht.« Man brauche in der Politik ein Netzwerk, das einen unterstütze. »Das Schwierigste für mich wäre, wenn ich nach vorne gehe und mir von hinten jemand die Beine stellt.« Und der letzte Punkt sei ein gutes Verhältnis zum Finanzsenator, weil alles sehr viel Geld koste.

Anjes hatte das Gefühl, dass viele in der Verkehrsverwaltung auf eine Mobilitätswende gewartet hätten. »Wir gehen jetzt in Klausur: Wir wollen die Mobilitätswende für alle und gehen damit auf das nächste Level. Wir haben alle gelernt, dass man getrennte Radwege baut. Jetzt gucken wir uns an, was wir tun können für die 600 000 Menschen, die Mobilitätsbarrieren ausgesetzt sind.«

Spannende Innensichten, über die wir uns von außen vielleicht auch zu wenig Gedanken machen. Wie ist es, wenn eine Behörde, die vorher auf alles andere als Mobilitätswende getrimmt war, von einer progressiven Führungskraft übernommen wird, die diese sogar noch umbenennt?

Und damit zum Inhaltlichen und der Vision, die Anjes für die Perle an der Elbe hat: »Es gibt noch keinen autonomen Shuttle in Europa im öffentlichen Nahverkehr«, erklärt er. Man wolle den öffentlichen Nahverkehr der Zukunft gestalten, und der brauche zwei Elemente: einerseits eine sofortige und immerwährende Verfügbarkeit an jedem Ort in der Stadt Hamburg. »Das heißt, wir brauchen einen öffentlichen Nahverkehr, bei dem der Fahrplan egal ist. Das Angebot kommt alle fünf Minuten, ganz egal, wo du bist.« Zudem muss dieser Nahverkehr für die Menschen bezahlbar sein. Und er muss einfach zu verstehen, umzusetzen und zu orchestrieren sein. Das ist der digitale Aspekt.

Man brauche zudem Volkswagen, um autonome Shuttles zu entwickeln. »So eine Firma kommt aber nur, wenn wir sagen, wir brauchen eine relevante Stückzahl. Sonst fangen die nicht an zu investieren. Daher 10 000 autonome Shuttles.« Im Oktober 2023 wurden die Modelle in Hamburg vorgestellt. Die Hochbahn ist Betreiberin, die Plattform ist MOIA. Das eine Fahrzeug ist der ID.Buzz von Volkswagen, das andere ist von Holon, und das autonome System ist Mobileye. »Wenn ich autonom fahrende Shuttles habe, dann fahren die die Route, die du willst. Das ist der Paradigmenwechsel, den die meisten Menschen noch nicht verstanden haben.«

Aber das ist nur ein Punkt. Denn Anjes möchte Hamburg zur Fahrradstadt machen. »Der Radverkehr in Hamburg ist von 2017 bis 2022 um 7 Prozent im Modal Split gestiegen.« Er sei damit der einzige Verkehrsträger, der in der Pandemie gewachsen ist. »Ich glaube, dass wir 2030 bei 30 Prozent Radverkehr in Hamburg sind.« Dafür müssten jedoch die Voraussetzungen geschaffen werden. »Zudem werden wir die Elektromobilität im Autobereich bekommen müssen.« Wichtig in dem Zusammenhang seien Flächengerechtigkeit, Parkraumbewirtschaftung. Die führe dazu, dass die illegalen Parkplätze wegfallen.

Und damit kommen wir zu der einzigen Person, die Anjes Tjarks in seiner Behörde schon vor Amtsantritt kannte: Kirsten Pfaue.

2014 war Kirsten Leiterin des Rechtsamtes eines großen Hamburger Bezirks und ehrenamtlich für den ADFC tätig.

Dann erreichte den Fahrrad-Club eine Anfrage aus dem Büro des damaligen Bürgermeisters Olaf Scholz: Ob der ADFC Hamburg eine Vision über ›Radfahren in Hamburg im Jahr 2030‹ geben könne. »Natürlich haben wir diese Anfrage angenommen und eine solche Vision erarbeitet.«

Einige Monate später habe dann im Rechtsamt das Telefon geklingelt. »Ob ich mal zum Gespräch in die Verkehrsbehörde kommen könne. Dann hatte ich 24 Stunden Zeit, darüber nachzudenken, ob ich die Aufgabe der Koordinierung des Hamburger Radverkehrs übernehmen wollte. Ich brauchte keine 24 Stunden, nur eine kurze Rückkoppelung mit meiner Familie.« Heute leitet Kirsten das Amt Mobilitätswende Straßen und ist in Entscheidungs- und Leitungsfunktion mit rund 90 Kolleginnen und Kollegen.

Ihre Vision: »Wir haben in Hamburg mehr durch Menschen jeden Alters lebendige Straßenräume mit viel Grün und eine deutlich gestärkte Verknüpfung im Umweltverbund. Dazu gehört ein stadtweites Radnetz, mehr kurze und direkte Wege durch kluge Brückenschläge. Die Schnittstellen zum ÖPNV sind noch deutlich verbessert.« Dort, wo es heute noch oft Barrieren und Hürden gebe, werde man künftig kürzere Wege haben – gebaut und digital. Es sollen Mobilitätsangebote für Kinder, Familien, Berufstätige und Seniorinnen und Senioren geschaffen werden.

Um das »Trio« aus meiner Stadt Hamburg zu komplettieren, habe ich auch den »kongenialen Partner« von Anjes Tjarks aufseiten der Verkehrsunternehmen interviewt. Leider haben wir ihn an Berlin verloren – und damit an die Stadt, in der er zuvor schon einmal für den öffentlichen Verkehr zuständig war.

Hochbahn- und jetzt BVG-Chef Henrik Falk war gerne Anwalt, wie er sagt, aber am Ende habe es ihn mehr interessiert, in einer verantwortungsvollen Position etwas gestalten zu können. Was ihn nach wie vor in der Branche hält, sei die

Tatsache, dass man die Gesellschaft, die Stadt, egal, ob groß oder klein, im positiven Sinne voranbringen kann. Das motiviere ihn sehr.

Außerdem brauche er ein gutes Zukunftsbild. Das habe er in Hamburg gehabt, und das habe er bald wieder in Berlin. »Mit dem Hamburg-Takt ist es gelungen, ein Zielbild zu schaffen. Stell dir vor, nach fünf Minuten erreichst du die Mobilität, die für deine Lebenssituation notwendig ist. Egal, ob ein Auto, das du selbst fährst, was dir aber nicht gehören muss, oder eine U-Bahn, Straßenbahn, was auch immer.« Diesen Punkt an den Beginn der Überlegung zu stellen, sei wichtig gewesen. Auch politisch erreiche man nur mit einem positiven Zukunftsbild etwas. Das gelte auch in Zeiten des Klimawandels.

Auch Julia Erdmann hat hier mit ihrem Unternehmen JES ein spannendes Projekt gestalten dürfen: »Das war an der großen Elbstraße. Hier hat sich der Fischmarkt Altona in den letzten 100 Jahren kontinuierlich verändert. Hafenanlagen und Hallen wurden immer wieder neu und umgebaut, und so wurden wir vor einiger Zeit vor die Frage gestellt, wie sich zwei Grundstücke des Altonaer Fischmarktes und das besondere Milieu dort sinnvoll weiterentwickeln lassen. Als Ergebnis der Socialtecture-Strategie wird in den nächsten Jahren am Fischereihafen ein Viertel entstehen, das Ottensen an die Elbe bringt, wo sich Leute auf Plätzen und an der Kaikante treffen, wo Hamburger am Elbhang wohnen, wo Firmen in speicherartigen Gebäuden arbeiten und wo Erdgeschossflächen und eine neue Halle den Fischgroßmarkt mit einem ortstypischen Angebot erweitern. Das neue Viertel wird zu einer Destination. In Bezug auf Mobilität übernehmen wir als JES die Rolle, das Viertel aus den verschiedenen Alltagsperspektiven zu durchdenken. Unser Ziel: Das Viertel soll für alle gleichermaßen bequem zu erreichen sein, egal, ob ich mit dem Bus, der Fähre, mit dem Auto, Fahrrad, Lastenrad, Roller,

Skateboard oder zu Fuß mit dem Kinderwagen oder Rollator unterwegs bin.«

Hamburg hat große Pläne: 2030 sollen 80 Prozent der Wege in der Stadt klimafreundlich zurückgelegt werden – mit dem sogenannten Umweltverbund aus Bus und Bahn, zu Fuß oder mit dem Fahrrad. 2023 lag dieser Wert bei 64 Prozent. Wie zuvor schon von Anjes statuiert, sollen hier auch 10 000 autonome und vollelektrische Fahrzeuge helfen. Größer denkt nur Oslo, wo bis 2030 rund 30 000 dieser Fahrzeuge den privaten Verkehr ersetzen sollen. Der Zungenschlag in Hamburg ist da weniger radikal, hier sollen Menschen eher animiert werden, das eigene Auto zu hinterfragen.

Was steckt hinter der Strategie von Oslo? Sehr Visionäres! Oslo will den Anstieg der Einwohner:innenzahl ausschließlich durch den öffentlichen Personennahverkehr abfangen, flankiert von einer Radverkehrsstrategie 2025, die 1,5 Milliarden Euro und 510 Kilometer groß ist. 2025 sollen 85 Prozent der Einwohner:innen einen Radweg in weniger als 200 Meter Entfernung von ihrer Haustür entfernt haben. Der Kauf elektrischer Lastenräder wird mit bis zu 1100 Euro unterstützt, das Bikesharing-Angebot auf 145 Stationen und 1600 Räder ausgeweitet. Davon träumen wir in deutschen Städten nur.

München

Oliver May-Beckmann ist Geschäftsführer des MCube – dem Münchner Cluster für die Zukunft der Mobilität in Metropolregionen an der Technischen Universität München. MCube ist eine 50-Millionen-Euro-Leuchtturminitiative der Bundesregierung – mit aktuell über 50 Münchner Partner:innen aus Wissenschaft, Wirtschaft, Zivilgesellschaft und Politik – zur Erforschung und Anwendung nachhaltiger Mobilitätsinnovationen und skalierbarer Lösungen mit Modellcharakter in

Europa und weltweit. Er stammt aus einer sehr politischen und sehr engagierten Familie. »Deswegen habe ich schon vor 20 Jahren, als ich angefangen habe zu studieren, gesagt, ich will Sachen lernen, um die Welt zu verändern.

Der von der Bundesregierung geförderte Zukunftscluster MCube besteht aus 20 Lehrstühlen, Industriepartnern und Start-ups, der Stadt und Vertretern der Zivilgesellschaft und ist in drei Bereiche aufgeteilt. Elektrifizieren und Automatisieren – klassische Ingenieurskunst, von Fahrzeug- bis Verkehrstechnik. Diese Themen kombinieren wir mit dem Schwerpunkt soziale Innovationen. Wie viel Partizipation ist hilfreich, wie sieht gute Partizipation aus? Der dritte Bereich ist die Frage nach dem Raum. Wie wollen wir den begrenzten öffentlichen Raum gestalten? Wir übersetzen dabei zwischen den so unterschiedlichen Stakeholdern aus Wirtschaft, Politik und Wissenschaft und versuchen, Konsens zu finden.

Blockierer einer Verkehrs- und Mobilitätswende sehen wir eher bei einzelnen Bürger:innen, die sich nicht auf Veränderung einlassen wollen. Wie wir als Gesellschaft hier Wege finden, diese zu integrieren und ihnen Lust zu machen auf positive Veränderungen, das ist die große Frage. Das sehen wir jetzt gerade in einem unserer Projekte in der Kolumbusstraße. Da wird sich über Kinderlärm beschwert, weil Kinder jetzt vor der Haustür auf der Straße Zeit verbringen. Bisher gab es nur Autolärm, damit wurde gelebt.

81 Parkplätze haben wir in diesem Projekt in fünf Monaten umgewandelt. Eine Wiese gepflanzt, Aufenthaltsorte geschaffen, Urban Gardening ermöglicht. Begegnungsorte geschaffen. Mobilitätspunkte dauerhaft installiert, Lastenrad-Sharing-Stationen, Car-Sharing-Stationen.

In unseren Partizipationsverfahren vor den Interventionen in der Kolumbusstraße haben sich die, die sich so eine Umgestaltung des eigenen Quartiers vorstellen konnten, umfassend eingebracht. Die heutigen Kritiker waren nicht dabei. Die gehen erst mit ihrer vielleicht auch berechtigten Kritik in die Diskussion, wenn sie konkrete Veränderungen sehen.«

Leipzig

Burkhard Jung ist seit 2006 Oberbürgermeister der Stadt Leipzig und SPD-Politiker. Er war mir (zugegebenermaßen positiv) aufgefallen, weil er in einer Ratssitzung die Geduld verlor mit den Kolleg:innen, die sich als rückwärtsgewandte Autofans zeigten und einen grünen Radstreifen, der der vierspurigen Autostraße am Hauptbahnhof abgeknapst wurde, als Untergang der Welt skizzierten. Ich selbst war anlässlich der Velocity, einer weltweiten Konferenz zum Radverkehr 2023 in Leipzig und konnte es aus dem schönen Bahnhof tretend nicht glauben, dass der Streit, den ich per Video verfolgt hatte, wirklich nur um diese halbe, nun grün gefärbte Autospur geführt wurde.

»Vordringlich geht es mir um die Lebensqualität in unserer Stadt. Die Klimafrage, ja, die ist wichtig, aber das Hauptargument für mich ist, wie leben wir in einer immer dichteren, wachsenden Stadt miteinander zusammen? Was belastet uns? Die Geschwindigkeit, der Lärm, die Emissionen, die Rücksichtslosigkeit, die ›Hauptsache-hier-komme-ich-Mentalität‹, diese Aggressivität im Straßenverkehr, übrigens von allen Seiten. Wie durchbreche ich das? Wie komme ich wieder zu einer lebenswerteren Umwelt- und Stadtsituation? Das ist die Zielüberschrift. Mobilität ist so enorm wichtig für jeden einzelnen Menschen, gleichgültig, ob mit Behinderung, ob alt, jung, klein, schwach. Die Möglichkeit, dass ich von A nach B komme, mich treffen kann, dass ich Begegnungen habe, dass ich als soziales Wesen auch soziale Kontakte leben kann. Und wirtschaftliche Abhängigkeiten und Verpflichtungen, die Wirtschaftsverkehre und die Verteilung von Gütern aller Art.

Da eine Balance zu finden, das halte ich für komplex und herausfordernd.

Und da ich nicht wiedergewählt werden möchte, hilft mir das in der Umsetzung. Ich glaube nicht, dass ich 2019 so impulsiv geworden wäre, als es um die Wiederwahl ging. Das Thema polarisiert. Mir ist der Geduldsfaden gerissen, als wir im Stadtrat diese seltsame Diskussion um den grünen Fahrradstreifen hatten. Das war mein Paulus-Erlebnis, wo ich gesagt habe, das kann doch wohl nicht wahr sein. Entschuldigung, so ein provinzielles Niveau diskutieren wir in einer angeblichen Weltmetropole. Und das war der Anstoß zu sagen, jetzt musst du Farbe bekennen, dich hinsetzen und selbst Thesen formulieren. Als die diskutierten, eine vierspurige Autobahn vom Hauptbahnhof, die muss sein und bleiben, da bin ich vom Glauben abgefallen.

Eigentlich hätte ich das ganz sperren und den Bahnhofsvorplatz entwickeln müssen. Das wäre richtig. Es war ein guter Aufreger, um Klarheit zu schaffen, das war auch überfällig. Und ja, so was machst du nur mit einer gewissen Gelassenheit, nicht mehr wiedergewählt werden zu können.

Ich habe unglaublich viel Zuspruch erhalten. Das gibt es selten, man kriegt ja normalerweise immer Dresche. Aber diesmal gab es 75 Prozent Lob, Dank und Befreiungsformulierungen. Aber auch 25 000, die eine Petition unterschrieben haben, gegen diese Spur. Da geht es natürlich darum, diese acht Thesen, die ich formuliert habe, in politisches Handeln zu übersetzen. Und das ist echt ein hartes Stück Arbeit. Viele in der Verwaltung haben das als sehr befreiend erlebt. Es gibt Mitarbeiter, die mir schreiben und danken, das gibt Klarheit. Und auf der anderen Seite merke ich, wie die Mühlen langsam mahlen.

Ich bin bis 2027 gewählt. Wir müssen in den Jahren das versuchen zu ernten, was schnell geht, was niedrig hängt, weil ich fest davon überzeugt bin, dass das Leben in der Stadt als die gesellschaftliche Lebensform der Gegenwart und noch mehr der Zukunft von uns erfordert, dass wir für die Menschen stärker die Stadt bauen. Menschen in den Mittelpunkt stellen, ganz besonders die Kinder und Jugendlichen, und je dichter und schneller das zusammenwächst und je urbaner das wird, umso wichtiger ist es, die Freiräume zu verteidigen, neue Freiräume zu entdecken. Und das beißt sich natürlich mit dem Wachstum. Jede Versiegelung, die notwendig ist aufgrund von Wohnraum, den wir brauchen, ist wieder ein Stückchen Freiraum, den wir verlieren. Wie kann ich die Wohngebiete wieder den Menschen widmen? Wie können wir sie autofrei machen? Wie können wir Kinder spielen lassen in unseren Straßen? Ich glaube, das ist meine Pflicht und meine Aufgabe, dass ich versuche, das Feld so weit vorzubereiten, dass es auch 2027 nach mir weitergehen kann.«

Frankfurt am Main

Die Stadt der Banken fällt uns vielleicht nicht als Erstes ein, wenn wir über Orte der deutschen Mobilitätswende nachdenken, aber im Gegensatz zur Bundespolitik und den Ereignissen in unserer Hauptstadt gibt es dort sogar einen verbindlichen Plan, mit dem die Mobilitätstransformation gestaltet werden soll. Tatsächlich war ich 2023 ein paarmal in der Stadt und habe wahrnehmen können, dass sich die roten Fahrbahnen für Radfahrende fröhlich vermehren – durch Flächenumwidmung.

Verena Zeidler arbeitet bei der PTV Group, die Softwarelösungen für Mobilität anbietet. Sie hat unter anderem den Masterplan Mobilität für die Stadt Frankfurt mit entwickelt, an dem 3000 Bürger:innen und 1500 Kinder mitgearbeitet haben. Basis sind die Pariser Klimaziele und der Wille Frankfurts, 2035 klimaneutral zu sein. Mein Herz tanzt, wenn ich solche Zeilen schreibe. Aber daran, wie groß meine Freude ist, dass sich an Gesetze und Ziele gehalten wird, merke ich immer wieder, wie selten das noch ist.

Dabei sind Ziele, wie in Jahr X klimaneutral zu sein, ein unfassbar gutes Steuerungsinstrument und Möglichkeit, Meilensteinpläne aufzustellen, wie der Weg gestaltet und die jeweilige Zielerreichung gemessen werden soll. Und wie stets, wenn Bürger:innen Raum und Zeit gegeben wird, sich mit einer Mobilitätswende zu beschäftigen, kommen ambitionierte Ziele heraus. Die sich in Teilen auch sehr konkret auf die zuvor thematisierten Problemfelder der Gesundheitsbelastung beziehen.

So soll in Frankfurt die Zahl der Toten und Schwerverletzten im Straßenverkehr bis 2035 um 60 Prozent, die Stickstoffdioxidemissionen auf 20 Mikrogramm pro Kubikmeter gesenkt werden, und 45 Prozent weniger Menschen sollen unter Lärmbelastungen leiden. 80 Prozent der Wege im Personenverkehr sollen 2035 zu Fuß, mit dem Rad oder dem öffentlichen Nahverkehr zurückgelegt werden (2018: 67 Prozent). Gleiches Ziel gilt für die Kindermobilität, also die Wege zur KiTa oder Schule.

Verena brachte bei der Vorstellung dieses Plans noch mal etwas gegen die oft gewählte Plattitüde vor, dass der Autoverkehr ›eingeschränkt werde‹. Zum einen gelte das aktuell für alle Verkehre außer dem Auto, weil dieses hoch individuelle Transportmittel viele Vorteile genieße, zum andere sei es im Vergleich auch sehr ineffizient, und allein deswegen sei es notwendig, dass Autoprivilegien fallen. Denn wer untersucht, welches Verkehrsmittel wie viele Menschen in 20 Sekunden über eine Kreuzung bringt, findet heraus, dass das Auto sehr schlecht abschneidet. Das Fahrrad ist hier doppelt so gut und der Bus »deutlich« besser. Mich hat aber auch das schöne Detail interessiert, dass Kinder so intensiv einbezogen werden. Denn aktuell nehmen sie eher selten an demokratischen Meinungsbildungsprozessen teil, da sie ja nicht wählen dürfen, obwohl sie am längsten von uns in der Zukunft leben müssen, die wir heute gestalten.

»Wir haben den Kindern Maßnahmen und Beispiele gegeben, mit denen sie sich auseinandersetzen sollten«, berichtet Verena. Sie hätten aber auch selbst Dinge geäußert, die ihnen wichtig waren. Sauberkeit im Straßenraum zum Beispiel, dass kein Müll rumliegt. Man könne nicht oft genug betonen, dass es ein Grundrecht für Kinder sein sollte, dass sie eigenständig unterwegs sein können.

Verena ergänzt: »Planung ist geprägt von Männern fortgeschrittenen Alters. Und das ist nur ein kleiner Teil der Bevölkerung, die Rad fahren würde.« Sie findet es wichtig, die Perspektive von Kindern und Jugendlichen mehr in die Planung zu bekommen. Was bei denen auch sehr gut ankam. Die Hauptaussage von Jugendlichen etwa sei gewesen: ›Das war richtig cool, dass wir was sagen durften.‹ Dass die Stadt auf sie zukam und gesagt hat, wir wollen eure Meinung hören, habe den Kindern viel gegeben. Weil es ihnen ein ganz anderes Wertigkeitsgefühl in unserer Gesellschaft vermittelt habe.

Und genau das denke ich auch: Werden die Menschen an den Prozessen der Veränderung beteiligt, die im betrachteten Viertel wohnen, kommen ganz andere Ergebnisse heraus, als wenn wir jene befragen, die zum Viertel nur einen Bezug als Autotransitzone haben.

Im Dezember 2023 gab es die nächsten Schritte zur menschenfreundlichen Stadt am Main: »Fahren von Parkhaus zu Parkhaus oder zum Posen mit dem Auto soll es in der Innenstadt nicht mehr geben«, sagte Verkehrsdezernent Wolfgang Siefert (Grüne). Anfang Dezember werde das Limit rund um die Börse kommen und dann blockweise weiter umgesetzt. Das Gebiet werde zum verkehrsberuhigten Geschäftsbereich erklärt. Neben Tempo 20 werden auch Parkplätze an den Straßen wegfallen. »Wer nach Frankfurt mit dem Auto in die

Innenstadt kommen möchte, kann und soll in ein Parkhaus fahren. Behindertenparkplätze und Taxistellplätze werde es weiter geben, dazu mehr Liefer- und Ladezonen. In den Stadtteilen soll die Parkraumbewirtschaftung ausgeweitet werden, so dass kein kostenloses Parken mehr möglich ist. Als Ergebnis sollen alle besser vorankommen, auch diejenigen, die auf das Auto angewiesen seien.«[13]

Hier möchte ich kurz einhaken, weil mir der Fußverkehr oft zu kurz kommt, obwohl auch die meisten Autofahrenden sich auf diesem Weg zu ihrem zweiten Wohnzimmer bewegen. Da schon andere sehr viel tiefer in diesem Thema als Expert:innen verortet sind, möchte ich auf das Buch *Wer langsam macht, kommt schneller an* des Journalisten Roland Stimpel verweisen und ein paar Zahlen nennen, die aufzeigen, wie wichtig gerade auch die Pflege der ursprünglichsten aller Bewegungsformen von uns Menschen ist.

Stimpel weist darauf hin, dass 22 Prozent der Wege, die wir im Außen zurücklegen, zu Fuß erfolgen, diese aber nur knapp drei Prozent der Verkehrsleistung darstellen, also der Gesamtmenge an Strecke aller menschlicher Mobilität. Weil Fußwege so kurz sind, kommen sie in der Gestaltung ihrer Infrastruktur oft auch zu kurz. Das zeigen nicht nur die in unfassbar schlechtem Zustand befindlichen Gehwege in meinem Wohnviertel, wo durch das Autowachstum manchmal nur noch alleine gegangen werden kann, weil es zu zweit schon zu knapp ist – und wo kein Mensch im Rollstuhl oder Rollator unterwegs ist, weil die Qualität der Wege unpassierbar ist. Eine der wichtigsten Regeln im Buch zum Fußverkehr ist »Tempo braucht Raum«. Damit alle sich sicher bewegen können, müssen denen, die schnell und mit einer Stahlkapsel unterwegs sind, umfassend Räume im Öffentlichen gegeben werden, also in einem Raum, der zuvor allen gehörte.

Dadurch werden automatisch die Schwächsten zurückgedrängt, die sich ja vermeintlich auch – weil langsam und ohne Hilfsmittel unterwegs – mit wenig Raum zufriedengeben. Doch ist das auch effizient? »Individuelle Verkehrsmittel in der Stadt sind nur dann effizient und leistungsstark, wenn sie nicht zu schnell sind und wenn mit ihnen ein Mensch wenig Platz braucht. Langsame Verkehrsteilnehmer müssen viel weniger Abstand zueinander halten und können kleinere Lücken nutzen. Sie müssen ihr Tempo viel weniger fürs Abbiegen senken und kommen auch bei hoher Dichte fast immer nach intuitiver Verständigung umeinander herum.«[14] So kommen in einer Stunde 917 Menschen in Autos, 1976 Menschen auf Rädern, 2884 Menschen zu Fuß und 6000 mit dem Bus oder der Bahn über eine Kreuzung.

Julia Erdmann habe ich aus der Ferne bei mehreren Projekten als Gestaltende wahrnehmen dürfen, aber vor allem auch als eine Person, die in sich interdisziplinäres Denken und Handeln vereint und damit genau das, was wir benötigen, um die Autoräume für uns Menschen zurückzuerobern. Ihr Wirkenskern: Möglichst viele der Menschen an den Tisch der Entscheidungen bringen, die in diesen Räumen später mal leben werden oder schon leben.

»In den letzten 25 Jahren während meines Wirkens als Architektin und auch schon im Architektur- und Stadtplanungsstudium habe ich mich gewundert, dass am Anfang von Stadt- oder Bauprojekten die entscheidende Frage weder gestellt noch beantwortet wird: ›Wie wollen wir an diesem Ort miteinander leben?‹ Eine große Lücke. Deshalb habe ich 2017 JES gegründet. Und das S in JES ist das Wichtigste – es steht für SOCIALTECTURE, für das Zusammenspiel von Social Life und Architecture. Ich bin dankbar, dass ich diesen Begriff ge- und erfunden habe.

Aus Socialtecture-Perspektive betrachten wir natürlich auch die Mobilität, immer aus dem Blickwinkel der alltäglichen, lebensnahen Nutzung. Wie bewegen wir uns an dem

Ort, und wie bewegt uns der Ort (Social Life)? Und welche baulichen Strukturen brauchen wir dafür (Architecture)?

In vielen Projekten binden wir Nutzer:innen mit co-kreativen Methoden in den Planungsprozess ein. Ein Beispiel ist die Entwicklung eines Masterplans Mobilität mit der Stadt Münster. Dort haben wir einen Ideensprint mit Schüler:innen gemacht.

Wie sehen Menschen die Stadt, die noch keinen Führerschein haben? Die, die planen und entscheiden, betrachten die Stadt selbstverständlich mit dem Führerscheinwissen, aber die Schüler haben keine Ahnung von der Straßenverkehrsordnung. Und dass die Welt aus dieser Perspektive eine völlig andere ist, war sehr überraschend für die Erwachsenen. Auch zu hören, welche Mobilitätsorte in der Stadt aus Perspektive der Jugendlichen sich nicht ausreichend sicher anfühlen, hatten die Planenden so nicht auf dem Schirm.«

In der Entwicklung, die Nordhorn genommen hat, kommen viele Aspekte zusammen, die zeigen, wie facettenreich und verschlungen die einzelnen Ursachen von Autozentrierung sind – aber auch, dass es bei entsprechender politischer Einflussnahme gelingen kann, das System im besten Sinne auf den Kopf zu stellen.

Das Spannende an der Arbeit von Thimo Weitemeier als Stadtbaurat ist seine Fokussierung auf das »Innen« seiner Stadt. Er trat seine Stelle mit dem festen Vorsatz an, nur im Innenbereich weiterzuentwickeln, Brachflächen aufzufinden und zu bebauen und somit das zu unterbinden, was leider täglich noch geschieht.

»Tagtäglich dehnen sich die Siedlungs- und Verkehrsflächen mit zuletzt 58 Hektar weiter aus, und jeder Hektar, den wir der Natur entziehen, beschleunigt den Klimawandel. [...] Dies ist nur ein Beispiel, das verdeutlicht, weshalb wir unsere Städte zwingend nach innen entwickeln müssen, auch weil wir dort weniger Grundstücksfläche pro Kopf verbrauchen

LEISE:
Ich kann die Vögel zwitschern hören.

FLIRTFAKTOR 100:
Wer lernt schon Menschen im Stau kennen?

BEFREIT:
Ich muss nicht tanken oder aufladen!

TRAINIEREND:
Hilft mir, fit zu bleiben (bei regelmäßiger Benutzung)!

PRAKTISCH:
Vieles kann ich selbst reparieren (oder meine hilfsbereite Nachbarin).

ÜBERSICHTLICH:
Weniger Teile als ein Elektroauto.

SCHNELL:
Ich stehe ja nicht im Autostau oder stecke im Parksuchverkehr. Direkt von Tür zu Tür!

AUGENKONTAKT:
Die Geschwindigkeit des Fahrrades erlaubt die Verständigung mit anderen im Verkehrsraum.
MENSCHLICH:
Die Mobilität entspricht dem, was unsere Sinne und Muskeln zu leisten in der Lage sind.
SPARSAM:
Ausgezeichnetes Preis-Leistungsverhältnis!
RÜCKSICHTSVOLL:
Keine Abgase, kaum Mikroabrieb, wenig Ressourcen, wenig Platzbedarf.
GERECHT:
Ein Rad nimmt wesentlich weniger Platz ein als ein Auto.
PARKBAR:
Du findest immer einen Parkplatz.

als in ländlich geprägten Räumen. [...] Mit der Suburbanisierung und Flexibilisierung der Arbeitswelt sind die Pendeldistanzen stark angestiegen. Der Weg zur Arbeit beträgt heute im Bundesdurchschnitt 16 km, die meistens im Pkw zurückgelegt werden. Daher wurde und wird viel Fläche für den Straßenbau verbraucht. Je höher der Bildungsgrad, desto höher ist im Übrigen der durchschnittliche Weg zur Arbeit. Die Intelligenz, die es eigentlich besser wissen müsste, wohnt offenbar gern im Speckgürtel.« Nordhorn liegt jetzt bei 40 Prozent Radverkehrsanteil. »40 Prozent des Weges sind wir bereits gegangen«, fasst Thimo Weitemeier zusammen. »In der politischen Diskussion sage ich immer, Radverkehrsförderung ist sowieso das Gebot der Stunde aus ökologischen Gründen. Aber es ist auch gesund. Und es ist sozial gerechter, weil die Anschaffungskosten für ein Fahrrad ganz andere sind als für ein Auto und damit der Zugang zu sozialer Teilhabe niedrigschwellig möglich ist.«[15]

Vielleicht ist Nordhorn so etwas wie die »Niederlande« Deutschlands. Wobei Nordhorn die Veränderung sehr viel friedvoller gestaltet, als das in unserem Nachbarland der Fall war. Denn wie immer, wenn es um radikale Veränderungen geht, romantisieren im Nachhinein Menschen die Prozesse der Aushandlung, die in der Gesellschaft stattfanden, um einen neuen Fokus zu setzen. Das, was wir bis heute akzeptieren, vielleicht sogar als eine Art natürlicher Todesursache, gab in den 70er Jahren bei unseren Nachbar:innen Anlass für Straßenkämpfe und generationsübergreifenden Protest.

Transformation der Mobilität

Immer wieder vergessen werden die drei »V« der Mobilitätswende, die auch eine Hierarchie enthalten:

Vermeiden, verkürzen.
Verlagern.
Verbessern.

Ich werde nicht müde, immer wieder einige Fakten zu wiederholen, die in ihrer Konsequenz für mich kaum noch auszuhalten sind, aber auf keinerlei Reaktion in Politik, Industrie und Gesellschaft zu stoßen scheinen. Irgendwas ist dran am privaten Pkw, dass er so sehr unsere Verdrängungsmechanismen anspringen lässt.

Wir haben steigende Emissionen im Verkehrssektor.

Wir haben steigende Zulassungszahlen bei den Pkw, immer mehr davon sind Dienstwagen, sie werden immer größer, werden immer weniger bewegt, mit immer weniger Menschen an Bord. Bräuchte es aktuell nicht noch eine Person, die den Pkw lenkt, wären die Autos wohl schon ohne Besatzung unterwegs.

In Zeiten der multiplen Krisen ist ein »Weiter-so« unmöglich. Wir brauchen von allem weniger. Weniger Ressourcenfraß, weniger Zersiedelung, weniger Emissionen, weniger Mikroplastik, weniger Lärm. Denn das CO_2 ist zwar gerade das treibende Detail, auf das wir starren, um die Klimakatastrophe abzumildern, aber es gibt noch sehr viel mehr Details, die auch ohne Klimakatastrophe eine Mobilitätswende unabdingbar machen.

Das heutige Verkehrssystem ist weder sozial noch klimagerecht.

Die Gründe, das private Auto nicht loslassen zu können, mögen vielfältig und im privaten Bereich sogar durch mangelnde Alternativen, fehlende Sicherheit, Barrierefreiheit und Bezahlbarkeit begründet sein. Fakt ist: Wir müssen ran an den Verkehrssektor, in dem das Auto über 60 Prozent des CO_2 verantwortet. Schon viel zu lange haben wir das versäumt – trotz aller Fakten, die uns dazu bekannt sind –, Wahlfreiheit und Gesundheit als Doktrin unserer Mobilität zu setzen, weil diese beiden Faktoren nun mal keine Autos verkaufen. Nun bringen uns verschiedene weltweite Krisen an den Punkt, etwas ändern zu müssen – und wir sind dazu immer noch nicht in der Lage? Vorfahr:innen von uns haben ein völlig zerstörtes Deutschland wiederaufgebaut. Warum sollte es uns dann nicht gelingen, die durch Autozentrierung zerstörten gesunden Räume wiederherzustellen? Wir sind schon ziemlich weit in diese Sackgasse gefahren, ich hoffe, dass wir gemeinsam noch vor der Wand bremsen und anerkennen, dass die Entgiftung des Verkehrsbereichs nur gelingen wird, wenn wir die Faktoren Effizienz, Konsistenz und Suffizienz anwenden.

Effizienz. Hier geht es um Verbesserungen zwischen Ressourceneinsatz und der durch diesen ermöglichte Mobilität. In der Vergangenheit hat dieser Ansatz leider immer dazu beigetragen, dass Reboundeffekte eingetreten sind, die in Summe manchmal sogar dafür sorgten, dass mehr Energie verbraucht wurde. So ist auch ein elektrischer Antrieb eines Pkw der richtige Ansatz, weil er autark von fossilen Brennstoffen macht und die CO_2-Bilanz lokal verbessert. Wichtiger ist jedoch, statt der Antriebswende eine echte Mobilitätswende anzustreben.

Konsistenz ist wichtig. Es gilt die Vereinbarkeit von Natur

und Technik genauer zu betrachten, die Verlagerung von Flug auf Zug, von Auto auf Fahrrad im Fokus zu haben. Hierfür wäre es wichtig, dass die klimagerechte Lösung die bequeme, verfügbare und günstige ist, damit Menschen der Umstieg leichtfällt. Ein erster Schritt könnte die Internalisierung von Folgekosten und ein CO_2-Preis sein sowie der Wegfall aller fossiler Subventionen und Privilegien des Autos. So wird beispielsweise versucht, negative ökologische Auswirkungen des Straßenverkehrs durch den Einsatz biogener Treibstoffe zu unterbinden. Da Konsistenz-Maßnahmen keinen Konsumverzicht erfordern, erfreuen sie sich meist großer Akzeptanz. Oftmals scheitern diese Ansätze aber an der technischen Machbarkeit oder an mangelnder Wirtschaftlichkeit.[16]

Den größten Anteil an den gewünschten Effekten von Dekarbonisierung bis Ressourcenschonung ist jedoch das Maßhalten mit unserer Mobilität, die in den letzten Jahren völlig eskaliert ist. Zwar ist die Zahl der Wege pro Tag seit Menschengedenken konstant, durch das Auto haben sich jedoch die Weglängen maximiert. Das Ziel einer ressourcenschonenden Lebensweise liegt innerhalb der planetaren Grenzen, die wir meist schon im ersten Halbjahr jeden Jahres verbraucht haben. Da hier die Veränderung von Mobilitäts-Routinen notwendig ist, ist der wirksamste Part der Mobilitätswende zugleich der schwerste, weil dieser nur durch regulatorische Maßnahmen erfolgen kann. Denn nur das Schaffen von Angeboten wird die Veränderung nicht begünstigen. Viele der ausgewählten nun folgenden Beispiele zeigen, wie viel Verbesserung gerade auch auf dem Land zu erreichen ist. Zum Beispiel durch eine Idee von Andreas Knie: Das »Roaming-Modell« für die Bahn.

»Ein erfolgversprechendes Regulierungs- und Marktdesign für den öffentlichen Verkehr könnte – in Analogie zum ab

1990 entstandenen Mobilfunkmarkt und zum dort mittlerweile etablierten Roaming-Prinzip – so aussehen:

Der integrierte Schienenverkehrsbetreiber ist für alle operativen Tätigkeiten verantwortlich. Die neue Bahn konzentriert sich lediglich auf den deutschen Schienenverkehr. Die Leistungen werden von Bund und Land gemeinsam definiert und von der neuen Bahn ausgeführt.

Die neue Bahn verfügt über keine Endkunden und auch keinen Vertrieb, sondern ist lediglich Systembetreiber. Unternehmen können daher die Leistungen der Bahn einkaufen und über einen eigenen Vertrieb an Endkunden vermarkten. Wenn die gemieteten Fahrzeuge beziehungsweise Leistungen in Quantität und Qualität nicht stimmen, dann werden Strafen fällig.

Die eingekauften Bahnleistungen sind in den Preisen zwar grundsätzlich gleich, abhängig vom Verhandlungsgeschick und/oder von den eingekauften Mengen sind Rabatte möglich. Großabnehmer kaufen günstiger ein und können damit natürlich auch bessere Konditionen für Endkunden herausholen.

Unternehmen mit bereits großer Kundenzahl und einer etablierten Vertriebs- und Marketingkompetenz haben durchaus auch Startvorteile. Bahnleistungen könnten damit Teil einer ganz neuen Dienstleistungsoffensive und mit anderen Produkten kombiniert werden. Kleine Unternehmen dagegen sind kreativer und haben geringe Markteintrittshürden.

Die Vermarkter der Bahnleistungen haben in einem dazu eingerichteten Beirat auch Mitspracherechte bei der strategischen Entwicklung der Bahn und der Frage, wann und wo investiert und modernisiert werden soll.

Wie Bahnleistungen dann tatsächlich aussehen, wo welche Kapazitäten mit welcher Qualität angeboten werden, entscheiden damit der Bund, die Länder sowie die Vermarkter der Leistungen. Die Vermarkter sind dann selbst dafür verantwortlich, wie die Gäste zu den Haltestellen kommen und wie zurück – der Grad an intermodaler Qualität ist damit eine Angelegenheit unternehmerischer Kunst und wird nicht mehr von operativen Zwängen gebremst.«

Die Dinge, die uns in der Stadt im Übermaße geboten werden, weil hier kapitalistisch arbeitende Unternehmen Gewinne erwarten, müssen dahin, wo Lücken in der Mobilitätskette heute noch Menschen vom Ausstieg aus dem Auto abhalten. Aber nicht im Sinne einer gewinnorientierten Angebotslandschaft, sondern im Sinne der Daseinsvorsorge, die im Grundgesetz festgeschrieben ist. Da immer wieder der Vorwurf im Raum steht, dass sich Menschen beim Mobilitätswandel nur um urbane Räume kümmern und vom Land keine Ahnung haben, da behauptet wird, dass der ländliche Raum ohne privaten Autobesitz undenkbar sei, widme ich genau dieser Region vertiefend die nächsten Etappen meines Buches. Denn – Sie ahnen es – viele von diesen Annahmen entsprechen nicht der Realität, sondern dem, was Politik und Industrie zum einen geschaffen, zum anderen aber auch in unseren Köpfen verankert haben. Ich habe große Hoffnung, dass, wenn Sie die Hintergründe kennen, Sie gemeinsam mit mir dafür Sorge tragen werden, dass gerade auch im ländlichen Raum die Mobilitätswende endlich beginnt. Bedeutet diese doch, bis ins hohe Alter dort wohnen und sich selbst versorgen zu können, wo Sie sich im Lebensmittelpunkt niedergelassen haben. Ich habe große Lust, genau diesen Kick-off mit Ihnen zu gestalten, habe ich doch 2023 zwei Drittel meines Lebens autoabhängig im ländlichen Raum bei meinen Eltern verbracht – und das Gegenteil von Freiheit empfunden.

Lassen wir Mobilitätsforscher Andreas Knie noch mal zu Wort kommen: »Wir haben uns im ländlichen Raum einen entfernungsintensiven Lebensstil angewöhnt, der Wohn- und

Arbeitsort weit auseinanderriss. Die Schiene, der Reisebus war eine super Erfindung, aber nach dem Auto konnten wir von Tür zu Tür fahren. Wenn wir kein Angebot bekommen, das das auch kann, werden wir scheitern. Wir sind gescheitert. Die Idee, man muss nur ein vernünftig flächendeckendes Schienennetz bauen und dann noch so ein bisschen Plus-Reisebus-Angebote, das funktioniert nicht. Über 90 Prozent der Fahrgäste im ÖPNV sind Schüler und Auszubildende. Allen anderen fehlt vor allem die letzte Meile. Die kann man mit Autos machen, mit Shuttles – und mit digitalen Plattformen. Denn das ›Ich drücke auf eine App, und da kommt was‹, das in der Stadt gut funktioniert, geht auch auf dem Land! Jedes private Auto kann in Sekundenschnelle zu einem Bus umfunktioniert werden. Das eigentliche Problem im ländlichen Raum besteht darin, dass jeder ländliche Raum seine eigene Lösung angestrebt hat. Und deshalb sind alle kleinteilig gescheitert. Das zweite ist, dass die Regulierung Lösungen wie das Mitnehmen von anderen verbietet.«

Jacob Spanke wiederum weist darauf hin, dass die 90 Prozent Pkw, die in der Stadt ungenutzt stehen, auch im ländlichen Raum existieren. Das bedeute, dass man auch dort ein gut funktionierendes bundesweites Carsharing-System anbieten könne.

Hier gibt es – zwar nicht immer mit Autos im Privatbesitz – so aber doch schon viele ländliche Modelle, die nachgeahmt werden können. So erkannte z. B. die Akademie für die ländlichen Räume Schleswig-Holsteins e. V. schon 2017 die Notwendigkeit geteilter Automobilität und entwickelte das landesweite Kooperationsprojekt Dörpsmobil SH. Die Basis sind die mehr als 30 Dörpsmobile in Schleswig-Holstein, die ihren Einwohner:innen vereinsbasiert oder über die Gemeinde E-Carsharing, in der Regel ehrenamtlich betrieben, zur Verfügung stehen.[17] Einfach mal »Carsharing Ländlicher Raum« in die Suchmaschine Ihrer Wahl eingeben. Sie werden erstaunt sein, wie viele Angebote es schon gibt, die aber leider vereinzelt und nicht gebündelt unter einem gemeinsamen Dach auftreten. Es gibt den Handlungsleitfaden »Kooperative Mobilitätsprojekte im ländlichen Raum«[18] vom Fraunhofer-Institut für Arbeitswirtschaft und Organisation IAO, aus dem vorbildhafte Projekte entnommen werden können. Von automatisierten Bürgershuttles, über Carsharing und Ladeinfrastruktur für automobile Elektromobilität ist der Reigen sehr vielfältig. Und der Bundesverband Carsharing hat einen Leitfaden, den Sie nutzen können, wenn Sie selbst Carsharing in Ihrer Region etablieren wollen.[19]

Mareike Rauchhaus vom Radsharing-Anbieter nextbike weist in Bezug auf die Anbindung des ländlichen Raumes auf einen weiteren Punkt hin: Dort, wo man nicht die Dichte an privatwirtschaftlichen Mobilitätsangeboten wie in den Metropolen hat, brauche es eine intensivere öffentliche Subventionierung dieser. Und wenn man dem oftmals durch die Pendler:innen verursachten Stau etwas entgegensetzen will, dann brauche es dort eben auch Bikesharing, gern mit E-Bikes. Es brauche natürlich parallel dazu Infrastruktur, ganz konkret sichere Fahrradwege.

Anja Sylvester ist seit 2017 Geschäftsführerin der LaLoG LandLogistik GmbH. Die kümmert sich um die Verknüpfung von öffentlichem Personenverkehr, ob Bus oder Schiene, mit den Logistikdienstleistern oder Gewerbefahrenden, um besonders dem ländlichen Raum eine bezahlbare Logistik auf Basis von Restladeflächen zu ermöglichen. »Multimodale Logistik für den ländlichen Raum nämlich dort, wo die letzte Meile nur schwer zu finanzieren und zu organisieren ist. Wir dürfen den ländlichen Raum nicht mehr einfach abhängen. Er darf nicht weiter geschwächt werden«, sagt Anja. Leider stelle sie immer wieder fest: Die größte Kreativität gebe es anscheinend nur in der Krise – und da befänden wir uns jetzt. Das sei auch der Auslöser, den »guten alten« Postbus-Ansatz wiederzubeleben. Dieser Postbus übernahm im ländlichen Raum bis zu Beginn der 1970er Jahre sowohl Personenbeförderung als auch die Gütermitnahme, dann fiel er der Systemtrennung zum Opfer.

»Mit der Infrastruktur, die der Personenverkehr mitbringt, kann man noch andere Dinge tun. Am Bahnhof lässt sich das Paket auf dem Nachhauseweg mitnehmen, an der Haustür durch das Lastenfahrrad abgeholt, um mit dem Linienbus, ja sogar mit der Regionalbahn auf den Weg gebracht zu werden. Weil man inzwischen digital werden kann, wird eine neue Transparenz über freie Restkapazitäten möglich. Da steckt Musik drin, um regionale Wertschöpfung anzuschieben, Arbeitsplätze zu schaffen und zu sichern.

Wir haben viele ungenutzte Ressourcen auf der Schiene und auf der Straße – sowohl im Personen- als auch im Güterverkehr. Sie gemeinsam zu denken, zu planen, umzusetzen und digital zu organisieren wird uns bereits in einem ersten Schritt eine nachhaltige Maßnahme zum Thema Verkehrswende bescheren, bis wir die optimale Antriebstechnologie gefunden haben.«

Ein Verkehrsmittel, das große und vor allem schnelle Veränderungskraft hat und fast von selbst skaliert (denn Förderung in Sachen Geld und eigene Infrastruktur fehlen und können das Wachstum somit nicht begründen), ist das Fahrrad.

Die britische Autorin und Fahrradaktivistin Hannah Ross sagt: »Die Zeit ist mehr als reif für eine Geschichte des Radfahrens aus der Sicht von Frauen. Es ist eine Geschichte für uns alle: für diejenigen von uns, die heute auf dem Rad sitzen und sich fragen, warum das Radfahren nicht so vielfältig ist, wie es sein sollte.«[20]

Eine Frau, die wie wohl keine andere die Radgesellschaft in Deutschland prägt, ist Ulrike Saade, Gründerin und Co-Geschäftsführerin der Velokonzept GmbH. An ihrer Lebensgeschichte lässt sich ablesen, dass auch die Branche selbst Teil des Problems war, in die Bedeutungslosigkeit abzurutschen. Waren Fahrräder in den zwanziger Jahren des 20. Jahrhunderts bis in die Nachkriegszeit hinein doch enorm bedeutsam für die Alltagsmobilität vor allem von Menschen ohne große Haushaltseinkommen. Aber auch die führenden Köpfe dieser Branche unterwarfen sich dem Auto im Kopf.

»Ich sollte Beamtin auf Lebenszeit werden, dachte, das kann nicht alles gewesen sein, und habe mich beurlauben lassen. Ich habe mein Auto verkauft, und dann ging's bei mir los mit dem Fahrrad. Seit 1980 leben mein Mann und ich ohne Auto – und unser erwachsener Sohn ebenso.« Sie könne sich heute noch ein wenig an dieses Gefühl erinnern, wenn das Auto vor der Tür stehe und man wisse, jederzeit überall hinfahren zu können. Das aber finde sie mittlerweile egoistisch und absurd – das sollte den Menschen und Situationen vorbehalten sein, die das Auto wirklich brauchen. Für sie sei es Lebensqualität und auch ein Gefühl von Freiheit, ohne Auto leben zu können – auch wenn es mal länger dauern sollte oder auch mal unbequemer sei, raus aufs Land zu kommen.

Ihre »Fahrrad-Karriere« begann so: »In Westberlin hatte gerade ein alternativer Fahrradladen mit Planungsbüro und Verlag aufgemacht, das FahrradBüro. Mehrere junge Männer, die Ende der 1970er Jahre in der Bürgerinitiative Westtangente gegen eine Stadtautobahn in Westberlin engagiert waren, hatten es gegründet. Mit dem Ziel, in der Stadt mit guten Fahrrädern und Zubehör eine Alternative zum Auto anzubieten – mit Selbsthilfe, Reparaturen und Fahrradtechnikkursen. Im Verlag wurde ein Fahrradatlas für Westberlin herausgegeben. Das Ganze funktionierte als Kollektiv – gleichberechtigt, ohne Hierarchien. Da wollte ich hin, und sie haben mich genommen!«

Von Anfang an habe man gute Produkte rund ums urbane Radfahren gesucht. Beim Rennrad gab es schon gute Produkte, Fahrradrennen, Sponsoren. Aber das urbane Fahrrad wurde in Deutschland nur billigst produziert. »Deshalb sind wir nach Holland gefahren, haben in Frankreich geguckt, in England, wo es gute Produkte gibt, und haben uns dann auch mit den anderen Läden ausgetauscht.« Gesucht wurde vor allem nach einem stabilen, leichten, ästhetisch schönen Fahrrad – und war das nicht zu finden. Also sei die Idee entstanden, eine eigene Fahrradmanufaktur zu gründen. 40 Läden hätten das Startgeld dafür zusammengeschmissen.

Ulrike wundert es, dass viele Akteur:innen der Fahrradbranche selbst nicht die Potenziale des Fahrrads gesehen hätten. »Auf Fahrradmessen oder Branchentreffen haben sich die Entscheider – ja, es waren fast nur Männer – in den Pausen oft über ihr neues Auto unterhalten. Ich hatte das Gefühl, die sind irgendwie depressiv, dass sie es nicht in die Autobranche geschafft haben. Ich warte schon seit 40 Jahren auf die Verkehrswende. Nicht zu fassen, wie wenig Veränderungen wir bei der Infrastruktur erreicht haben – heute noch die gleichen Kämpfe wie vor mehr als 40 Jahren. Radfahrende werden als ›ideologisch‹ beschimpft, und Autofahren soll angeblich ›pragmatisch‹ sein.« Sie hofft, dass sich der überraschende Effekt vom »Rauchverbot in Kneipen und Restaurants« auf »Autos raus aus der Stadt« überträgt. »Es ist zumindest genauso sinnvoll und lebensqualitätssteigernd!«

Dem würde ich tatsächlich auch gerne mal nachgehen. Denn es geht ähnlich emotional zu wie zu den Zeiten, da aus Gründen des Nichtraucherschutzes ein Verbot in Kneipen und Gaststätten ausgesprochen wurde. Der Untergang der Gastronomie wurde befürchtet. Heute kann sich kein Mensch mehr vorstellen, dass sogar bei Ärzt:innen mal Aschenbecher standen. Es gibt Menschen mit einem Dutzend Fahrräder zu Hause, das ist dann ähnlich weit weg von Alltagsmobilität, wie es die Automobilität ist. Auch hier müssen neue Gedanken von Ressourcenschonung und Kreislaufwirtschaft ins System.

Niederländer:innen und Skandinavier:innen staunen zudem oft nicht schlecht, wie überdimensioniert sportlich manche von uns ihre Alltagsräder kaufen. Ich komme gerade zurück von einem Vortrag bei der Deutschen Bahn, wo mich im Anschluss auch ein Herr fragte: »Ist nicht das eigentliche Problem diese Fixierung auf Geschwindigkeit, in allen Systemen der Mobilität? Brauchen wir da vielleicht im wahrsten Sinne des Wortes eine Politik, die einen Gang runterschaltet?« Ich denke: Ja. Natürlich ist es attraktiv, schnell von München nach Hamburg zu kommen, ohne umzusteigen. Aber die Masse der Menschen pendelt zum Beispiel zur Arbeit nicht diese weiten Strecken, der Durchschnitt liegt hier recht konstant zwischen 30 bis 40 Kilometern. Solche Strecken wären hervorragend für regionale flächendeckende Bahnsysteme geeignet, die zuverlässig Ober- und Mittelzentren bestimmter Regionen verbinden. Auch Shared-Bike-Systeme haben mit diesem Gedanken angefangen, Menschen vom Zug kommend auf das Rad zu bringen. Die letzte Meile zur Haltestelle Bahnhof zu schließen. Das hat sich seit der Pandemie verschoben.

Und mal ehrlich: Bei dem Rollmaterial der Bahnen, das wir angeschafft haben und über Jahrzehnte lang nutzen werden, kann nicht jeder Mensch sein eigenes Rad mitnehmen. Das ist im System schlicht nicht vorgesehen. Muss es ja auch nicht, wenn an kleinen bis großen Bahnhöfen oder auch großen Knotenpunkten von Bussystemen Leihräder zur Verfügung stehen. Gerade im ländlichen Raum kann sich das zum echten Systemwert von Mobilität ohne eigenes Auto entwickeln.

»Um 1950 wurden in Westdeutschland mehr als eine Million Fahrräder produziert. Die Siedlungsräume um Bielefeld und Cloppenburg entwickelten sich zu Fahrrad-Industriegebieten. Allerdings hielt der neue Fahrradboom nicht lange an, denn Motorräder und Autos wurden zu erschwinglichen Verkehrsmitteln. Den Tiefpunkt erreichte in Deutschland die

Entwicklung in den 1960er- und 1970er-Jahren mit der Ideologie […] ›autogerechten Stadt‹, für die überall Fahrbahnschneisen durch die Innenstädte geschlagen wurden.«[21]

Sie erinnern sich? Andreas Røhl von Gehl Architects stellte die Frage, ob die Radindustrie zu billig sei in ihren Ansprüchen und keine Lobbymacht aufweisen könne. Ein Mensch, der dieses Vakuum gefüllt hat, ist Wasilis von Rauch mit dem Wirtschaftsverband Zukunft Fahrrad. »In der Verkehrspolitik wird das Fahrrad heute eher belächelt. Völlig zu Unrecht! Denn der deutsche Markt ist der umsatzstärkste Fahrradmarkt der Welt. 30 Millionen Menschen fahren in Deutschland regelmäßig Fahrrad. Tendenz steigend. Allerdings passiert dieser Trend trotz und nicht wegen der guten Bedingungen. Beim letzten ADFC-Klimatest haben sage und schreibe 70 Prozent der Radfahrenden das Stressempfinden im Verkehr mit der Note ausreichend oder schlechter bewertet. Ist es nicht unfassbar, dass das so wenig Aufmerksamkeit erzeugt? Hat nicht jede:r das Recht, sich wohl und sicher zu fühlen, egal, ob im Auto, Bus, Bahn, zu Fuß oder auf dem Rad? Wieso ist es nicht mal der Anspruch, dass wir für Kinder überall sichere Radwege zu Schulen haben? Wo stünden wir, wenn Radfahren sich überall einfach und entspannt anfühlen würde?«

Mit über zwei Millionen verkauften E-Bikes machten diese 2022 fast die Hälfte aller gekauften Fahrräder aus. Im gleichen Jahr waren 1,7 Millionen der 2,6 Millionen in Deutschland produzierten Fahrräder jene mit elektrischem Antrieb. Ebenfalls in diesem Jahr wurden 212 800 Lastenräder verkauft, was verdoppelte Absatzzahlen innerhalb von zwei Jahren bedeutet, aber auch, dass – so überhaupt vorhanden – herkömmliche Radwege nicht zukunftsfähig sind. Nicht nur der Fahrradverkehr an sich nimmt enorm zu, sondern auch die Vielfalt der genutzten Räder, sowohl in Geschwindigkeit als auch in Breite. Umso wichtiger ist es, hier für eine solide und sichere Radinfrastruktur zu sorgen, in Netzen zu denken, um z.B. das berufliche Pendeln zu ermöglichen. Das Fahrrad muss im wahrsten Sinne die Stadt verlassen und auch auf dem Land seine Kraft entfalten dürfen. Dies ist ohne sichere Radwege jedoch unmöglich.

Vor allem, wenn das Rad systemisch als Teil des Nahverkehrs gedacht wird und Sharingstationen eben nicht nur in der Stadt angeboten, sondern auch im ländlichen Raum etabliert werden, um den Weg von und zum Bahnhof oder der Haltestelle zurückzulegen, ohne das eigene Rad mit in die Bahn nehmen zu müssen. Mareike Rauchhaus ist Head of Communications and Public Policy bei nextbike, einem der großen weltweit tätigen Anbieter:innen von Sharing Mobility.

»Köln ist ein super Beispiel für ein deutsches System. 2014 haben wir das im Auftrag der Kölner Verkehrsbetriebe gestartet. Von Anfang an wurden die Abonnent:innen als Zielgruppe mitgedacht. Die Kund:innen, also der gesamte Verkehrsverbund Rhein-Sieg (VRS), bekommen die erste halbe Stunde von jeder Fahrt kostenlos. Das passt dann auch für die Pendler:innen. Nahtlos von der Bahn, dem Bus, ohne ein Ticket zu ziehen, kannst du mit der App einfach aufs Rad springen. Das ist so geschmeidig. Wir haben in Köln ein hybrides System mit einer Flexzone, wo man flexibel ausleihen und zurückgeben kann, also stationsungebunden, kombiniert mit Bereichen, wo du nur an bestimmten Straßen und Stationen zurückgeben kannst. In den Außenbezirken ist die Ausleihe/Rückgabe nur an Stationen möglich. Mehr als 60 % aller Ausleihen werden von ÖPNV-Abonnent:innen getätigt. Wir haben bei 3000 Fahrrädern durchschnittlich 5 Ausleihen pro Rad pro Tag.

Ein weiteres Beispiel für das Potenzial von Multimodalität im ÖPNV ist die Female Mobility: Die typische Wegekette von mehrheitlich Frauen (bzw. den Menschen, die Kinder, Hund, Großeltern, Einkauf, Socializing und Job unter einen

Hut bringen müssen) ist oft in kleinere, kürzere Wege gesplittet, da bietet sich anstelle des Zweitwagens ein Abo mit verschiedenen Verkehrsmitteln super an. Außerdem macht die Wahlmöglichkeit des Fahrrads oder E-Scooters den ÖPNV auf der sogenannten letzten Meile auch sicherer, so kann ich von der Haltestelle zügig nach Hause, anstatt durchs Dunkle zu laufen.

Heute weiß die Mehrheit, was ein Bikesharing-System ist. Ich denke, wir haben eine große Rolle bei dieser Entwicklung gespielt. Städte, in denen jahrelang niemand Fahrrad gefahren ist, haben sehr schnell eine kritische Masse an Radfahrer:innen hervorgebracht, und parallel dazu haben die Stadtverwaltungen begonnen, die Infrastruktur für Radfahrende zu optimieren und neu zu bauen. Die privaten Fahrradnutzer:innen folgten den Bikesharing-Nutzer:innen. Da sind unglaubliche Synergieeffekte. In Kombination mit Bus und Straßenbahn ist das öffentliche Bikesharing ein effizientes Instrument zur Steigerung des Radverkehrsanteils im Rahmen der Verkehrsverlagerung. Das sieht man an gerühmten Vorbildern wie Paris, wo die Leute vor über zehn Jahren mit dem öffentlichen Bike-Sharing das Radfahren regelrecht wieder neu erlernt haben und jetzt einen Radverkehrsanteil von über 37 % feiern können.

Wir brauchen natürlich Infrastruktur, sichere Fahrradwege. Das gilt auch im ländlichen Raum. Denn wenn du auf einer Landstraße am bröckeligen Rand fahren musst, auf der schönsten Allee in Brandenburg, und die Autos hupend mit über 100 km/h vorbeirauschen, dann werden wir nicht viele Menschen auf das Fahrrad bekommen. So werden die Leute für läppische vier Kilometer von einem Dorf zum nächsten oder in die Stadt weiterhin das Auto nehmen, auch um ihre Kinder zu fahren, weil es mit dem Rad schlichtweg zu gefährlich auf der Straße ist.«

Alles, was kleiner als ein Auto und muskelbetrieben oder

elektrisch fährt – so lautet die Definition von »Mikromobilitäts-Papst« Mark Hoelling –, das ist Mikromobilität und ein zu Unrecht bis heute vernachlässigter Pushfaktor für die Mobilitätswende. Denn, das haben ja auch viele Details meiner vorherigen Ausführungen gezeigt, sehr viele Wege und Zwecke, für die heute noch ein Auto von über zwei Tonnen Gesamtgewicht angeschafft wird, könnten auch mit kleineren und elektrisch betriebenen Fahrzeugen bewältigt werden. Zudem sagt der Chef von eScootee:

»Mikromobilität ist die Spaßfraktion der Mobilitätswende mit Sympathie-Faktor.« Vor drei Jahren noch hätten Nutzer:innen von Bio-Fahrrad, Pedelec, Lastenrad, E-Scooter, E-Moped, E-Motorroller oder Microcar über die jeweils anderen Lager geschimpft. Doch jetzt gebe es so etwas wie ein neues Miteinander mit dem Ziel, zusammen den Autoverkehr in Städten zu reduzieren.

»Als die E-Scooter-Sharing-Unternehmen in Deutschland aufkamen, wurden Sharing-E-Scooter und E-Scooter als Fahrzeugtyp immer in einem Atemzug genannt, so dass beides in der Vorstellung der Leute gleichgesetzt wurde. Das hat sich in Deutschland so in den öffentlichen, medialen und politischen Diskussionen festgesetzt. E-Scooter im Privatbesitz kamen überhaupt nicht in der Wahrnehmung der lokalen Politiker vor.«

Tatsächlich aber waren Ende 2022 schon dreimal so viele private E-Scooter unterwegs wie Sharing-E-Scooter. »Nach einem weiteren Jahr mit hohen Verkaufszahlen werden es zum Jahresende 2023 sicher mittlerweile wenigstens viermal so viele private wie Sharing-E-Scooter sein«, schätzt Mark. Und weil diese nicht im Weg herumstehen wie manche Sharing-E-Scooter, finden sie in der Diskussion nicht statt – weder inwieweit sie sinnvoll sind noch bezüglich ihres Beitrags zur Mobilitätswende und zum Autoersatz.

Aber was machen wir denn nun mit all den Autositzen, die

ohne Fahrgast durch die Gegend rollen? Auch hier scheint es doch, neben dem Umstieg auf Kleinstmobilität, noch viel ungehobenes Potenzial zu geben, das jetzt gehoben werden könnte? Wolfram Uerlich fiel schon an der Uni auf: Der Bus nach der Vorlesung ist überfüllt, die Autos, mit denen die Kommiliton:innen fahren hingegen haben viele freie Plätze. Hier entstand die Idee, diese Menschen mittels Technologie zusammenzubringen, Fahrgemeinschaften mittels einer App bilden zu lassen. Fahrgemeinschaft 2.0. »Die großen Arbeitgeber in Köln und Bonn fanden das cool. Auch die Stadtwerke waren begeistert und sind mit an Bord gegangen. Dennoch hat es bis 2021 gedauert, dass wir verstanden haben: Das Problem ist der Stadt-Land-Verkehr. Vom Ballungsgebiet in die Randgebiete fahren, wo zweimal am Tag Rushhour ist. Und als wir diesen Zielmarkt verstanden haben, da ging es wirklich durch die Decke, nachdem wir fünf Jahre gegen eine Wand gelaufen sind.

Bis August 2022 hatten wir in unserer Datenbank 1000 Einträge. Das heißt in fünf Jahren 200 Fahrten. Und jetzt machen wir 1500 im Monat in Deutschland. Das Modell Fahrgemeinschaften mit der Konzeption, wie wir sie machen, funktioniert in Deutschland.«

Wie in vielen anderen Dingen von der Besteuerung schwerer Autos und flächendeckenden Tempo-30-Zonen ist Frankreich uns auch bei diesem Aspekt der Mobilitätswende weit voraus. Seit dem 1. Januar 2023 gibt es ein sogenanntes »Carpooling-Gesetz« mit einem Fördervolumen von 150 Millionen Euro. Darin enthalten sind spezielle Fahrspuren nur für Autos von Fahrgemeinschaften, aber auch die bewusste Förderung regionaler Projekte. »Da greift der Staat den Kommunen unter die Arme und bezahlt die Hälfte der Projektkosten. Die größte Innovation dabei ist, dass Inhaber von ÖPNV-Monatsabos für Fahrgemeinschaften nichts bezahlen müssen. Fahrende erhalten im Schnitt 2 € pro Fahrt.

1 Euro davon zahlt beispielsweise Paris, 1 Euro zahlt der Staat.

Ein weiterer enormer Treiber ist der Zertifikatehandel. Anbieter von Emissionszertifikaten sind in Frankreich stark reguliert, müssen sich zertifizieren lassen. Diese können das, was ein Nutzer von Fahrgemeinschaften an Emissionen einspart, in den Zertifikatehandel einbringen. Von den Einnahmen müssen sie mindestens 100 Euro an neu registrierte Fahrer oder Fahrerinnen von Fahrgemeinschaften weitergeben. Ich finde das als liberalen marktwirtschaftlichen Ansatz gut, weil so Gelder aus dem fossilen Bereich in den nachhaltigen Bereich geschoben werden. Von Dezember auf März haben sich die Fahrgemeinschaften, die in Frankreich registriert sind, verdoppelt.«

So weit sind wir in Deutschland noch lange nicht, aber das Beispiel aus Frankreich zeigt deutlich, was möglich wird, wenn die richtigen Ansätze gesetzt werden. Steuerung von Mobilität ist möglich, wenn Autoprivilegien fallen und Privilegien für die Gruppen beschlossen werden, die sich zum Beispiel ein Auto teilen. Aber auch in Deutschland stoßen die Idee und das Angebot von Wolfram auf offene Türen, auch weil sich die Haltung in den Verkehrsunternehmen geändert hat. Ähnlich wie bei Bikesharing-Systemen, die Dritte betreiben, wird auch goFLUX mittlerweile nicht mehr als Konkurrenz, sondern als sinnvolle Erweiterung gesehen.

»Die Verkehrsunternehmen erhalten durch unser Angebot eine Netz- und Angebotserweiterung. Dadurch wird ihr Angebot attraktiver. In Deutschland haben wir Personenkilometer-Kosten im ÖPNV von 35 Cent im Schnitt. Ein Carpooling-Angebot wie unseres erzielt schon bei ein paar tausend Kilometern pro Jahr Personenkilometer-Kosten von 20 Cent. Ein Drittel weniger. Deswegen ist unser idealer Ansatz, zusammen mit Verkehrsunternehmen Fahrgemeinschaften für Pendler als Ergänzung in den Mobilitätsmix zu bringen. Wir gehen gemeinsam auf die großen Arbeitgeber zu. Lassen es an den Hauptarbeitgeberstandorten wachsen, als Nukleus, bis es in der ganzen Stadt verbreitet ist. Bei einem Unternehmen reichen uns 100 Mitarbeiter, damit mehr als 90 Prozent der Fahrtwünsche einen Vorschlag erhalten. Mit dem Deutschlandticket kannst du in den Kommunen, wo wir ein Verkehrsunternehmen als Partner haben, kostenlos Fahrgemeinschaften nutzen. Genauso wie in Frankreich. Und damit vereinen wir die Welten Pkw und ÖPNV zu einer.

Ich glaube grundsätzlich an die enorme Beschleunigung durch Technologie. Und ich hoffe, dass die Technologie dazu beitragen wird, dass wir sehr effizient reisen werden, sehr nachhaltig, sehr günstig, sehr komfortabel und auch sehr sicher. Die Gefahr ist aus meiner Sicht, wenn es Richtung autonome Fahrzeuge gehen sollte, egal, wann, dass wir, wenn die zehn Jahre erfolgreich im Markt sind, sagen: ›Ach war das schön, als wir einen Besetzungsgrad von 1,1 hatten.‹ Jetzt haben wir nur noch 0,5, weil die fahren die ganze Zeit ohne Passagiere. Und dann ist die Straße voller, und du hast am Ende das gleiche Problem. Ich glaube, es ist extrem wichtig, dass es staatlich in die richtige Richtung gelenkt wird.«

Transformation auf individueller Ebene

Einer meiner Herzensmenschen ist Tobi Rosswog, der es immer wieder bei persönlichen Begegnungen, aber auch Telefonaten schafft, mein Herz mit Zuversicht für viele Tage neu aufzufüllen. Er beginnt unser Gespräch mit einem ganz besonderen Blick auf die Bedeutung von Mobilität, der gern zum Nachdenken anregen darf: über Privilegien, Selbstverständlichkeiten, Abhängigkeiten und Möglichkeiten.

Tobi fasst zusammen: »Mobilität bestimmt mein ganzes Leben. Es ist ein großartiges Geschenk und das unglaubliche Glück, mit diesem kiloschweren Tumor auf die Welt gekommen zu sein und dann Ärzt:innen gefunden zu haben, die das so wunderbar operieren konnten. Und dann auch Eltern gefunden zu haben, die sagten, das schaffen wir, dass Tobi autonom ist und sich bewegen kann.« Sein Leben war immer auch beherrscht von der Frage, wie er mit seinen Einschränkungen mobil sein kann.

Alle zwei Jahre widmet sich Tobi, den viele vielleicht auch aus seinem Projekt kennen, ohne Geld zu leben, einer neuen Herausforderung. Die aktuelle liegt in der Hauptstadt der weltweiten Automobilität – in Wolfsburg. »Wir machen durch verschiedene kreative, immer strategisch eingebettete und inhaltlich kommunizierte, bunte, freche, manchmal subversive Aktionen möglich, dass ein automobiler Konsens, der hier sehr verankert ist, aufgebrochen wird. Im Januar 2023 erschien in der *Braunschweiger Zeitung* mit dem Kommentar ›Baut mehr Straßenbahnen‹ ein Loblied auf die Aktivist:innen. Die Redakteurin hat darin ihren eigenen Prozess reflektiert: Sie hielt uns erst für Spinner, die nach Straßenbahnbau rufen. Aber je öfter sie das gehört habe, desto phantastischer, großartiger und sinnvoller fand sie unsere Idee. Derlei Feedback erreicht mich immer öfter.

Ich finde es interessant, wenn es heißt, ein Konzept ist unrealistisch, obwohl es doch unrealistisch ist, so weiterzumachen wie bisher.« Es könnte laut Tobi ein kraftvolles Momentum sein, wenn gerade Niedersachsen vorangehe mit den über 80 000 Menschen, die in der IG Metall in Wolfsburg organisiert sind. Doch die Seilschaften in Wolfsburg seien schon unglaublich. Dabei könnte Wolfsburg, gerade noch Autostadt, einen richtigen Sprung machen und als Verkehrswende-Stadt vorangehen. »Wir haben hier 21 000 Forscher:innen, Entwickler:innen, Ingenieur:innen. Das ist ein unglaubliches Potenzial. Das gibt es nirgendwo anders.«

Wir haben in den vorherigen Ausführungen gesehen, wie massiv die Automobilbranche zusammen mit der Politik und der Werbeindustrie von Beginn an an den Narrativen rund um das Auto gearbeitet hat, damit die Massenmotorisierung überhaupt möglich wurde. Es ging um unzufriedene Kund:innen, die immer mehr wollen, weil das neueste Auto etwas bietet, was der Vorgänger nicht vorzuweisen hatte, und sei es noch so ein kleines Designelement oder einfach auch ein Storytelling in der Kinowerbung oder eine Verfolgungsjagd im Tatort. Luisa Neubauer appellierte 2023 an 70 000 Marketeers auf dem Festival OMR: »Vier von fünf Firmen haben nicht den Hauch einer Idee, wie sie ihre formulierten Klimaziele erreichen können«, erklärte Neubauer. Pikanterweise nannte sie im Hinblick auf den Dieselskandal (»Krimineller Kundenbetrug«) OMR-Premiumpartner Audi. Mit entsprechender Publikumsreaktion. Luisas Rede war pointiert und engagiert, auch alarmierend, und was die Motivation der Zielgruppe angeht, nicht ungeschickt. Man müsse, sagte Neubauer, das Klima wirklich schützen und nicht nur so tun, als ob.[22]

Auch Tom Flood hat hier eine spannende Reise hinter sich: »Ich habe viele Jahre in Toronto in der Werbung gearbeitet, auf der Agenturseite für Autokunden. Ich bin zu diesem Job mit dem Fahrrad gependelt, um dann 12 Stunden am Tag damit zu verbringen, genau die Dinge zu verewigen, gegen die ich kämpfte, als ich morgens mit dem Fahrrad losfuhr. Ich habe das massive Ungleichgewicht auf der Straße nicht gesehen, was ein starker Beweis dafür ist, wie viel Arbeit wir als Gesellschaft geleistet haben, um es zu normalisieren.

Sobald ich die Kinder hatte, beschloss ich, dass es Spaß machen könnte, mit dem Fahrrad zur Schule zu fahren. Wir fuhren los, und ich dachte nur: Shit! Das ist supergefährlich!! Ich erinnere mich, dass ich mich fragte: Wie kann das für uns okay sein? Das ist falsch. Ich fing an, in den Ratsversammlungen unserer Stadt die Rhetorik zu hören, als es um Maßnahmen für sichere Straßen ging. Und ich konnte nicht glauben, dass es Widerstand gab. Auch hier war ich sehr naiv. Ich war kein Mitglied einer Interessengruppe oder ein radikaler Autogegner. Ich habe selbst ein Auto, aber ich konnte das Ungleichgewicht nicht glauben.

Der Wunsch nach einem sicheren Schulweg für Kinder, mit dem ich eingestiegen bin, wurde als radikal angesehen, hat ein Feuer entfacht, ich konnte nicht glauben, dass das als Anti-Auto-Bewegung dargestellt wurde, da das absolut nicht meinem Hintergrund und meiner Herkunft entsprach. Das hat mich dazu gebracht, meine Sicht der Welt und unserer Straßen zu überdenken. Ich glaube, dass die meisten Menschen vernünftig sind, und wenn sie das Ungleichgewicht, das wir normalisiert haben, sehen, weil sie es auf einmal verstehen können, dann ist eine Veränderung möglich. Vielleicht bin ich völlig naiv, aber man muss ein bisschen Hoffnung haben, dass es eine Veränderung gibt, sonst weiß ich nicht, warum wir alle das machen.«

Johanna Jahnke hat mit elf Jahren angefangen, Rugby zu

spielen, hat in der Nationalmannschaft sowie in Schweden, Neuseeland und Australien gespielt. Mit 30 hatte sie zwei Kinder, war alleinerziehend und spürte das Bedürfnis, etwas anderes zu machen. Also kaufte sie sich ein Rennrad und ist dann auch wieder »auf Leistung gefahren«. Schließlich entdeckte Johanna das Fixed-Gear-Fahren für sich – also ein starrer Gang, keine Bremsen. Bald fuhr sie auf der ganzen Welt Rennen, gründete ein eigenes Team und ging für internationale Teams aus England und Italien an den Start.

»Das Transcontinental Race hat mich als Mensch unheimlich bestärkt, ich habe aber auch gemerkt, dass 4000 Kilometer Straße sehr anstrengend sind und ich nicht nur auf Asphalt fahren, sondern auch mal in den Wald abbiegen möchte. Weg von den Autos.« So kam Johanna zum Gravelbike und macht nun Bikepacking-Touren abseits der Straßen.

Um ihre Erfahrungen im Ultracycling zu teilen, startete sie 2019 ihren Podcast *Die Wundersame Fahrradwelt*. »Dort rede ich über die verschiedenen Spielarten des Fahrradfahrens sowie über Inklusivität und Diversität in der Fahrradwelt. Ich wollte Wissen vermitteln, aber auch Menschen interviewen, die sonst eher wenig Sichtbarkeit erhalten. Weil ich mich so lange über andere geärgert habe, die nicht die Diversität sichtbar gemacht haben, die es in der Fahrradwelt gibt. Mit sieben anderen Frauen habe ich außerdem das Kollektiv The Women All Ride gegründet, eine Plattform für FLINTA* in der Fahrradwelt. Mittlerweile sind wir ein eingetragener Verein, der All Ride Collective e. V.

Ich war beim Rugby in einem Frauenteam, da haben wir zusammengehalten. Das war im Radsport am Anfang anders. Da habe ich gemerkt, wie das ist, als Einzelfrau unterwegs zu sein. Es hat kaum Rennen für Frauen gegeben, es gab auch selten Pokale für Frauen. Die wenigen Frauen in der Rennradszene waren froh, dass sie akzeptiert waren – und die meisten haben in solchen Momenten geschwiegen, um ihre

Stellung nicht zu riskieren. Dann habe ich mich viel mit Feminismus und Gleichberechtigung beschäftigt. Im Rennradsport fehlte mir vor allem am Anfang die für mich selbstverständliche Solidarität unter Frauen, die ich in Rugby-Teams weltweit jahrelang erfahren durfte.«

Johanna gefällt in diesem Zusammenhang der Begriff U-Boot-Feminismus, den die Autorin Teresa Bücker geprägt hat. »Ich würde das, was ich mache, in gewisser Weise auch so bezeichnen. Ich glaube, da habe ich für mich einen guten Weg gefunden. Der Podcast ist kommerziell, er trägt sich durch Partner, die aber auch ein Interesse an diesen Themen haben. Ich stehe für bestimmte Themen. Ich bin kritisch, ich versuche immer, Brücken zu bauen. Zu mir kann jede Person kommen. Gerade habe ich tatsächlich etwas, womit ich meinen Lebensunterhalt bestreiten kann – sinnstiftend und aktivistisch.«

Ksenia Ashrafullina hat in London studiert. Fahrradfahren fand sie toll, aber sie hatte zu viel Angst, um es auszuprobieren. »Dann entdeckte ich ein kostenloses Programm der Stadtverwaltung, das mir sehr geholfen hat: Man radelt zusammen mit einer anderen Person eine Stunde durch London und lernt dabei, wie man es schafft, nicht über den Haufen gefahren zu werden. Danach habe ich angefangen, die Stadt auf eigene Faust mit dem Rad zu erkunden – auch weil es finanziell sinnvoll ist. Als ich nach Lissabon zog, wurde mir klar, dass soziale Hierarchien sich auch im Straßenverkehr niederschlagen. Und irgendwann kam der Moment, da ich mir dachte: ›Ich werde das ändern.‹ Und dann wurde eine schwangere Frau in meinem Alter überfahren. Da dachte ich: ›Das hätte auch mir passieren können.‹« Sie gründete das Kollektiv Lisboa Possível (Lissabon ist möglich), das seither mit vielen Aktionen von Streetart bis Events sichtbar ist. So zum Beispiel im Juli 2023, als es die Rua und die Travessa dos Mastros für Autos schloss und für Menschen öffnete, um zu zeigen, wie viel Leben und Erleben in autofreien Vierteln möglich ist.

»Oft geht es nicht nur darum, Druck auszuüben, sondern zu unterstützen, um unseren politischen Vertreter:innen die Angst vor den Wähler:innen zu nehmen. Wir müssen ihnen zeigen: Hey, wir sind mehr, als ihr denkt. Und ihr bekommt mehr Unterstützung, wenn ihr das Richtige für die Stadt tut.

Im EU-weiten Vergleich ist Portugal beim Thema Verkehrssicherheit das absolute Schlusslicht. Dazu kommen 6000 Tote durch Luftverschmutzung. Es macht mich wütend, wenn ich etwas als sozial ungerecht empfinde, wenn jemand zu denken scheint, dass er mehr Rechte hat als ich. Diese Wut hilft uns dabei, Ungerechtigkeiten zu erkennen und sie zu verstehen.

Wenn Lissabon sich ändert, wird sich hoffentlich auch der Rest Portugals ändern, denn alle schauen auf Lissabon. Ich wünsche mir, dass Portugal die Nummer eins unter den Radreisezielen wird.«

Zu Beginn der Coronapandemie startete Linda Kastrup mit ihrem Engagement für Klimagerechtigkeit. In dieser Zeit wurde ihr bewusst, wie verschiedene Krisen von der Regierung gegeneinander ausgespielt wurden. »Selbstverständlich war die schnelle Reaktion auf das Coronavirus richtig, aber der Fokus auf die Klimakrise ging dabei – vielleicht auch gewollt – total verloren.«

In ihrer Bachelor-Thesis setzte sich Klimagerechtigkeits-Aktivistin Linda mit der Bedeutung von sozialer Ungleichheit für die Klimagerechtigkeitsbewegung in Deutschland auseinander. »Die sozialen Hintergründe einer Person bestimmen maßgeblich die Zugänge zu sozialen Bewegungen wie eben der Klimagerechtigkeitsbewegung in Deutschland, weswegen nicht allen Menschen die Teilnahme an den Protesten gleichermaßen möglich ist.«

Im Verkehrswendebereich würde sie sich wünschen, dass wir endlich auf das Auto verzichten können und wollen.

»Dafür braucht es gute Fahrradwege, verlässliche und kostenlose Busse und Bahnen und ein Abwenden vom autozentrierten Denken. Statt zahlreicher Autospuren und Parkplätze könnten überall kleine Grünanlagen und kommunale Gärten gepflanzt werden, so dass alle Menschen ein Stück Natur in unmittelbarer Nähe haben.«

Vertiefend hat sich hier Oliver Mietzach Gedanken zum Potenzial von Carsharing gemacht: »Die privaten Autobesitzer kaufen im Vergleich zu ihrer durchschnittlichen Autonutzung und -auslastung viel zu groß dimensionierte Fahrzeuge. Sie orientieren sich beim Autokauf an wenigen Ereignissen, bei denen sie beispielsweise mit viel Gepäck und der ganzen Familie unterwegs sind. Im täglichen Verkehr werden diese ›Familienkutschen‹ jedoch nur mit einer Person und ohne Gepäck genutzt. Dies macht sich in einem vergleichsweise hohen Kraftstoffverbrauch und – im Vergleich zur tatsächlichen Auslastung der Privatwagen – zu hohen CO_2-Emissionen bemerkbar.

Im Carsharing hingegen kann sich der Nutzer für seine nächste Fahrt das von der Größe und Bequemlichkeit geeignete Fahrzeug auswählen.« Da auch im Carsharing die meisten Fahrten ohne großes Gepäck und nur im Kurzstreckeneinsatz durchgeführt würden, sei ein verbrauchsgünstiger, niedrig motorisierter Kleinwagen oft das geeignete Gefährt. Entsprechend der vorherrschenden Nutzungsstruktur seien daher etwa 70 Prozent der Carsharing-Fahrzeuge Kleinwagen. Im Vergleich zur durchschnittlichen Privatwagenflotte verbrauchen die Carsharing-Fahrzeuge pro Kilometer etwa 15 bis 20 Prozent weniger Kraftstoff und stoßen in dieser Größenordnung weniger CO_2 aus.

Der private Pkw wie auch der gewerblich genutzte Dienstwagen zeichne sich im Vergleich der Kostenstruktur durch seinen hohen Fixkostenanteil aus. Bei einem bis zu vier Jahre alten Auto stelle der Wertverlust den dominierenden Kostenfaktor dar. Hinzu kämen jährlich wiederkehrende Kosten für Versicherung und Steuer, die nicht an die Nutzung gebunden sind.

»Im Carsharing sind die Fixkosten natürlich genauso vorhanden, jedoch werden sie auf alle parallelen Nutzer eines Carsharing-Autos aufgeteilt«, erläutert Oliver Mietzach. Außerdem werden die Autos besser ausgelastet als Privatwagen. Deshalb fällt der mit den Nutzungstarifen verrechnete Fixkostenanteil pro gefahrenem Kilometer im Carsharing-Auto spürbar geringer aus. Die prinzipiell andere Kostenstruktur im Carsharing im Vergleich zum privaten Pkw trägt dazu bei, dass sich die Autonutzung nicht für jeden Zweck und auf allen Strecken verselbständigt, es also keine Routine der Autonutzung gibt. Stattdessen wird die Entscheidung bewusst getroffen, für welche Zwecke das Carsharing-Fahrzeug das geeignete Fortbewegungsmittel ist und wann die Verkehrsmittel des Umweltverbundes als die bessere Alternative gewählt werden. Dementsprechend werden die Verkehrsmittel des Umweltverbundes häufiger und intensiver genutzt.[23]

Und damit komme ich zur ganz persönlichen Mobilitätswende, zur ganz persönlichen #Autokorrektur! Bisher haben wir auf viele Menschen geschaut, die in speziellen Funktionen agierend – von Politik über Unternehmer:innen bis hin zu Aktivismus – die Mobilitätswende vorantreiben. Die Frage allerdings, die mir auf Lesungen und bei Vorträgen immer wieder gestellt wird, blieb bisher unbeantwortet: Was kann ich ganz persönlich tun, um unsere Welt lebenswerter und mein Leben weniger autoabhängig zu gestalten? So viele Menschen haben mir seit der Veröffentlichung von *Autokorrektur* geschrieben, dass sie sich von einem oder gar allen Pkw in der Familie verabschiedet haben, seitdem sie mein Buch gelesen hatten. Jede einzelne Geschichte tut so gut, ich trage sie alle in meinem Herzen – für die schlechteren Tage, wenn ich das Gefühl habe, so gar nichts zu bewegen. Aber Bewegung ist möglich!

Das zeigt mein Buch hoffentlich deutlich auf. Und Bewegung macht Spaß! Gar nicht unbedingt sportlich gemeint, auch wenn der Umstieg gesunder Menschen auf das Rad sicher in diese Richtung geht. Aber es macht auch jede Menge Spaß, vor der eigenen Haustür etwas zu bewegen, etwas mit Nachbar:innen und Freund:innen zu bewegen, denn es tut gut, etwas zu tun!

Ich habe nach diesen Geschichten gefragt und wurde überrollt von ganz vielen tollen Ideen, von denen ich hier im Buch nur einige veröffentlichen kann. Online wird mein Buch aber ja »verlängert«, dort finden sich dann weitere Geschichten, die zahlreiche Anregungen bieten.

Beginnen möchte ich mit einem Herren, der sehr zahlenorientiert an die eigene Autokorrektur gegangen ist und damit vielleicht auch einfach mal aufzeigt, wie viele Vorteile weniger Wagen im eigenen Haushalt haben kann:

Peter hatte schon länger geplant, sein Auto abzugeben, dies auch gut durchdacht, aber als es Realität geworden war, fühlte es sich schon seltsam für ihn an. »Mit 18 habe ich meinen Führerschein gemacht, und es verging seitdem kein Tag, an dem ich kein Auto besaß. Bis zum 30.12.2019, als ich früh am Morgen mit dem Fahrrad und den Nummernschildern im Fahrradkorb zur Zulassungsstelle fuhr, um mein Fahrzeug abzumelden. Die Gründe sind schnell aufgezählt:

Kosten-Nutzen-Rechnung (ich fuhr max. 5000 km im Jahr)
der Verkehr
die Umweltbelastung.

Ich hatte in jeder Beziehung die Nase voll vom Autofahren, habe es aber auch nur 8 km bis zu meiner Arbeitsstelle und meine Frau nur 6 km. Und wir beide fahren nun schon seit ca. zehn Jahren (Sommer wie Winter), bis auf wenige Ausnahmen, mit dem Fahrrad auf die Arbeit. Unser Auto war also mehr ein Stehzeug als ein Fahrzeug.

Aus dem autofreien Jahr sind mittlerweile 16 Monate geworden, und ich werde mir in absehbarer Zeit auch kein Auto mehr zulegen. Ich fühlte mich – abgesehen von den ersten paar Stunden – vom ersten Tag an irgendwie befreit. Ich muss seitdem keine Gedanken mehr verschwenden an Spritpreise, Versicherung, Steuern, Auto waschen, Reparaturen, TÜV, Scheiben frei kratzen etc. Schon verrückt, wie einen das Auto psychisch, physisch und finanziell in Beschlag nimmt.

Zugegeben, man hat ohne Auto auch nicht die Freiheit, einfach mal spontan einen Ausflug in die Rhön zu machen. Auch Arztbesuche in der Stadt müssen ein wenig besser geplant sein. Aber dafür gibt's ja z. B. Carsharing, Mietautos oder Bus und Bahn. Und wenn ich mit dem Bus dann eine halbe Stunde zu früh dran bin, ›so what‹, dann setz ich mich halt gemütlich in ein Café oder mach einen kleinen Schaufensterbummel.

Es hat ungefähr zwei bis drei Monate gedauert, bis wir uns an die neue Situation gewöhnt hatten, aber es war im Endeffekt leichter, als wir dachten. Dank Firmenleasing bin ich jetzt seit einem Jahr stolzer Besitzer eines E-Bikes. Ich behaupte sogar, dass ich zuweilen schneller mit dem Rad in die City komme als mit dem Auto.

Mein Fazit: Ich vermisse das Auto überhaupt nicht. Im Gegenteil, denn wenn ich nur noch mit dem Rad unterwegs bin, schlage ich gleich drei Fliegen mit einer Klappe:

Ich lebe gesünder durch die viele Bewegung.

Ich spare definitiv Geld.

Ich schone gewaltig die Umwelt.

Natürlich kann nicht jede:r sein Auto einfach abschaffen. Viele sind darauf angewiesen.

Aber man kann sich jede Fahrt genau überlegen:

Ist die Fahrt überhaupt nötig?

Wenn ja, kann ich die Fahrt auch mit dem Fahrrad oder zu Fuß erledigen?

Oder kann ich ein öffentliches Verkehrsmittel benutzen?

Kann ich mit jemandem eine Fahrgemeinschaft bilden?

Damit ist schon viel gewonnen. Probieren Sie es aus. Die Natur wird es uns danken.«[24]

Carolin gibt zu: »Das war ein langer Prozess – ich habe jedes meiner alten schäbigen Autos geliebt wie ein Haustier. Irgendwann bin ich in die Stadt gezogen, und meine Laufwege wurden länger, das Auto stand meist nur herum. Fahren in der Stadt ist eh die Hölle, und mit einem Kleinwagen auf der Autobahn wird man gnadenlos gemobbt. Und dann stand eine größere Reparatur an, die ich mir nicht leisten wollte. Seit März 2020 also ohne Auto, aber das Denken in Autokategorien hat lange nicht aufgehört. Wenn wir es schaffen könnten, die emotionale Bindung zum eigenen Auto zu lösen, dann wäre schon ein wichtiger Schritt getan. Dann fällt es vielleicht auch leichter, sich ein Fahrzeug mit anderen zu teilen, und das wäre doch auch schon ganz gut.«

Eine Gruppe, von der ja immer wieder behauptet wird, dass sie nicht ohne Pkw können, sind die Handwerker:innen. Auch von ihnen haben sich einige gemeldet.

»Als kleiner Handwerker ist es schwer, sich für das richtige Auto zu entscheiden. Dank #Teilauto und vorausschauender Planung kann ich (fast) immer genau das richtige Auto leihen! Für manche Familienurlaube leihe ich immer noch den T4 eines Kollegen, mit dem wir damals gemeinsam in die Selbständigkeit gestartet sind. Wenn's nur drum geht, den eigenen Arsch und Kleinkram zu bewegen, fahre ich in der Stadt sehr oft Fahrrad.«

»Ich bin Schreiner. Im Frühjahr 2022 hab ich meinen gewerblich genutzten Kleintransporter verkauft und erledige meine beruflichen Fahrten seitdem mit Fahrrad und Schwerlastanhänger. Für die wenigen großen Transporte leihe ich mir einen Transporter. Das ist aber sehr selten nötig. Ich bin bisher fast 4000 km gewerblich Rad gefahren. Einen Transporter hab ich in der Zeit keine 100 km bewegt. Die Mobilitätswende beginnt vor der eigenen Werkstatttür.«

Sie erinnern sich? Auch Menschen mit Einschränkungen werden gern in »Schutz« genommen, indem gesunde Menschen sich ungefragt vor sie stellen und behaupten, dass diese ihr Leben ohne Auto nicht führen können.

Hier zwei Beispiele, die das Gegenteil beweisen (aber auch aufzeigen, wie wenig inklusiv unsere Mobilitätswelt noch ist):

»Ich bin seit 55 Jahren ohne eigenes Auto unterwegs, als Mensch mit Gehbehinderung (80 %) und 2-facher Familienvater. Ich kann das ewige Genöle, dass man dies oder jenes ja nicht ohne Auto machen könne, nicht mehr hören. Genauso kotzt mich die brutale Bevorzugung von allem an, was mit Auto zu tun hat an. Sorry für die drastische Wortwahl, aber der Frust sitzt tief und wird täglich weiter befeuert, wenn ich z. B. durch die vollgeparkten Geh- und Radwege in Frankfurt am Main behindert werde.«

»Wir hatten schon vor Corona beschlossen, keinen Firmenwagen mehr zu leasen (auch weil es keinen gibt, der für den Transport von E-Rollstühlen taugt) und ganz auf einen eigenen Pkw zu verzichten. Die Entscheidung hat sich ausgezahlt. Das Leben ohne Auto ist deutlich billiger und stressfreier als das mit. Keine Parkplatzsuche, keine Angst vor Hagelschäden, kein Stehen im Stau. Wenn jetzt noch die Fuß- und Fahrradinfrastruktur besser wäre, wär's ein Traum.«

Aus dem Leben von Großfamilien in der Stadt habe ich auch ermutigende Geschichten erzählt bekommen.

Florian Kobler: »Wir haben vor etwa drei Jahren, mitten in der Pandemie unseren VW-Camper abgeschafft, als der drohte, kostenintensive Reparaturen zu verursachen (schöner T5 mit Persönlichkeit, den wir ›Rosie‹ getauft hatten). Was haben wir seither für Geld gespart! Und wie oft haben wir ihn am Ende vermisst, trotz vier Kindern im Grundschulalter – Hand aufs Herz? Ich kann mich aktiv an keine einzige Gelegenheit erinnern. Im Endeffekt haben wir sicher ein paar weniger Wochenendausflüge ins Berliner Umland gemeinsam unternommen und hätten vielleicht an einer Handvoll Tagen bei absolutem Sauwetter den Komfort des Elternshuttles in Anspruch genommen. Ansonsten wohnen wir innerstädtisch so privilegiert, dass wir mit ÖPNV, zu Fuß, per Fahrrad (für die Kids allerdings leider zu gefährlich!), per DB oder eben ganz sporadisch auch mal mit kurzfristiger Ausleihe von Pkw überall hinkommen. Mein Resümee: gigantischer Zugewinn an Freiheit (keine Parkplatzsuche, geringere Kosten, weniger Sorgen um das wertvolle Stück Privatbesitz). Einschränkung: keine! Und sollten wir mal wieder Campen gehen wollen, dann mieten wir uns so ein Teil, vor Ort, nach Anreise mit dem Zug.«

Isabel ist wegen der Kinder aktuell noch auf das eigene Auto angewiesen, da der Carsharing-Anbieter nicht ausreichend Kindersitze anbietet. Sie hat aber einen klaren Vorsatz gefasst: »Sobald wir nur noch Sitzerhöhungen für die Kinder brauchen, werden wir das Auto wieder abschaffen und Carsharing nutzen. Im Alltag nutzen wir jetzt schon fast nur die Fahrräder.« Sie reflektiert auch die eigene Haltung zum Auto: »So viele unserer Entscheidungen und unbemerkt entstandener Abhängigkeiten beruhen auf der Anwesenheit von Autos. Hobby im Nachbarort? Arbeitsplatz, Theater, Freunde in anderen Städten? Ohne Auto habe ich aber auch all das, doch alles bequem mit Fahrrad und ÖPNV erreichbar.«

Michael verzichtet mit seiner Familie mit zwei kleinen Kindern (drei und zwei Jahre alt) seit über acht Jahren auf einen eigenen PKW. Die vier leben in der Stadt. »Die wichtigste Erkenntnis für uns ist, dass wir keinen Qualitätsverlust in unserem Leben verspüren. Freiheit geht auch ohne Auto. Darüber hinaus ist es auch immer wieder amüsant, wie ungläubig Menschen dreinschauen, wenn man ihnen erklärt, dass alles auch ohne Auto geht. Häufigste Frage neben ›Was, das geht?‹ ist die Frage: ›Und wie machen Sie das mit dem Urlaub?‹ Ganz einfach per Bahn! Und ja, das geht auch mit Gepäck und zwei kleinen Kindern.«

Dirk lebt mit seiner Frau und den Kindern seit dem Umzug nach Potsdam vor sechs Jahren autofrei: »Die Kinder fahren seitdem mit dem Rad oder Bus. Die Frage ›Aber wie macht ihr das beim Verreisen oder mit dem Einkauf?‹ ist die am häufigsten gestellte. Für Reisen nutzen wir Zug oder Mietwagen (in der Reihenfolge), für den Einkauf mit ein wenig Planung das Rad. Für Größeres nutzen wir einen Mietwagen, Flinkster (Netz ist leider sehr dünn) oder Lieferdienste. Das Einzige, was ich ab und zu vermisse, sind spontane Ausflüge. Die müssen nun schon besser geplant und gegebenenfalls auch vorgebucht sein.«

Sophias Familie hat mit Geburt des dritten Kindes den von den Großeltern geerbten Mini-Camper abgeschafft. »Am Stadtrand von Stuttgart arbeitend wären wir zwar gerne aufs Land gezogen, aber das wäre ohne Auto zu kompliziert geworden. So haben wir uns für den Stadtrand entschieden, super Busanbindung in die Innenstadt und trotzdem nahe der Natur. Nach ein paar Jahren haben wir uns dann von unserem Fahrradanhänger getrennt und ein Lasten-E-Bike angeschafft. Damit machen wir (fast) alles außer Urlaub. Carsharing nutzen wir einmal im Monat, und die letzten Urlaube haben mit den Öffentlichen prima geklappt. Ruckelig war es überhaupt nicht.«

Auch Familien und ältere Menschen auf dem Land erzählen von ihrer Mobilität.

Thomas: »Wir haben vor drei Jahren unseren Zweitwagen verkauft und kommen seitdem mit einem kleinen Auto aus. Was erst mal wenig ambitioniert klingt, machen die Rahmenbedingungen etwas anspruchsvoller: Wir leben mit zwei Kindern (7 und 10 Jahre) richtig auf dem Land, also einige Kilometer von der nächsten Siedlung entfernt. Damit steht wohnortnah kein ÖPNV zur Verfügung.

Wir haben jedoch das Auto um ein Lastenrad ergänzt und nutzen unsere klassischen Fahrräder intensiver, auch multimodal. Das funktioniert in Summe wunderbar!«

Eva: »Ich hatte mein Auto abgeschafft, nachdem ich zurück nach HH umgezogen war, wo ich alles zu Fuß oder per ÖPNV erledigen konnte. Nachdem ich 2020 wieder raus aufs Land gezogen bin, bin ich darauf angewiesen, dass eins meiner erwachsenen Kinder mich 2x im Monat zum Großeinkauf kutschiert (für den Transport im – selten fahrenden – Bus sind die Einkäufe zu schwer, Lastenrad ist wegen meines Alters und Gesundheitszustands keine Option). Ohne meine Kinder wär ich aufgeschmissen. Wie sollen in kleinen Dörfern lebende, alleinstehende ältere Menschen mit Mini-Rente – ohne familiäre oder nachbarliche Unterstützung – ihre Grundversorgung sichern?!?«

Alles Beispiele, die zeigen, wie konkret und wohltuend die Mitarbeit an einer besseren Welt für alle im eigenen Leben sein kann. Das Tempo der Veränderung kann dabei jede:r für sich bestimmen. Nie habe ich verlangt, in einem völlig von einem Auto abhängigen Leben dieses Fahrzeug sofort am nächsten Tag aus dem Haushalt zu entfernen. Auch wenn bestimmte Medien und Menschen mir das immer wieder unterschieben wollen. Immer aber werde ich darauf hinweisen und daran arbeiten, dass diese Welt endlich aus dem privat besessenen Pkw so weit wie möglich aussteigt. Das ist definitiv kein Absolutum, dennoch aber viel dringlicher, als es uns Politik und Industrie glauben lassen. Natürlich, wir können so weitermachen wie bisher. Können den Autobestand in den nächsten Jahren auf über 50 Millionen treiben und es als Erfolg der Autoindustrie und Verkehrspolitik verkleiden. Aber ich mache da nicht mit. Zum einen, weil das jetzige Verkehrssystem so absurd auf ein Transportmittel ausgerichtet ist und damit das Gegenteil von Freiheit symbolisiert. Zum anderen, weil ich wütend bin, dass selbst die Klimakatastrophe und unterschriebene Verträge Deutschlands Politik nicht dazu bewegen, die Mobilitätswende endlich zu beginnen. Denn diese Transformation ist überfällig und auch ohne die drohende Katastrophe der einzige Weg, alle in unserem Land sozial, inklusiv und sicher mobil zu machen.

Die Reaktionen zu meinem ersten Buch waren nicht selten: »Danke, dass du mir gezeigt hast, dass ich wütend sein darf, weil ich vergessen werde.« Und genau so sehe ich das auch: So viele Menschen, die nicht Auto fahren können oder wollen, werden oft abhängig gemacht von Dritten, die sie mit dem Auto fahren, weil ihnen keine Alternativen geboten werden. So viele, die Auto fahren müssen, tun das aus dem gleichen Grund. Sie dürfen wütend sein! Denn das ist kein Zustand für ein hoch entwickeltes Land wie dem unseren. Aber behalten Sie Ihre berechtigte Wut nicht für sich. Formulieren Sie diese in Leser:innenbriefen, Briefe an Ihre Politiker:innen, gehen Sie in die Ausschussitzungen, wo die Verkehrspolitik für Ihren Wohnort beschlossen wird. Wenden Sie sich an Ihre Arbeitgeber:innen und fragen Sie nach, wenn es nur Dienstwagen für das höhere Management, aber kein Jobrad oder

-ticket für alle gibt. Es gibt so viele Möglichkeiten in einer Demokratie, die eigenen Stimme wahrnehmbar zu machen. Das ist wunderbar! Und natürlich – nicht zuletzt – wählen Sie nur die Politiker:innen, die Teil der guten Veränderung sind und nicht der Bewahrung des schlechten Status quo. Der jetzige Zustand nervt doch uns alle. Ob wir im Auto, im Bus, in der Bahn oder auf dem Rad sitzen, ob wir zu Fuß gehen, einen Kinderwagen schieben oder mit dem Rollator oder Laufrad selbstbestimmt vorankommen wollen.

Ich habe daher mein Buch bewusst mit einer zeitnahen Utopie begonnen, um Ihre Köpfe zu öffnen für das, was möglich ist, wenn wir ganz groß träumen und uns dann jeden Tag diesen Träumen annähern. Ich möchte es allen Kindern ermöglichen, so aufzuwachsen wie das Kind in meiner Utopie. Ich gönne es aber auch allen anderen, in dieser Welt zu leben, die lebens- und liebenswert sein wird. Und sie ist möglich! Wenn wir es wollen und zusammen angehen. Denn es geht hier nicht um Disruption, sondern um Transformation. Im eigenen Leben darf das eine ganz individuelle Geschwindigkeit haben, im politischen und gesellschaften Leben jedoch müssen wir deutlich an Fahrt gewinnen bzw. erst mal den ersten Schritt wagen. Dieser ist der schwerste, danach wird es leichter. Vielleicht lesen Sie die Utopie auch mal Ihren Kindern oder Enkelkindern, Nichten und Neffen vor. Die können Ihnen dann ein Bild dieser Utopie malen, das Sie an Ihren Kühlschrank hängen, so dass jeder Morgen mit einem guten Gedanken an die Zukunft beginnen kann. Denn, wie viele im Buch ja auch betonen: Es geht hier um einen Marathon, mit vielen Hürden, Sandkisten, Bergen und Tälern, die überwunden werden müssen. Aber der Weg lohnt sich, denn wir gehen ihn gemeinsam und erfreuen uns an jedem kleinen Etappenziel. Denn in unseren Herzen haben wir die menschengerechte Zukunft, die jeden Aufwand im Heute verdient.

Wenn Politik mit Machterhalt verwechselt und nicht als

Auftrag zur Gestaltung einer lebenswerten Zukunft wahrgenommen wird, kommt es zum Stillstand durch Angst vor Machtverlust. Diese lähmt, da Angst nie eine gute Beraterin sein kann. Jene, die gerade den Auto-Status-quo fast schon exzessiv bewahren wollen, erkennen die eigene Angst vor der Veränderung vielleicht noch nicht mal.

Die Angst an sich ist dabei nicht das Problem, die mangelnde Selbstreflexion ist es. Phasen der Angst zu haben ist in einer Zeit der multiplen Krisen einfach nur menschlich. Doch es ist notwendig, sie als solche zu erkennen und ihr zu begegnen. Das geht am besten durch aktive Beteiligung an der überfälligen Transformation. Wenn aber diese Selbstreflexion ausbleibt und dann die Verkehrspolitik noch auf einem pervertierten Freiheitsbegriff basiert, dann steigen sowohl Zulassungszahlen als auch Emissionen im Verkehrssektor. Wird doch bis heute ein falscher Erfolgsbegriff gelebt, der Erfolg mit Wachstum verbindet. Mit Konsum, der anderen zeigt: Ich habe es geschafft. Und das ist das Schöne an der Welt der Zukunft, die ich mit Ihnen heute zu bauen beginnen möchte: Wir haben überflüssigen Konsum nicht mehr nötig, weil wir Erfüllung in uns selbst und den Menschen um uns herum finden. Das wird eine Welt sein, die entlastet ist von heutiger Hektik und Hypermobilität.

Vom Freiheitsbegriff habe ich übergeleitet zum Status quo der Räume, in denen wir leben, wohnen, arbeiten, erleben. Ähnlich wie einen pervertierten Freiheitsbegriff haben wir Räume pervertiert – von einstigen Lebensräumen zu Aufbewahrungs- und Fahrflächen für Autos, von liebenswerten und begegnungsfreudigen Umgebungen zu Transitorten, an denen kein Mensch gern länger verweilt. Was für eine Freude wird es sein, wenn zwischen den Häusern Menschen einander begegnen, die heute noch nicht mal ahnen, dass sie in einer gemeinsamen Nachbarschaft leben! So kann der ländliche Raum in Sachen Nahversorgung ähnlich lebendig werden wie die Stadt und die Stadt so ruhig und grün wie eine Ansammlung von vielen Dörfern. Ich empfinde große Vorfreude auf diesen Zustand, lebe ich doch sowohl in der Stadt als auch auf dem Land.

Bei den weiteren Stellschrauben, die wir haben, um das Gute zu erschaffen, habe ich den Rost analysiert, der auf diesen liegt und sie dadurch auch schwergängig machte. Lebensqualität und Gesundheit leiden genauso unter der Autodominanz wie die Alternativen, die es in ähnlicher Vielfalt gibt, wie die Menschheit vielfältig ist. Wie es dazu kam? Das habe ich mit Expert:innen im Hinblick auf den Status von Verkehrspolitik, Autoindustrie, Lobbyismus, aber auch rechtlichen Hemmnissen analysiert. Ich habe beleuchtet, warum wir immer wieder in die Falle tappen, an die eine Technologie zu glauben, die übermorgen all unsere Probleme löst – anstatt im Heute schon mit den Veränderungen zu beginnen, die schnell umsetzbar sind. Die Rolle der Medien am Transformationsstau habe ich abschließend genauso analysiert wie die ganz menschliche – und dennoch falsche – Abwehr von Veränderungen jeder Art.

Der Abschnitt, der Ihnen hoffentlich am meisten Freude bereitet – und der deswegen auch den Höhepunkt nach all den etwas schweren Fakten bildet –, ist generiert aus über 100 Interviews mit nationalen und internationalen Expert:innen, die zum Teil schon sehr lange an der Transformation arbeiten und zeigen, dass es möglich ist, die Welt zum Besseren zu verändern. Wie habe ich diese Menschen ausgewählt? Es sind vor allem Menschen, die mich persönlich durch Charisma, Gestaltungswillen, Mitmenschlichkeit und Kreativität inspiriert, aber auch durch messbare Ergebnisse beeindruckt haben. Was eint all diese Menschen? Zunächst: Sie haben eine klare Vision, ein Zielbild von dem, was sie erschaffen wollen. Ganz konkret können sie zeichnen, was sie gewesen sein wollen, wenn ihr Leben endet – was sie bewirkt haben wollen

Schau mit mir in den l(i)ebenswerten Raum der Zukunft!
Wir müssen eine Flanier-Offensive hinkriegen. (Burkhard Jung)
Die Straße sollte eine Fußgängerzone sein. (Ksenia Ashrafullina)
Die Verkehrssicherheit ist eine gemeinsame Verantwortung. (Sofia Salek de Braun)
Meine Vision ist eine Stadt, in der wir leben, weil wir dort leben wollen. (Maria Vassilakou)

Wir kommen da nur raus, wenn wir jetzt wirklich Veränderungen machen. (Claudia Kemfert)
Bei einer Vision geht es um das Erleben. (Filip Watteeuw)
Wir brauchen viele junge Menschen, die mitplanen. (Leila Rudzki)
Kinder bleiben nicht klein, sie wollen die Welt erkunden. (Anika Meenken)

in der Gegenwart, um das Leben für alle zu verbessern. Sie hängen nicht an Ämtern, sondern wollen etwas bewegen, haben Lust am Gestalten, am Experimentieren, aber auch an Meilensteinplanungen, die sichern, dass der beschrittene Weg auch erfolgreich begangen wird. Temporären Gegenwind halten sie aus, weil sie wissen, dass es den bei Veränderungen immer gibt. Die Zustimmung nach der Transformation bestärkt sie, ihrem Pfad treu zu bleiben. Diese Menschen haben ein positives Verhältnis zu Macht und ihrer eigenen Eitelkeit, sind dabei aber sowohl Teamplayer:innen als auch willens, Gegner:innen zuzuhören und sie von ihren Ideen zu überzeugen. Sie sitzen eher auf dem Fahrrad oder in der Bahn, als dass sie von Fahrer:innen chauffiert werden, und kennen daher auch die Einschränkungen, die Menschen ohne Auto aktuell ertragen müssen. Die Mobilitätswende ist für sie nur ein Teil der Transformation von Räumen zurück zum Menschen.

Hier habe ich Ihnen Menschen und ihre Ideen vorgestellt, die von Industrie über Politik über konkrete Mobilitätsangebote bis hin an den heimischen Küchentisch führen, wo Familien den Entschluss tätigten, es mal ohne Auto zu probieren. Und genau das ist auch richtig! Einfach mal ausprobieren, ohne sich sofort zu überfordern und dann zum Status quo genervt zurückzukehren. Für einzelne Fahrten mal anders unterwegs sein, als Familie die Vorteile von Bus und Bahn und Carsharing entdecken, das gesparte Geld, das vorher für ein Auto ausgegeben wurde, ist ein großes Mobilitätsbudget. Und wenn es sich herausstellt, dass für den Ausstieg aus dem Auto noch etwas fehlt: Laut werden! Nicht länger akzeptieren, so abhängig zu sein! Ich möchte Sie, das habe ich zu Beginn geschrieben, entflammen für die Idee, dass menschengemachte öde Orte und autozentrierte Mobilität von uns verändert werden kann. Alle Lösungen, um genau morgen damit zu beginnen, haben wir. Ich glaube an eine kommunale, regional verankerte Veränderung mit Unternehmen, die vor Ort Wertschöpfung betreiben, mit Menschen, die direkt vor der Haustür Räume für sich zurückerobern. Schauen Sie, wer hier in Ihrer Nachbar:innenschaft Ähnliches möchte, schließen Sie sich zusammen zu wirksamen Banden. Veränderung macht Spaß! Ich freue mich, wenn Ihnen mein Buch hilft, diesen ersten Schritt zusammen mit Verbündeten zu tun. Und jeden einzelnen Erfolg auf dem Weg zu feiern.

Wir schaffen das!

ANMERKUNGEN

Teil 1: Problemzonen

1 Mazda Adli: Stress and the City, S. 112 ff.
2 https://transport.ec.europa.eu/system/files/2023-10/European_Declaration_on_Cycling.pdf
3 Ronen Steinke: Verfassungsschutz. Wie der Geheimdienst Politik macht, S. 53 ff.
4 Allianz der freien Straße (Hg.): Manifest der freien Straße, S. 78
5 Tim Wolff: Best of Sapiens. Zehn Errungenschaften einer gescheiterten Spezies, S. 38
6 Bernhard Müller (Hg.): Zukunft urbane Mobilität. Eine ganzheitliche Betrachtung, S. 42
7 https://lebenswerte-staedte.de/de/
8 Jesse Ausubel: Die Geschwindigkeit, in: Thilo Spahl (Hg.): In 80 Minuten um die Welt. Beiträge zur Zukunft der Mobilität
9 Walter Ötsch, Nina Horaczek: Wir wollen unsere Zukunft zurück! Streitschrift für mehr Phantasie in der Politik. S. 107
10 BVerfG, Beschluss des Ersten Senats vom 24. März 2021–1 BvR 2656/18 –, Rn. 1–270,https://www.bverfg.de/e/rs20210324_1bvr265618.html
11 https://taz.de/Klimaschutz-in-den-Niederlanden/!5966333/

Teil 2: Der (Still)Stand der Dinge

1 Richard Sennett: Die offene Stadt, S. 49 ff.
2 Ben Wilson: Metropolen. Die Weltgeschichte der Menschheit in den Städten, S. 378
3 https://www.destatis.de/DE/Themen/Laender-Regionen/Internationales/Thema/bevoelkerung-arbeit-soziales/bevoelkerung/Stadtbevoelkerung.html
4 Ben Wilson: Metropolen – Die Weltgeschichte der Menschheit in den Städten. S. 19
5 Allianz der freien Straße (Hg.): Manifest der freien Straße, S. 56
6 Mazda Adli: Stress and the City, S. 139 ff.
7 https://taz.de/Klima-in-Staedten/!5967143/

8 Allianz der freien Straße (Hg.): Manifest der freien Straße, S. 14
9 Le Corbusier (1925 [2015]): Städtebau, S. 101
10 Ben Wilson: Metropolen – Die Weltgeschichte der Menschheit in den Städten, S. 107 f.
11 Julian Wékel im Auftrag der Deutschen Akademie für Städtebau und Landesplanung (Hg.): Stadt Denken 5, S. 36
12 https://www.destatis.de/DE/Themen/Gesellschaft-Umwelt/Wohnen/_inhalt.html
13 https://www.spiegel.de/auto/abgasnorm-euro-7-e-katalysator-koennte-emissionen-beim-kaltstart-senken-a-2d51f154-f430–43bb-8a6b-f171bdaf087d
14 https://ourworldindata.org/data-review-air-pollution-deaths
15 https://www.theguardian.com/environment/2017/jun/12/children-risk-air-pollution-cars-former-uk-chief-scientist-warns
16 https://www.london.gov.uk/sites/default/files/2023–02/Inner%20London%20ULEZ%20One%20Year%20Report%20-%20final.pdf
17 Manfred Liebel, Philip Meade: Adultismus. Die Macht der Erwachsenen über die Kinder – Eine kritische Einführung, S. 109 ff.
18 Wikipedia sagt: »Adultismus (von lat. adultus erwachsen) bezeichnet Vorurteile gegenüber einer Person oder einer Personengruppe aus Gründen des geringeren Alters, aber auch Strukturen, die eine Diskriminierung jüngerer Menschen produzieren und aufrechterhalten. Adultismus ist eine Form von Ageismus. Der US-amerikanische Psychologe Jack Flasher definierte 1978 Adultismus als ›the oppression experienced by children and young people at the hands of adults and adult-produced / adult-tailored systems‹ (deutsch: ›Unterdrückung, die Kinder und junge Leute durch Erwachsene erfahren, sowie von Erwachsenen geschaffene bzw. auf sie maßgeschneiderte Systeme‹). In einem engeren Wortsinn bezieht sich der Begriff Adultismus auf die Altersdiskriminierung von Kindern, d. h. von Menschen nach der Geburt bis dreizehn Jahren.«
19 Manfred Liebel, Philip Meade: Adultismus. Die Macht der Erwachsenen über die Kinder – Eine kritische Einführung, S. 109 ff.
20 Allianz der freien Straße (Hg.): Manifest der freien Straße, S. 78
21 Mazda Adli: Stress and the City, S. 81 f.
22 Mazda Adli: Stress and the City, S. 152 ff.
23 Mazda Adli: Stress and the City, S. 139 ff.
24 Mazda Adli: Stress and the City, S. 139 ff.

25 Kevin Anderson: Das neue Leugnen, in: Greta Thunberg: Das Klima-Buch, S. 227 ff.
26 Mazda Adli: Stress and the City, S. 212 ff.
27 Ben Wilson: Metropolen – Die Weltgeschichte der Menschheit in den Städten., S. 486
28 Mazda Adli: Stress and the City, S. 212 ff.
29 Mazda Adli: Stress and the City, S. 96 ff.
30 Mazda Adli: Stress and the City, S. 96 ff.
31 Mazda Adli: Stress and the City, S. 96 ff.
32 Repräsentative Erhebung durch infratest dimap, Kantar Public und das Sozioökonomische Panel sowie über Angaben der Deutschen Hochschule der Polizei und des Deutschen Feuerwehrverbands. Damit wurden erstmals quantitative Daten zu den Auswirkungen eines tödlichen Verkehrsunfalls im persönlichen und beruflichen Umfeld erhoben.
33 https://bast.opus.hbz-nrw.de/opus45-bast/frontdoor/deliver/index/docId/209/file/M208.pdf
34 Mia Raben: Die Unfähigkeit zu bremsen – Über eine deutsche Obsession. https://54books.de/die-unfaehigkeit-zu-bremsen-ueber-eine-deutsche-obsession/
35 https://de.statista.com/infografik/8464/mit-dem-smartphone-am-steuer/
36 https://www.adac.de/verkehr/verkehrssicherheit/unterwegs/ablenkung/
37 Wikipedia: Als E-Fuels werden synthetische Kraftstoffe bezeichnet, die mittels Strom aus Wasser und CO_2 hergestellt werden. Da bei der Herstellung und Nutzung von E-Fuels mehrere verlustintensive Umwandlungsstufen durchlaufen werden müssen, ist die Energiebilanz schlechter als bei anderen Antriebsarten – insbesondere im Vergleich zur Elektromobilität.
38 Passage im Koalitionsvertrag dazu: https://www.bundesregierung.de/resource/blob/974430/1990812/93bd8d9b17717c351633635f9d7fba09/2021–12–10-koav2021-data.pdf?download=1
39 https://www.tagesspiegel.de/wirtschaft/wissing-verwirrt-mit-e-fuel-aussagen-4301971.html
40 https://www.spiegel.de/auto/abgesagte-verkehrswende-neuer-verkehrsminister-wissing-sieht-sich-als-anwalt-der-autofahrer-a-1e24d3bc-6d55–4c7c-8c72–43d6e579702f
41 https://nationale-leitstelle.de/wp-content/uploads/2023/04/Leitfaden_barrierefreie_Ladeinfrastruktur.pdf
42 https://ecomento.de/2021/12/09/bundesweiter-parkplatzcheck-bei-74-prozent-barrierefreies-e-auto-laden-nicht-moeglich/

43 »Die Verbesserung der Energieeffizienz von Produkten und Dienstleistungen wird allgemein als effektive Strategie angesehen, um den heutigen Energieverbrauch zu reduzieren und energie- und klimapolitische Ziele zu erreichen. Die tatsächliche Reduktion des Energieverbrauches kann jedoch aufgrund von Verhaltensänderungen bei der Nutzung bzw. Nachfrage energieeffizienter Produkte und Dienstleistungen geringer ausfallen, als erwartet. Solche Verhaltensänderungen werden als Rebound-Effekte bezeichnet.« https://ideas.repec.org/p/zbw/fisisi/s52012.html

44 https://www.pik-potsdam.de/de/aktuelles/nachrichten/e-fuels-wahrscheinlich-noch-lange-knapp-pik-analyse-papier

45 Ebenfalls ein hoch umstrittenes Verfahren, bei dem Kohlendioxid aus der Luft entnommen werden soll. Ein Factsheet der Heinrich-Böll-Stiftung liefert hier einen guten Einstieg zum massiven Wasser- und Landverbrauch, den Unmengen an Energie und vielem mehr. https://www.boell.de/sites/default/files/2021-01/GM_DAC_de.pdf

46 https://www.pik-potsdam.de/members/Ueckerdt/E-Fuels_Stand-und-Projektionen_PIK-Potsdam.pdf

47 Wenn Sie mehr darüber erfahren wollen, hören Sie sich gern die *She-Drives-Mobility*-Episode vom 27. August 2023 an.

48 https://www.zeit.de/politik/deutschland/2023–10/infrastruktur-autobahn-schiene-ausbau-bundestag

49 https://www.fr.de/politik/robert-habeck-gruene-strassen-verkehr-politik-tempolimit-klima-ziele-fdp-wissing-92007669.html

50 https://www.zeit.de/politik/deutschland/2023–03/koalitions ausschuss-robert-habeck-klimaschutz-ampel-koalition-interview/komplettansicht

51 https://www.merkur.de/politik/habeck-luetzerath-ist-das-falsche-symbol-92025343.html

52 https://www.spiegel.de/auto/volker-wissing-verkehrsminister-warnt-vor-kauf-von-autos-mit-verbrennungsmotor-a-2eda9591-7832-44be-8609-375fb89b3c5c Tagesspiegel: https://www.tagesspiegel.de/politik/die-entscheidung-fur-die-e-mobilitat-ist-langst-gefallen-8017327.html

53 https://www.sueddeutsche.de/wirtschaft/klimaschutz-klimaschutz ministerium-robert-habeck-gruene-regierungswechsel-ampel-koalition-verkehrswende-1.5483343

54 Julian Wékel im Auftrag der Deutschen Akademie für Städtebau und Landesplanung (Hg.): Stadt Denken 5, S. 36

55 https://www.greenpeace.de/publikationen/20230919Lost_Tracks_0.pdf

56 https://www.ndr.de/geschichte/schauplaetze/Nachkriegsarchitektur-Visionen-einer-neuen-Stadt,nachkriegsarchitektur102.html
57 https://www.sciencedirect.com/science/article/abs/pii/S0966692323002053?via%3Dihub
58 https://www.rifs-potsdam.de/de/news/mobilitaet-beim-einkaufen-haendler-ueberschaetzen-rolle-des-autos
59 https://lebenswerte-staedte.de/images/pdf/Positionspapier-Staedteinitiative-lebenswertestaedte.pdf
60 Sandra Hildebrandt u. Claudia Silbers: Zukunft Mikrobolität. Wie wir nachhaltig in die Gänge kommen, S. 86
61 Michael Sandel: Vom Ende des Gemeinwohls. Wie die Leistungsgesellschaft unsere Demokratien zerreißt, S. 157
62 Susanne Kaiser: Backlash – Die neue Gewalt gegen Frauen, S. 49 ff.
63 Koalitionsvertrag der Bundesregierung 2021 https://www.bundesregierung.de/resource/blob/974430/1990812/1f422c60505b6a88f8f3b3b5b8720bd4/2021–12–10-koav2021-data.pdf?download=1
64 Leo Roeks: Der Verkehr sind wir. Umdenken für die Mobilität der Zukunft, S. 78 ff.
65 https://www.gesetze-im-internet.de/ksg/BJNR251310019.html
66 https://www.lto.de/recht/hintergruende/h/koalitionsausschuss-modernisierungspaket-sektorenziele-weichen-co2-gesamtrechnung/
67 Julian Wékel im Auftrag der Deutschen Akademie für Städtebau und Landesplanung (Hg.): Stadt Denken 5, S. 36
68 Bernhard Knierim, Winfried Wolf: Abgefahren. Warum wir eine neue Bahnpolitik brauchen, S. 284 f.
69 »Mit der ersten Anpassung des Systems im Jahre 2017 sollten null- und emissionsarme Fahrzeuge den Vorzug vor Fahrzeugen mit hohen CO_2-Emissionen erlangen. So wurde ein Stufensystem eingeführt, welches Fahrzeuge ohne oder nur mit geringen CO_2-Emissionen steuerlich begünstigt und Fahrzeuge mit hohen CO_2-Emissionen gegenüber dem vorherigen System mit einem einheitlichen Prozentsatz von 1,5 %, benachteiligt. […] Die Bemessungsgrundlage wurde 2020 auf WLTP umgestellt, womit diese um 20 % anstieg. Fahrzeuge mit Verbrennungsmotor wurden somit in der Regel in die nächsthöhere Besteuerungsklasse eingestuft.« https://gouvernement.lu/de/actualites/toutes_actualites/communiques/2022/01-janvier/28-dienstwagenbesteuerung.html
70 »Diese Vorgehensweise ist ein klarer Ansatz, die Elektromobilität zu fördern und den Fahrzeugen mit hohen Abgasemissionen keine

steuerlichen Vorteile zuzugestehen.« https://gouvernement.lu/de/actualites/toutes_actualites/communiques/2022/01-janvier/28-dienstwagenbesteuerung.html

71 https://www.wwf.de/fileadmin/fm-wwf/Publikationen-PDF/Klima/Subventionssteckbrief-Dienstwagenprivileg.pdf

72 https://www.agora-verkehrswende.de/fileadmin/Projekte/2022/Pendlerpauschale/2022_08_10_Hintergrundpapier_Pendlerpauschale_v17_final.pdf S. 3

73 Jillian Anable, Christian Brand: Ist die Zukunft elektrisch?, in: Greta Thunberg: Das Klima-Buch, S. 301 f.

74 Jeremy Rifkin: Das Zeitalter der Resilienz: Leben neu denken auf einer wilden Erde, S. 124 ff.

75 Jeremy Rifkin: Das Zeitalter der Resilienz: Leben neu denken auf einer wilden Erde, S. 124 ff.

76 Kevin Anderson: Das neue Leugnen, in: Greta Thunberg: Das Klima-Buch, S. 222 ff.

77 https://de.wikipedia.org/wiki/Theory_of_Constraints

78 Leo Roeks: Der Verkehr sind wir. Umdenken für die Mobilität der Zukunft, S. 12 f.

79 CAR CULTURE – Das Auto als Skulptur, 2. März – 4. Juli 2012 im LENTOS Kunstmuseum Linz, begleitender Ausstellungskatalog, S. 27

80 In den 1920er Jahren überzeugte Bernays Frauen (im Auftrag der American Tobacco Corporation), dass die Zigarette ihre »Fackel der Freiheit« darstelle, und das ganze Land (im Auftrag der Fleischabteilung der Beech-Nut Packing Company), dass Speck mit Eiern das »herzhafte«, typisch amerikanische Frühstück sei. Er wusste zweifellos um die Wirkung solcher Werbung: »Wir werden von Personen regiert, deren Namen wir noch nie gehört haben. Sie beeinflussen unsere Meinungen, unseren Geschmack, unsere Gedanken«, schrieb er. »Sie steuern die öffentliche Meinung.«

81 Kate Raworth: Der Weg zu 1,5°C-Lebensstilen, in: Greta Thunberg: Das Klima-Buch, S. 365

82 Jeremy Rifkin: Das Zeitalter der Resilienz: Leben neu denken auf einer wilden Erde S. 124 ff.

83 https://www.spiegel.de/auto/fahrkultur/kaufpraemie-fuer-elektroautos-autohaendler-sieht-foerderung-kritisch-a-a7505e65-ef9b-4eff-97cf-8376208ae546

84 Bernhard Knierim, Winfried Wolf: Abgefahren: Warum wir eine neue Bahnpolitik brauchen, S. 20 ff.

85 Bernhard Knierim, Winfried Wolf: Abgefahren: Warum wir eine neue Bahnpolitik brauchen, S. 20 ff.

86 Heiner Monheim: Die Zukunft der Bahn(en) in Deutschland, S. 270 ff.
87 Allianz der freien Straße (Hg.): Manifest der freien Straße, S. 35
88 https://www.berliner-kurier.de/berlin/es-steht-fest-die-a24-bekommt-kein-tempolimit-li.2152891
89 https://www.bundesregierung.de/resource/blob/974430/1990812/93bd8d9b17717c351633635f9d7fba09/2021–12–10-koav2021-data.pdf?download=1
90 https://www.presseportal.de/pm/22521/5541145
91 https://www.lto.de/recht/hintergruende/h/strassenverkehr-verkehr-stvo-kabinett-stvg-reform-klima-gesundheit-umwelt-reform/
92 https://taz.de/Autoverkehr-muss-beschraenkt-werden/!5966658/
93 https://www.bbc.com/news/uk-england-london-56801794
94 https://www.germany.travel/de/trade/open-data.html
95 Alexandra Hildebrandt, Claudia Silber (Hg.): Zukunft Mikromobilität. Wie wir nachhaltig in die Gänge kommen: Ein Rad-Geber, S. 17
96 Bernhard Müller (Hg.): Zukunft urbane Mobilität. Eine ganzheitliche Betrachtung, S. 39
97 https://www.iks.fraunhofer.de/de/themen/autonomes-fahren.html
98 Jeremy Rifkin: Das Zeitalter der Resilienz: Leben neu denken auf einer wilden Erde, S. 118 f.
99 https://raul.de/allgemein/die-truegerische-verheissung-der-robo taxis/
100 https://techcrunch.com/2023/10/24/dmv-immediately-suspends-cruises-robotaxi-permit-in-california/?guccounter=1&guce_referrer=aHR0cHM6Ly9tZXRhZ2VyLmRlLw&guce_referrer_sig=AQAAABFoWiLGlTJCq0G2qd1VSU2HQmRnI5OWsoiU3U8GtUsfLJgboB14e2TVLto5cslTtg8ZBvQiIJj4AMAQUIHuV8Vy0wVhYz4CqH1DQI1ie7T1PkL3uDtItQDuBF7NUKXjwWTx119AdClrzKofswEfmURadF6FbcUVA8B7hS11sIYm
101 https://www.watson.ch/digital/international/165137556-robo taxis-sorgen-fuer-chaos-auf-san-franciscos-strassen
102 Leo Roeks: Der Verkehr sind wir. Umdenken für die Mobilität der Zukunft, S. 25
103 Bernhard Müller (Hg.): Zukunft urbane Mobilität. Eine ganzheitliche Betrachtung, S. 54
104 https://www.economist.com/special-report/2023/04/14/hands-off-the-wheel (eigene Übersetzung)
105 https://www.n-tv.de/wirtschaft/Autonomes-Fahren-nur-mit-Tempo limit-article20478990.html
106 Verkehrsforscherin und Psychologin Meike Jipp, Co-Vorsitzende

des Expertenbeirats »Klimaschutz in der Mobilität«, am 2. September 2022 im *Tagesspiegel* Background
107 Tagesspiegel Background: https://background.tagesspiegel.de/digitalisierung/ausgebremste-einhoerner
108 https://www.theguardian.com/technology/2023/jul/07/san-francisco-autonomous-cars-protest-cone
109 George Monbiot: Das Medien-Narrativ verändern, in: Greta Thunberg: Das Klima-Buch, S. 407
110 https://www.manager-magazin.de/unternehmen/artikel/axel-springer-se-kkr-besitzt-jetzt-mehr-als-40-prozent-der-anteile-a-1283623.html
111 Wikipedia: »Private Equity (deutsch außerbörsliches Eigenkapital oder privates Beteiligungskapital) ist in der Betriebswirtschaftslehre der Anglizismus für eine Form des Beteiligungskapitals, bei der die vom Kapitalgeber eingegangene Beteiligung an Unternehmen nicht an geregelten Märkten (Börsen) handelbar ist. Die Kapitalgeber können private oder institutionelle Anleger sein; häufig sind es auf diese Beteiligungsform spezialisierte Kapitalbeteiligungsgesellschaften, die daher auch Private-Equity-Gesellschaften (PEG) genannt werden. Die verwalteten Vermögen in Private Equity belaufen sich weltweit auf 8,7 Billionen US-Dollar. Private-Equity-Firmen haben oft einen kurzfristigen Anlagehorizont und zielen darauf ab, den Wert eines Unternehmens innerhalb eines bestimmten Zeitraums zu steigern und es dann zu verkaufen. Dies kann dazu führen, dass langfristige Investitionen und Strategien vernachlässigt werden. Zudem ist Private Equity oft intransparent und es ist schwierig, Informationen über die Investitionsstrategien zu erhalten.«
112 https://peclimaterisks.org/kkr-greenwashing/
113 Susanne Kaiser: Backlash – Die neue Gewalt gegen Frauen, S. 108 ff.
114 https://www.volksverpetzer.de/analyse/kohler-verrechnet/
115 George Monbiot: Das Medien-Narrativ verändern, in: Greta Thunberg: Das Klima-Buch, S. 408
116 Jesse Ausubel: Die Geschwindigkeit, in: Thilo Spahl (Hg.): In 80 Minuten um die Welt. Beiträge zur Zukunft der Mobilität

Teil 3: Gestalter:innen

1 https://www.deutschlandatlas.bund.de/DE/Karten/Wie-wir-uns-bewegen/100-Pendlerdistanzen-Pendlerverflechtungen.html
2 https://www.agora-verkehrswende.de/fileadmin/Projekte/2022/Pendlerverkehr/77_Pendlerverkehr.pdf
3 Dieter Brübach und Natalia Astrin: Förderung der Fahrradnut-

zung als Beitrag zum Betrieblichen Mobilitätsmanagement, in: Alexandra Hildebrandt, Claudia Silber (Hg.): Zukunft Mikromobilität. Wie wir nachhaltig in die Gänge kommen: Ein Rad-Geber, S. 264 ff.

4 Mazda Adli: Stress and the City, S. 96 ff.

5 infas, DLR, IVT und infas 360 (2018): Mobilität in Deutschland (im Auftrag des BMVI)

6 https://hbr.org/2016/11/why-diverse-teams-are-smarter

7 Dieter Brübach und Natalia Astrin: Förderung der Fahrradnutzung als Beitrag zum Betrieblichen Mobilitätsmanagement, in: Alexandra Hildebrandt, Claudia Silber (Hg.): Zukunft Mikromobilität. Wie wir nachhaltig in die Gänge kommen: Ein Rad-Geber, S. 260

8 Ben Wilson: Metropolen. Die Weltgeschichte der Menschheit in den Städten, S. 520 ff.

9 Christian Krajewski, Claus-Christian Wiegandt (Hg.): Land in Sicht: Ländliche Räume in Deutschland zwischen Prosperität und Peripherisierung, S. 233

10 Bernhard Müller (Hg.): Zukunft urbane Mobilität. Eine ganzheitliche Betrachtung, S. 63

11 Arne Semsrott in: Wann wenn nicht wir* Ein Extinction Rebellion Handbuch, S. 106 ff.

12 https://www.swantje-michaelsen.de/artikel/phantomdebatten-statt-inhaltlicher-beitraege-spd-beteiligung

13 https://www.spiegel.de/auto/fahrkultur/frankfurt-fuehrt-in-der-stadtmitte-tempo-20-ein-a-f7ed35f2–8b23–4cc5-b0f8–5a0327e7bbc5

14 Roland Stimpel: Wer langsam macht, kommt eher an. Verkehr abrüsten – Mobilität gewinnen, S. 27/28

15 Julian Wékel im Auftrag der Deutschen Akademie für Städtebau und Landesplanung (Hg.): Stadt Denken 5, S. 77 und 82

16 https://www.roadmap2050.at/der-ueberhitzte-sektor-wie-geht-klimafreundliche-mobilitaet/

17 https://www.doerpsmobil-sh.de/unsere-idee

18 https://publica-rest.fraunhofer.de/server/api/core/bitstreams/68b77d5f-2d78–41c6–95cf-f66d66e55f92/content

19 https://carsharing.de/themen/carsharing-laendlichen-raum

20 Alexandra Hildebrandt, Claudia Silber (Hg.): Zukunft Mikromobilität, S. 73

21 Alexandra Hildebrandt, Claudia Silber: Bewegte Zeiten: Von den Anfängen des Individualverkehrs zur fahrradgerechten Stadt, in: Alexandra Hildebrandt, Claudia Silber (Hg.): Zukunft Mikromobilität, S. 74

22 https://www.abendblatt.de/hamburg/article238366705/Neubauer-Geschichte-schreiben-statt-Maerchen-erzaehlen.html

23 Oliver Mietzach: Carsharing als Bestandteil moderner Stadtentwicklungsplanung, in: W. Loose, M. Glotz-Richter (Hg.): CarSharing und ÖPNV – Entlastungspotenziale durch vernetzte Angebote, S. 52 f.

24 https://gruene-gochsheim.de/mein-jahr-ohne-auto/

Katja Diehl
Autokorrektur –
Mobilität für eine lebenswerte Welt

In Katja Diehls Vorstellung der Zukunft können die Menschen Auto fahren, so sie es denn wollen. Sie müssen es aber nicht mehr, denn es gibt attraktive Alternativen. Momentan ist nicht alles in unserem Land fair und klimagerecht, inklusiv und bezahlbar aufgestellt. Die Bedürfnisse vieler Menschen werden nicht angemessen berücksichtigt. Das können wir ändern, davon ist Mobilitätsexpertin Diehl überzeugt und läutet die Verkehrswende ein. Mit Schwung, Knowhow und Kreativität macht sie Lust auf eine Gesellschaft, die gemeinsam eine attraktive und klimafreundliche Zukunft für alle baut, mit mehr Lebensqualität in Städten und auf dem Land sowie mit modernen Formen von Arbeit.

272 Seiten, Klappenbroschur

Weitere Informationen finden Sie auf
www.fischerverlage.de